女子力图鉴：潇洒无畏过一生

慕容素衣 著

江苏凤凰文艺出版社
JIANGSU PHOENIX LITERATURE AND ART PUBLISHING, LTD

“

拥有女子力，

就拥有很酷的人生！

当你的女子力 MAX，

便会在悲伤里感受温暖，

在愤怒里发现力量，

在痛苦中看到希望。

有盔甲也有温暖，有坚强也有柔软。

“年龄根本无法对你形成任何束缚和恐惧，

人生也不用那么慌张，

一生都可以用来逐梦。”

”

在有限的命运里，始终只成为自己，—————————— 是最酷的事。

A 我想要更大的世界，

永远都不知足，

永远想要做得更好。

Q 冒犯大多数人平淡安稳的人生，拒绝乏味和无聊。

J 这一生只按自己的想法而活，

是一种向上生长的梦想，

它表明了，

K 女性不再甘于人生被划定在狭小场域之内，

渴望更广阔的施展手脚的空间。

— 年轻貌美的女人不可怕，

— 生龙活虎的女人才最有杀伤力。

— “自始自终，我只想被人羡慕。”

目录

CONTENTS

...

A

帕蒂·史密斯：

一切通向彼此，我们成为自己

你若咬定了人只活一次，
便没有随波逐流的理由。

在你20岁的时候，是不是也曾经怀揣着一个梦想，幻想着有一天，你将成为一个举世瞩目的艺术家，站在世界的中心，万人敬仰。带着这样的梦想，你来到一座大城市，身经百战之后，却不得不接受自己只是个Nobody的现实。

帕蒂·史密斯就曾是这样一个追梦人，她有幸在一个最有机会实现梦想的年代，来到了最有机会实现梦想的城市，成了极少数将梦想化为现实的幸运儿。她被奉为“朋克教母”“桂冠诗人”，她的名字和鲍勃·迪伦等联系在一起，跻身摇滚殿堂。

可我更感兴趣的，却是作为无名之辈的她，在纽约摸爬滚打的那一段逐梦历程，以及她与罗伯特之间超越世俗的恋情。那是20世纪纽约最传奇、最美好的恋情，它只可能发生在两个对等且同样惊世骇俗的艺术家之间，正是通过彼此，他们才成为自己。

◆

“谁曾在年轻时到过一座大城，奋身跃入万千生命热望汇成的热气蒸腾，与生活短兵相接，切肤体验它能给予的所有……你迟早会有一瞬，感到自己心中的音乐，与这座城市轻轻共振，如此悠扬，如此明亮。谁的生命曾被如此擦拭，必将终身怀念这段旋律。”

作家绿妖笔下的这座大城是北京，而属于帕蒂的这座大城则是纽约。

生活在小城镇的少女们，如果心怀文艺梦的话，总是憧憬着有朝一日，会奋身跃入某座大城。因为她们热爱的艺术，她们喜欢的诗歌文学，她们孤僻敏感的性情，都与平静单调的小城生活格格不入。

1946年出生于芝加哥的帕蒂，从小就显得另类，她酷爱摇滚和诗歌，喜欢独处。少女时代，母亲送给她一张约翰·列侬的唱片，说：“我猜你会喜欢。”她果然爱之若狂，从此开启了与摇滚一生的缘分。

她的人生偶像包括法国诗人兰波，墨西哥画家迭戈·里维拉，以及后来接触到的约翰·列侬。在读了里维拉的传记之后，16岁的她立下了人生目标，那就是做一名艺术家的爱人，就像弗里达那样，能够遇到一个能

让她去爱、去支持、去并肩创作的艺术家。

年少不更事时，她和一个坏小子混在一起，意外怀孕后被学校开除。孩子生下来后由于无力抚养，只得送人。她沦落到在工厂做工，却从未放弃过自己的艺术梦，她画画、跳舞、写诗、听歌，将长裙剪成迷你裙，去二手店里搜寻王尔德穿的那种厚长款大衣。每逢周日就走很远的路去海滨咖啡屋，往点唱机里投入硬币，一连三遍地听《草莓地》，动摇的时候，约翰·列侬的声音赋予了她力量。

在南泽西的工厂里，她既看不到希望，又找不到归属感。于是她决定去纽约，冥冥之中似乎上天在帮助她，靠着一只在电话亭捡到的白色手包，她买到了一张前往纽约的车票。

纽约，这个世界上最繁华的金钱帝国，流行着一夕暴富和一夜成名的传说。可传说中的好运气似乎和帕蒂无关。白天，她拼命地找工作，晚上，则逮哪儿睡哪儿。

她睡过门房、地铁车厢甚至墓地。她靠她的咒语抵挡一切：“我是自由的，我是自由的。”可没过几天，这咒语就变成了：“我饿了，我饿了。”她正年轻，有着旺盛的新陈代谢，波德莱尔也填充不了她的食欲。可她仍然喜欢这里，因为在这里让她体验到了一种从未有过的自由，一种无须勉强任何人的单纯的自由。

在布鲁克林，她遇到了一个流浪汉，挺高，挺瘦，看上去温文尔雅。

他们在公园的草地上分享着努力获得的一切，有时是几条头天的面包，有时是一个鸡蛋。几天后各奔东西，那时她还不知道，他将在她生命中扮演一个多么重要的角色。

那是 1967 年的夏天，整个世界都欣欣向荣，就在这个夏天，帕蒂遇到了罗伯特，她生命中的蓝星，艺术路上的同行和指引者。

◆

在经历了无数次的碰壁之后，帕蒂终于在布伦塔诺书店找到了一份工作，这份工作不仅解决了她的温饱问题，还让她重新遇到了布鲁克林的那个男孩。

像是有命运之神在牵引，他走进了她工作的那家店，并且买走了她最爱的那条波斯项链。那条项链很别致，像一块异国风情的古老肩胛骨。把它包好递给他后，她忍不住加了一句："别把它送给别的姑娘，要送就送我。"他微笑着答应了。

他们之间的缘分还不止于此。不久后，当帕蒂头疼着如何拒绝对她纠缠不休的科幻作家时，他又一次出现在她面前。她冲上去一把抓住他的胳膊，让他扮演她的男朋友，他自然满口答应了。

现在大家知道了，这个让她念念不忘的布鲁克林男孩，就是大名鼎鼎的罗伯特·马普尔桑普。

他们毫无悬念地坠入了爱河。他果然把那条波斯项链送给了她，成为她一生的幸运符。正如帕蒂所说："在很短的时间内，我们交付了彼此的孤独，又用信任填充了它。”

她惊异地发现，他们是如此相似，一样地贫穷，一样地狂热。除了才华和梦想，他们一无所有，他们甚至不能确定自己是否真的拥有才华。如同千千万万个怀揣梦想的年轻人一样，他们时而雄心万丈，时而又灰心丧气。

他们从在一起的第一天开始，就许下了一生的承诺，承诺只为艺术而活，承诺对彼此永远不离不弃。

他们在这里跌跌撞撞，共同生活了五年，住过沾满了血迹的破房子，也住过切尔西旅馆最小的房间。他们去博物馆只买得起一张票，为了省钱，每次去看电影只买一张票，看完后再向没看的复述内容。他们分享同一个汉堡，最艰难的时候，她靠淘福克纳的二手书，然后卖掉维持生计。他则鼓足勇气去偷时装杂志，她称赞他和热内一样，是个“有审美的贼”。

贫穷和饥饿从来没有真正被他们放在心上，他们在乎精神生活胜过一切，当下的困窘和未来可能会有的荣光比起来不值一提。尤其是罗伯特，这个野心勃勃的年轻人，从来没有掩饰过他对名利场的热衷。帕蒂觉得他太迫切了，她后来才发现他急于获得成就的原因：他就像一位注定夭折的年轻法老，因预感到生命短促而急于成名。

有时候，极度的渴望会变成一种绝望，帕蒂目睹着罗伯特深受这种绝望的困扰，不禁发出了这样的疑问：这一切将通往何处？我们将会成为什么人？

她最终给出的答案是：

“一切通向彼此，我们成为自己。”

现在的人都在说要做自己，可成为自己从来就不是一件容易的事。

帕蒂和罗伯特一开始是爱侣关系，后来，罗伯特“发现”了自己的同性恋倾向，两人几经挣扎才终于决定勇敢面对。

当帕蒂知道罗伯特的性取向后，她曾经痛苦地问自己：是不是因为做不了他生命中的真命天女，才会导致他喜欢上男人？可最终，她还是决定履行自己对他曾有的承诺，坦然接受他与生俱来的光明和阴暗。

为了生计，也为了探索自身，罗伯特一度做了午夜牛郎，并染上了淋病。当帕蒂从巴黎回到纽约时，他高烧不断，病得非常严重。帕蒂精心照顾他，带他去看医生。在出租车上，两人许诺永不分开，直到他们彼此可以自立。

他们遵守了自己的诺言，并建立了一种新型的关系，这种关系比爱情更长久，比友情更浓烈。他们后来都各有所爱，却仍然无损于他们之间的爱。在最艰难的时刻，他们一直守护在彼此身旁，不离不弃。

他们互为艺术家和缪斯，若不是对方的介入和鼓励，很难想象，他们会成为后来的朋克歌手和摄影大师。

帕蒂原本一心想做诗人，这个内向的女孩儿从来没想过会在公众前演出，可罗伯特热爱她的歌声，在她哼唱皮雅芙和鲍勃·迪伦时，他不止一次地鼓励她说：“帕蒂，你应该让全世界听到你的歌声。”

罗伯特原本一心想做画家，他之所以拿起相机，是为了自制拼贴材料。帕蒂是他的第一个模特，他总能拍出她独特的美。世人认识帕蒂，多半来自专辑《马群》的封面。照片里的帕蒂眉目硬朗，穿着简洁的白衬衫配吊带裤，黑外套甩在肩上，一头蓬乱的黑发，直愣愣的眼神像是要看到你心

罗伯特·马普尔桑普为帕蒂·史密斯拍摄的《马群》专辑封面

里去。

这张著名的照片就出自罗伯特之手，事实上她所有经典的照片几乎都出自他之手，他拍下的不是她，而是“他们”，连帕蒂后来的丈夫弗雷德也曾感叹说：“帕蒂，他是怎么做到的，他把你拍成了他的样子！”

帕蒂比罗伯特先出名。这并不奇怪，上天总是会垂青那些看上去没那么急切的人。有才华的人太多，可不是每个人都有机会展示自己的才华。很多一心想成为艺术家的人，最终却成了艺术的祭品，将短暂的生命献给艺术，他们的艺术路上总是纠缠着毒品、绝症和厄运。

帕蒂却避开了这一切，她天生善于平衡，作家黎戈称她是“理才”高手，说她善于打理自己的才华。还是一个无名之辈时，帕蒂就展现出了这种平衡能力。和那些有所成就的艺术家一样，她生来具有双重性格，一重用来应付日常，一重用来追求艺术。朋友们都笑她，哦，帕蒂，你不扎针，也不搞同性恋，不敢相信你居然是个艺术家！可她就是一个艺术家，而且是一个骨子里流淌着诗意的摇滚诗人。当她拿着一把电吉他，站在艾伦·金斯伯格表演过的诗歌舞台上，发出了她石破天惊的声音：“耶稣是为别人的罪而死，不是我的！”属于她的时代就已经开启，她将诗歌融入了摇滚之中，罗伯特·马普尔桑普为帕蒂·史密斯拍摄的《马群》专辑封面开启了摇滚乐上的朋克时代。

帕蒂就是这样一个连灵魂都在摇滚的酷女孩，她的酷不是流于表面，而是流淌在血液里，镌刻在骨子里。评判一个人是否真正酷，不是看她扎不扎针、嗑不嗑药，而是看她是否具有真正超越世俗的独立精神。毫无疑问，帕蒂是个真正的酷女孩，她从来不会为了反叛而反叛，为了堕落而堕落，她只想走她自己的路，管它是否惊世骇俗，管它铺满的是荆棘还是鲜花。

就像她对罗伯特的爱，超越了一切世俗范畴可以定义的情感类型。

◆

帕蒂原本以为可以和罗伯特厮守终生的，可后来并没有。

有了各自的伴侣后，罗伯特留在纽约，在赞助商兼爱人萨姆的帮助下，将相片对准了特殊的群体，成了名满天下的摄影家，终于取得了他向往已久的名和利。

帕蒂则在嫁给吉他手弗雷德之后，离开了纽约，生下一双孩子，暂时远离了名利场，却从未离开过摇滚乐和诗歌。

他们生活在各自不同的世界里，他们的灵魂却越过万水千山，隔着人群两两相望。他们的关系，也从年少时的灵肉合一，变成了现在的“貌离神合”。

罗伯特继续在纽约这个名利场里向着他的艺术征程出发，而帕蒂呢，则暂时徘徊在主流价值认定的成功人生之外。

可是那又有什么关系，他们一天天地成长着，面目越来越清楚。在通往自我的道路上，他们殊途同归，都成了完整的自己。

他过上了他想过的生活，她也是。

几年后，罗伯特艾滋病发，帕蒂刚刚怀上第二个孩子。她带着有孕之身去看他，病房里，他忽然流下了伤感的眼泪，悲伤地说："咱们从没有过孩子。"

她则坚定地告诉他："我们的作品就是我们的孩子。"

最后一次见面时，疼得无法自制的他突然问她："帕蒂，是艺术俘虏了我们吗？"

她当时不知道如何回答，却在离开后给他写了一封信，信中，她说："你曾把我从最黑暗的那一段青春里拉出来，与我分享那些造就着艺术的神圣的秘密。我学着去看懂你，我写过的每一句，画过的每一笔，无不来自我们在一起的珍贵时光中我所得到的知识……"

不久后他因病离世，年仅 43 岁。在接到他去世消息的电话之后，她坐在家里的椅子上，听《托斯卡》那段精彩的咏叹调《为艺术，为爱情》，为艺术而生，为爱而活。

他们都真正做到了。

◆

离世前，他请求她写下他们的故事，"你一定要写，只有你能写！"

一直等到 21 年之后，她才终于践行诺言。这一年，她已经 64 岁了，继罗伯特之后，她的丈夫、弟弟都相继离她而去，回望半生，她写出了这本《只是孩子》。

这是一本献给罗伯特的书，一部荡气回肠的纽约爱情故事，一曲狂飙

| 2016 年，诺贝尔文学奖颁奖典礼上代替鲍勃·迪伦领奖并现场演唱的帕蒂

突进的青春之歌。关于她离开纽约后生儿育女的经历，书中仅仅一笔带过，因为那已经和青春无关，和罗伯特无关。

事实上，帕蒂的青春从她离开纽约就结束了，余下的人生，只不过是在反刍。

在书里，她用充满感情的笔触回望青春。那时候，世界和他们都还处于青春期。一天，当意气风发、籍籍无名的帕蒂和罗伯特穿着奇装异服、手拉着手在大街上游荡，一对游客夫妇看到了他们。太太要为他们拍照，说他们是“艺术家”，而丈夫阻止了她。他摆摆手说，“不，他们只是孩子。”

“只是孩子”，这句话在他们听来是一种褒奖。多年后，已经老去的帕蒂这样回应：“我们像穿越雷区的孩子一样单纯而危险。在艺术与梦里，你应该狂放不羁地继续前行；在生命里，你应该公正而不为人知地活着。”

死于盛年的罗伯特一辈子都只是个孩子，活到了垂垂老矣的帕蒂，至今仍然纯真得像个孩子，她可以一天喝 14 杯咖啡而不影响睡眠，她继续写诗、画画、用宝丽来拍照，她买下了兰波的故居，像粉丝一样索要村上春树的签名，帕蒂代老友鲍勃·迪伦去领诺贝尔文学奖，并成功地在发言时忘词了。

她始终拥有生命的能量和热情，以孩子般的好奇不断地继续探索着世界，继续着创造，就像她献给罗伯特的书名一样——《Just Kids》（《只是孩子》）。

她在给罗伯特的信中深情地说：“在你所有的作品中，你仍然是你最美的作品。”

我想把这句赞美转送给她自己，亲爱的帕蒂·史密斯。

帕蒂·史密斯
PATTI SMITH

- 帕蒂·史密斯（生于 1946 年 12 月 30 日）
- 摇滚女诗人、画家、艺术家、朋克教母。
- 20 世纪 70 年代美国朋克音乐的先锋人物之一，更是继詹尼斯·乔普林之后又一位撼动摇滚乐史的伟大白人女性。
- 2004 年，《滚石》杂志颁布的百位摇滚重要人物名单中，将史密斯列为第 47 位。

在另一张被人铭记的专辑《复活节》的封面，她又故意露出腋毛，挑战世俗对于女性身体要求的规范。

因为这一夜

BECAUSE THE NIGHT

Because the night
是帕蒂·史密斯演唱的歌曲，发布于 1978 年，
后收录于专辑《复活节》、也是帕蒂·史密
斯演唱歌曲中知名度最高的一首

现在带上我吧，亲爱的，我就在这儿
抱紧我，试着去理解
我喘息中带出的饥渴的欲望之火
爱就是我们的盛宴

Takemenow,baby,hereasIam
Holdmeclose,tryandunderstand
DesireishungeristhefireIbreathe
Loveisabanquetonwhichwefeed

现在来吧，试着去理解
当你得到我时我的感觉
牵着我的手，藏起来
现在他们伤不到你

Comeonnow,tryandunderstand
ThewayIfeelwhenI'minyourhands
Takemyhand,comeundercover
Theycan'thurtyounow

当我孤单的时候，亲爱的，我如此疑惑
爱就是电话铃声的响起
爱就是扮成性欲的天使
在我们的床上，晨光已近

HaveIdoubt,baby,whenI'malone
Loveisaringonthetelephone
Loveisanangel,disguisedaslust
Hereinourbed'tilthemorningcomes

现在来吧，试着去理解
在你指挥下的我的感觉
牵着我的手，藏起来
现在他们碰不到你

Comeonnow,tryandunderstand
TheywayIfeelunderyourcommand
Takemyhand,comeundercover
Theycan'ttouchyounow

因为这一夜属于爱人们
因为这一夜是欲望之夜
因为这一夜属于爱人们
因为这一夜属于我们

Becausethenightbelongstolovers
Becausethenightbelongstolust
Becausethenightbelongstolovers
Becausethenightbelongstous

“要成为艺术家——实际上也是成为一个人——在这个时代是很难的。你必须努力去过这样的生活，在知道自己需要什么和追寻什么的同时，保持健康和快乐。

也许你想要的是生小孩，也许你想要的是成为面包师，也许你想要的是住到树林里或者努力拯救环境，或者也许你想要的是为侦探剧写剧本。其实这些真的不重要。关键知道自己要什么后要不断去追寻，还要明白这会很困难。因为生活真的很艰辛，你会失去爱人，你会经历心碎，有时你会生病，有时你会牙疼得要命，有时你会很饿。但另一方面，你会拥有最美的经历。有时只是天空，有时——你懂的——只是一份小小的成就，或者你会找到可以去爱的人，或者，是你的孩子。”

乔治·桑

B

一生不羁放纵爱自由

“婚姻迟早会被废除，一种更人道的关系将代替婚姻关系来繁衍后代。一个男人和一个女人既可生儿育女，又不互相束缚对方的自由。”

“爱情不过是一种普通的玩意儿，一点也不稀奇。男人不过是一种消遣的东西，有什么了不起……”

有一种女人，妖冶，放荡，是人们口中的坏女人，可谁也无法抵挡她的魅力。就像唱着这首歌出场的卡门，嘴里叼着一朵玫瑰，跳着火辣的弗拉明戈舞，香肩裸露眼神放纵。爱一个人时全情投入，不爱时，杀了她也要决意离去。卡门之所以迷人，就在于她的自由和不羁，见过她的男人无不感叹：“如果这个世界上有妖精的话，这姑娘一定是其中一个。”

一直不敢相信世界上真有卡门这样的女人，直到了解了乔治·桑的故事。这个法国巴尔扎克时代最多产，也最有风情的小说家，骨子里其实就是一个吉卜赛女郎。梅里美正是以她为原型，创造出了卡门。她的一生，完全是卡门的翻版，一生不羁放纵爱自由。自由就是她的呼吸，自由就是她的血液，对自由的追求成就了她独一无二的人生。

作为一个卡门式女郎，乔治·桑最初追求的是婚姻上的自由。

考虑到她所处的时代，就会知道这有多难，那个时代的人，压根没有婚姻自主的概念，对于离婚这样的事更是闻所未闻。

她出生于19世纪的法国，生来就是一个贵族。祖母按照一个淑女的标准来培养她，她的人生，原本是被设计好的，13岁进修道院，学习阅读、写作、骑马、缝纫、社交等。这一切，并不是为了培养她自立，而只是将这些当成她体面的嫁妆。18岁，她就被家里安排嫁给了一位门当户对的男爵，19岁就当了妈妈，相继生了一男一女。

如果按照这样的轨迹走下去，她将拥有体面

而安稳的一生，如同那个时代绝大多数女性那样。可平淡乏味的婚姻，根本满足不了一个文艺女青年的情感需求。她曾给丈夫写十几页的长信，结果他非常不理解，为何生活在同一个屋檐下还得写信，她失望至极，认为丈夫毫无文艺心肠，决意要离开他。

在法兰西的字典中还没有离婚这个字眼的时候，她带着一双儿女，毅然离开了丈夫，去巴黎开始新的生活。那一年，她 27 岁。

当时的年代，对女性的要求是忠贞和专一，她却敢于和丈夫分居，敢于拥有无数情人，敢于为了一双儿女的抚养权和丈夫叫板，并最终获得了成功。离婚之后，她情人不断，却再也没有结过婚。

因为在她看来："婚姻迟早会被废除，一种更人道的关系将代替婚姻关系来繁衍后代。一个男人和一个女人既可生儿育女，又不互相束缚对方的自由。"

这样的观念，即使放在现代仍然是超前的。人们说她是女性主义的先驱，其实倒不如说她是婚姻自由的先驱。当其他女性还试图让婚姻成为自己的保障时，她早已明确表示，自己压根就不需要婚姻。婚姻对于她这样前卫的女性来说，完全是一种束缚。当她从这种束缚中解脱出来后，就再也不愿意被套住了。

在巴黎，乔治·桑如愿过上了一种向往已久的、自由自在的生活。

这种自由首先表现在她的衣着打扮和生活方式上。乔治·桑长得并不美，她个子矮小，身高只有 1.54 米，可她仍然是那个年代全巴黎最酷、最别具一格的时尚 Lady。她敢穿别的女人不敢尝试的男装裤，抽劲头最大的雪茄，喝最烈的酒，骑最快的马。一身男装打扮周旋于男人堆中，让整个巴黎的男人们都为之倾倒。

用现在的话来说，她活得太带劲了。男人们见惯了水仙般娇弱的淑女，突然见到一朵浑身带刺的野玫瑰，无不被她的野性美所吸引。

她是最早担任记者职务的女性之一，也是最早以写作谋生的女人之一。在移居巴黎之后，为了生存，也为了更好地实现自我价值，她开始了勤奋的笔耕，乔治·桑这个笔名来源于她当时同居的情人。当她用这个男子气概十足的笔名发表第一部小说《安蒂亚娜》后，就轰动了文坛。

乔治·桑的勤奋和多产到了令人咋舌的地步，她一生写了 244 部作品，这些作品并没有仅仅停留在小情小爱上，而是将关注点投向了诸多社会现实问题上。

对女性的关注贯穿了乔治·桑的一生，她笔下的女性，总是充满了青春的热情与反抗的意志，不懈地追求独立与自由。

凭着手中这支笔，她的日子过得相当舒适，甚至称得上奢华。她在离巴黎三百公里处的诺安镇有一所庄园，是祖母留给她的。这所房子里有着当时最先进的设计，她安装了热水装置，不仅能提供生活热水，还能通过管道将热水输送到楼上的房间取暖。这种在今日看来毫不出奇的水暖系统，在乔治·桑时代却是摩登和昂贵的。

厨房的门框上有十个铃铛，能发出不同的声响，每一种响声都指定一个特定的仆人，这些铃铛连接到起居室和卧室的各个房间里，当主人需要某个仆人时，就会摇响某一个铃铛。

她将这里打造成了“桑夫人的客厅”，与林徽因“太太的客厅”相比，乔治·桑的客厅毫不逊色，甚至更胜一筹。在她的故居里，至今还摆着一张餐桌，每个座位前写着客人的名字，这些名字里有诗人缪塞，作曲家兼钢琴家肖邦和李斯特，文学家福楼拜、梅里美、屠格涅夫、小仲马和巴尔扎克，画家德拉克洛瓦等等，还包括拿破仑的小弟弟热罗姆·波拿巴亲王。

这些当时首屈一指的文豪和艺术家们频频来往于她的客厅，一同谈笑，一同歌咏，将每一个日子都过得活色生香，令后来者向往不已。

那是法国艺术史上群星璀璨的年代，一个个名字缀成了那片灿烂无比的星空，而在群星拱照之中，乔治·桑就是那轮独一无二的月亮，谁也不能取代她的光辉。

◆

和工作上的自由、财务上的自由相比，乔治·桑最令女人们艳羡的是她在爱情上拥有的绝对自由。

那些来往于桑夫人客厅的文艺家们，许多都成了她的裙下之臣，诗人海涅因被她发现有梅毒而惨遭抛弃，作家梅里美因表现不佳被她赶下了床。

据说因对她的思念无处寄托，梅里美根据她创造出了史上最放荡不羁的吉卜赛女郎——卡门。我怀疑，卡门的外表性情都是脱胎于乔治·桑，比如卡门出场时头上插满鲜花，让人想起乔治·桑最经典的女装造型，就是黑发垂肩，鬓边插着一朵艳丽硕大的花。

乔治·桑曾同时拥有四位情人，当人们指责她太过浪荡时，她却回应说："像我这样感情丰富的女人，同时有四个情人并不算多。"

乔治·桑不是人们熟知的那种温柔甜美的小女人，而是个灵魂掷地有声的大女人。她从来不会依附任何一个男人，在和男人的关系中，她总是占据主导地位，喜欢就去追求，不爱就走开。

身为19世纪法国最知名的“御姐”，她最喜欢的恋爱形式就是姐弟恋，那些比她小比她脆弱的男人总是能激起她的万缕柔情和一腔母性。在她众多的情人中，最广为人知的就是诗人缪塞和音乐家肖邦，这两个男人都比她小6岁，都和她有过一段刻骨铭心的恋情。

与缪塞分手后剪短发的乔治·桑

她和缪塞的恋情，留下了文学史上一个著名的段子。

据说两人初遇时，缪塞曾给乔治·桑写了一首情诗，这是一首藏头诗，每行诗的第一个单词组在一起是 Quand voulez-vous que je couche avec vous（您想什么时候和我睡觉）。

乔治·桑热情地回应了来自诗人的挑逗，她也写了一首诗给他，同样是藏头诗。表面上看来，这首诗是说：您的求爱信里特殊的表示损害了我的名誉，使我的灵魂生厌。然而两行诗首个单词组在一起是 cette nuit，翻译成汉语便是“今晚”。

两人都是调情圣手，调情这回事就和对弈一样，要棋逢对手才能尽兴。缪塞和乔治·桑心有灵犀一点通，很快就如他们所愿，睡在了一起，度过了相爱相杀的几年。

这段电光石火般的爱情震动了缪塞的生命，在分开之后，他以她为原型，写出了自传体小说《一个世纪儿的忏悔》，追悔未曾好好珍惜爱人。这本书她读到一半就泪雨滂沱，却仍然坚定地说：“我原谅缪塞的过去，却也永远不会和缪塞见面。”

在缪塞之后，她最出名的情人是肖邦。他同样比她小 6 岁，和缪塞一样敏感脆弱，也和缪塞一样孩子气十足。

他们是在一次音乐会上相识的，在聆听了肖邦的钢琴独奏后，乔治·桑深深地被他迷住了。她从小就喜欢音乐，在他的琴声中，她听到了久违的诗意。她把自己的书献给他，又说和他的音乐相比，这些作品完全不值一提。

肖邦——这个有着精致灵魂的钢琴诗人，一开始对乔治·桑充满了反感，他厌恶她的男装打扮，厌恶她的标新立异，相传他曾对朋友李斯特说：“这个乔治·桑多么讨厌，她真是个女人？我怀疑。”

可乔治·桑一旦看上了一个男人，就会不管不顾地追求，没有人能抵挡她热情的攻势，肖邦也不能。她给他写热烈的情书，托他的朋友做说客，在他生病时，亲自上门照顾他，给他炖拿手的牛肉汤，他不可避免地投入了她的怀抱。

他们是截然不同的两类人，一个锐利强硬如男子，一个阴柔忧郁若女性，可彼此之间的反差越大，相互的吸引就越大。

他们曾在一起同居十年，曾相伴在地中海的马略卡岛度假，过了一段神仙眷侣般的日子。他们所住的修道院视野开阔，可以看到地中海特有的彩霞和蓝雾。在那里，肖邦写出了著名的《水滴》，乔治·桑则写下了《在马略卡的一个冬天》。

他们在一起的十年，是肖邦生命中的创作高峰。在一种从未经历过的激情支配下，肖邦的音乐想象力达到高度兴奋的程度，成为他鸣唱“天鹅之歌”的岁月。那首散发着忧郁气息的《夜曲》，就是他为乔治·桑而作；而那首轻快活泼的《小狗圆舞曲》，也是源自一次他看见乔治·桑和小狗在客厅嬉戏产生的灵感。

很多肖邦的粉丝认为，是乔治·桑毁了肖邦，身体孱弱的肖邦已经承受不了太过浓烈的激情。可事实上，在和肖邦同居期间，乔治·桑就像母亲一样照顾着他，她最珍惜的就是肖邦的身体，因为这种担心，她甚至要求肖邦禁欲，以不伤害他的身体。

可肖邦这个大孩子，却任性地要求着灵与肉的结合，罔顾乔治·桑的一片苦心。

她在给一位友人的信中这样说道：“我如处女那样，和肖邦及其他人生活在一起，已经七年了。由于我对情欲是那样地倦怠、失望、无药可医，我已经未老先衰，没费什么力气，也无须做什么牺牲。如果世上有一个女人值得肖邦绝对信任，那就是我；而肖邦根本不懂得……

我知道有不少人在责怪我。一些人说，我强烈的情欲耗尽了肖邦的精力；另一些人说，我的出轨行为使他很失望。我认为你是知道内情的。肖邦埋怨我剥夺了他爱的权利，等于置他于死地；我坚信，如果不这样做，那才真的置他于死地……”

他们最后分开，也和乔治·桑对肖邦的过分照顾有关。她认为以他的身体，已经不适合到处巡回演出。而一心爱国的肖邦，坚持要到处演出筹钱，去营救祖国波兰的爱国志士。她是如此珍爱他，却忘了他骨子里和她一样，是个不自由，毋宁死的人。当他决定为祖国燃烧生命时，两人的决裂已变得不可避免。

在离开乔治·桑两年之后，肖邦因频繁演出而不幸病逝，死于劳累过度和先天疾病。临终前，他说出了最后的心愿："多么想再见见她。"乔治·桑曾派人去探望过他，却被他最后一位情人珍妮拦在门外。

获知肖邦的死讯后，她泪流满面，并写下了这样的悼词："他比巴赫精致，比贝多芬有力，比韦伯有戏剧性，他集三者于一身，然而他还是他。在挖掘情趣时，他更微妙，表现宏伟时更朴实无华，倾诉悲痛时更催人泪下。他的天才同被他承袭的大师一样全面而精深。"

她是真正懂得他的。

因为懂得，所以慈悲。她原谅了他的孩子气和神经质，也原谅了世人关于她毁掉了他的偏见。面对指责，她不愿再做任何辩解。

在肖邦病逝之后，乔治·桑又活了几十年，她活得比她任何一个情人都要久。她的生命，也没有因任何一个情人的离去而萎谢，而是始终盛放如繁花。

她60岁时，仍然拥有激情的性生活。70岁时，身体还能好得洗冷水浴，她是那种地母般的女人，以她的母性和柔情滋养着男人们。那些男人，转而又将激情和活力反哺给她。

人们对她的评价历来是“我爱，故我在”，实际上，她虽然以爱情为养料，更看重的却是自由。这点也和卡门一样，她们是那种飞鸟般不羁的女子，从来不会为任何一个男人停留，她曾借书中女主人公之口说出自己的爱情观：“当她爱的时候，爱得全心全意；当她不再爱时，她从不欺骗对方。她从未同时爱过两个男子，在思想上也没属于一个以上的情人。”

爱情来的时候，她们享受情欲的美好，爱情走了的时候，她们也并不太过伤感。“生命诚可贵，爱情价更高。若为自由故，二者皆可抛。”这首诗像是为她们量身定做的。

乔治·桑活到72岁才去世，这点她比卡门更了不起。在穿越了情欲的洪流，见识了那么多天才，经历了如斯波澜壮阔的生活之后，她还有机会像寻常女人那样享受人生的下午茶，在儿孙绕膝中平静去世，她的生命力确实蓬勃得惊人。

这个爱穿男装，看上去雌雄难辨的女人，不仅有女性的柔情，更有男性的强韧。在她去世之后，雨果为她致悼词说：“她像巴贝斯一样有着一颗伟大的心；她像巴尔扎克一样有着伟大的精神；她像拉马丁一样有着伟大的灵魂。”

她这辈子，获得了古往今来许多女人从未获得过的自由，那是她同时代女性根本连想都未曾想过的、全方位的自由。那么多女人，上天为什么独独挑中了她？

我想，那是因为她从不给自己设限，她把自己看成是一个人，而不仅仅是一个女人。男人们敢做的事，她都敢尝试，男人们不敢做的事，她也跃跃欲试。作为一个女作家，她闯入了男人们的文化禁地，在那里走到了一般男人所不曾到过的地方。

别的女人是水，而她是火。正如雨果的悼词所说，一个像火炬那样的男人或女子，在这种形式下熄灭了，在思想的形式下又复燃了。于是人们发现，曾经被认为是熄灭了的，其实是永远不会熄灭的。这火炬燃得比以往任何时候都更加光彩夺目。

乔治·桑与缪塞的情诗

心旌摇荡地，我要告诉您
我非常明白当晚您疯狂地
想要邀请我一起跳舞
您的一吻也让我至今难忘
我想这吻就是您对我的爱意
的证明。我也已准备好向您
倾讲我对您无私而纯洁的爱意
如果恰好您也想要我向您
毫无遮掩地展示我赤裸的
灵魂。那么来看我吧。
我们将像朋友那样闲聊，推心置腹。
我将向您证明我是真诚的女人
我将给予您最深切而又直接的
朋友之情，总之，会是
拥有自由的思想的您
能梦到的最美妙的证明。
您要知道我经受的孤独
曾是那么漫长、严酷而又艰难。
而您也知道我有着强大的灵魂。
快来与我相见，用我所渴望的
您的爱，让我忘记这所有的不快。

Je suis très émue de vous dire que j'ai
bien compris l'autre soir que vous aviez
toujours une envie folle de me faire
danser· Je garde le souvenir de votre
baiser et je voudrais bien que ce soit
là une preuve que je puisse être aimée
par vous· Je suis prête à vous montrer mon
affection toute désintéressée et sans cal-
cul, et si vous voulez me voir aussi
vous dévoiler sans artifice mon âme
toute nue, venez me faire une visite·
Nous causerons en amis, franchement·
Je vous prouverai que je suis la femme
sincère, capable de vous offrir l'affection
la plus profonde comme la plus étroite
en amitié, en un mot la meilleure preuve
dont vous puissiez rêver, puisque votre
âme est libre· Pensez que la solitude où j'ha-
bite est bien longue, bien dure et souvent
difficile· Ainsi en y songeant j'ai l'âme
grosse· Accourrez donc vite et venez me la
faire oublier par l'amour où je veux me
mettre·

需要注意的是，乔治·桑这首诗的一些用词，譬如：cul，bite 都是非常粗俗的词汇，相当于英语中的ass和cock，直译为中文就是屁股（阴茎），在19世纪写诗是不可能出现这些词汇的，乔治·桑玩起来也算是有够大胆

阿尔弗雷德·德·缪塞

Alfred de Musset

1810—1857

- 19 世纪法国浪漫主义诗人、小说家、剧作家。

但是，这首诗如果将偶数行删去，只读奇数行的效果是这样的：

心旌摇荡地，我要告诉您
我非常想与人一起共眠
而且，更想这个人是您
我已做好准备献上我的美臀
如果您也想看到我的
赤裸身体，那么便来拜访我
我会向您证明
谁会是您梦中那
个女人。既然您
拥有如此火热的欲望
那么，就让我来填补它吧

Je suis très émue de vous dire que j'ai
toujours une envie folle de me faire
baiser et je voudrais bien que ce soit
par vous· Je suis prête à vous montrer mon
cul, et si vous voulez me voir aussi
toute nue, venez me faire une visite·
Je vous prouverai que je suis la femme
la plus profonde comme la plus étroite
dont vous puissiez rêver, puisque votre
bite est bien longue, bien dure et souvent
grosse· Accourrez donc vite et venez me la
mettre·

而作为浪漫诗人的缪塞，身经百战，怎么会看不破这种文字上的小伎俩呢！但他并没有直接戳破窗户纸，而是将计就计陪乔治·桑玩起了文字游戏，下面就是缪塞的回信：

Quand je mets à vos pieds un éternel hommage
Voulez-vous qu'un instant je change de visage?
Vous avez capturé les sentiments d'un coeur
Que pour vous adorer forma le Créateur·
Je vous chéris, amour, et ma plume en délire
Couche sur le papier ce que je n'ose dire·
Avec soin, de mes vers lisez les premiers mots
Vous saurez quel remède apporter à mes maux·

缪塞的回复就不用全文翻译了，这首诗就是中文古诗里常见的“藏头诗”。把他这首诗的每行第一个单词连起来读就是：

您	Quand
想	Voulez-
什	Vous
么	Que
时	Je
候	Couche
约	Avec
啊	Vous

更直白的译法是：您想什么时候和我睡觉？

不过直到这时乔治·桑还在故作矜持，她给缪塞的回信只有两行：

您的求爱信里特殊的表示
损害了我的名誉，使我的灵魂生厌。

Cette insigne faveur que votre cour réclame
Nuit à ma renommée et répugne mon âme·

乍看之下，好像乔治·桑对缪塞并无好感。但这里又是一个藏头暗号，这两行法语的前两个单词“cette nuit”的意思译为：今晚……

遇见乔治·桑

“那种用美好的感情和思想使我们升华并赋予我们力量的爱情，才能算是一种高尚的热情；而使我们自私自利，胆小怯弱，使我们流于盲目本能的下流行为的爱情，应该算是一种邪恶的热情。”

“少年从不会抱怨自己如花似锦的青春，美丽的年华对他们来说是珍贵的，哪怕它带着各式各样的风暴。”

“与其说小说好像是生活，不如说生活就像是小说。”

“真理太简单了：你总是通过复杂的路线才能到达它的身边。”

—乔治·桑的第一部作品《安蒂亚娜》

乔治·桑
GEORGE SAND

- 乔治·桑 (1804 年 7 月 1 日—1876 年 6 月 8 日)。
- 法国著名小说家，是巴尔扎克时代最具风情、最另类的小说家。
- 她凭借发表的第一部长篇小说《安蒂亚娜》（1832 年）而一举成名。乔治·桑是一位多产作家，她一生写了 244 部作品，100 卷以上的文艺作品、20 卷的回忆录《我的一生》以及大量书简和政论文章。
- 雨果曾称颂她“在我们这个时代具有独一无二的地位。其他伟人都是男子，唯独她是伟大的女性”。

C

萨冈：一辈子做女孩

幸运的是，人生匆匆，我在这里，你在这里。我们共舞。

有这么一个女孩子，从小不务正业，游手好闲，终日混迹于酒吧夜店，连大学也没考上，结果却在十八岁那年，凭着一部小说红遍了全世界。她酗酒，飙车，赌博，吸毒，宣称自己爱一个男人从来不会超过三五年。她和法国总统是密友，给萨特写情书，在过完了浪荡的一生后，她债台高筑，只好卖掉房子抵债，在孤独贫穷中辞世。

她就是弗朗索瓦丝·萨冈。整个法国为之疯狂的小魔怪，从她走红起，关于她的争议就没有停止过。多少保守的女人一边攻击她的生活方式，一边暗暗希望能像她那样肆意地活着，哪怕一天也好。

萨冈满足了很多人对于一个女作家的全部幻想：年少成名，漂亮出众，个性鲜明，情史丰富，一辈子活得恣肆张扬。

再不喜欢她的人，也不得不承认，萨冈这一生，活出了很多女人几辈子才有的精彩。

◆

“出名要趁早呀，来得太晚的话，快乐也不那么痛快。”当小资的祖师奶奶张爱玲说出此话时，可能没想到，大洋彼岸的法国，有一个少女完美地践行了这句名言。

萨冈成名时还只有 18 岁，正是最青春飞扬的年龄。早在成名之前，她就已确定了自己的人生理想，那就是要过一种无忧无虑、寻欢作乐的生活。

她生来就是上天的宠儿，家境富裕，父亲是工程师，在巴黎拥有一套宽敞豪华的住宅。作为一个富家女，她从小就不求上进，12 岁时在一个名叫“鸟道”的修道院学校就读时，就因吊儿郎当被开除。15 岁起，她就开启了自己的酒吧生涯，常常去圣日耳曼 - 德普雷广场一带的地下室酒吧喝酒、跳舞，在震耳欲聋的音乐声中与年轻人厮混。

毫无意外，18 岁那年，萨冈没有考上大学，这位落榜生却满不在乎地对女友说：“今年夏天，我要写一本书，我会赚很多钱，我要去买一辆捷豹（跑车）。”原来不良少女同时也是文艺少女，她酷爱阅读，也酷爱沉湎于思考，普鲁斯特、萨特等人的作品让她迷恋不已，最爱的则是福克纳的《野棕榈》。之所以取笔名叫萨冈，也是因为《追忆似水年华》中的萨冈夫人。

为了实现自己的豪言壮语，她从宝贵的泡吧生活中挤出片刻时间来，带着一个本子、一支笔去咖啡馆写作。仅仅花了六个星期，也就是一个半月，她就写出了一部小说，名叫《你好，忧愁》。

《你好，忧愁》创下了畅销奇迹，初版仅 4500 册，可短短一年之内就卖了 84 万册，次年英译本登上《纽约时报》畅销书榜榜首。至今为止，该书被翻译成 20 多种文字，累计销量已突破 500 万册。萨冈一举成了史上最年轻的、以文致富的千万富翁。她想过自己会出名，可没想到名气来得那么快，那么盛大。

它其实说了一个特别简单的故事：少女塞茜尔在获悉父亲即将再婚后，和父亲之前的情妇联手，设计逼走了父亲的未婚妻安娜，并间接导致安娜出车祸惨死。

从表面上看，这只不过是一个白雪公主智斗后母的老套故事，埋藏在其中的内核却称得上惊世骇俗。塞茜尔排斥安娜，是因为两者的价值观不同，安娜传统、优雅，试图让一切都纳入正轨，塞茜尔却和父亲一样，迷恋声色享乐，厌恶束缚与平淡。

“我考虑着，要过一种卑鄙无耻的生活，这是我的理想。”借少女塞茜尔之口，萨冈说出了她的理想宣言，毫无疑问，这是她的人生理想。18 岁的同龄少女们还在憧憬着棒棒糖、白马王子和大学录取通知书，就可以发现，萨冈的人生观是多么离经叛道。

这本书其实可以看作是法国版的《麦田里的守望者》，萨冈就像塞林格，准确地说，她更像塞林格与菲茨杰拉德的混合体，集前者的叛逆精神和后者的享乐主义于一体。由于她写作此书时还只有18岁，所以整本书的基调是明亮的，青春的。所谓的忧愁在这里只是一种点缀，一种装饰，就像阳光下的浮云，风一吹，就会散开。

明亮和青春，正是萨冈生命的底色，上天选中了她，作为一代少男少女的青春代言人，不管在哪个时代，总能见到这一群人的身影，他们被称为“垮掉的一代”。

◆

《你好，忧愁》出版后，光是在法国，萨冈就拿到了数百万法郎的稿费，之后她每出版一部作品，都会引起人们疯抢，《某种微笑》《一月后，一年后》《你喜欢勃拉姆斯吗》等奠定了她文青教母的地位。有人统计过，在她成名后前十年内，她就赚取了五亿法郎的稿费，这简直是一个天文数字。

拿到《你好，忧愁》的版税后，她问父亲应该如何安排这笔天价稿费，父亲纵容地对她说：“在你这个年纪，应该把它通通花掉。”萨冈听了欣喜若狂，她做的第一件事就是买下了一辆红色捷豹跑车，第二件事则是开着它冲进了赌场。

名气和金钱都来得如此轻易，年纪轻轻，她已经有机会去实践自己的人生理想：去过一种人们所不齿的、纵情声色的生活。

她热爱 party，热爱呼朋引伴，喜欢赌博、飙车、跳舞、喝酒等一切与享乐有关的消遣。她大把大把地挣钱，又大把大把地花掉，买一辆又一辆

跑车，参加一次又一次豪赌，和一个又一个男人恋爱。正如她自己所形容的那样，她的人生就是由一连串的“事故”组成的，平淡和乏味从来和她无缘。

她曾经开着那辆著名的捷豹跑车，载着她的朋友们在郊外疾驰，结果车撞了，朋友们都没什么事。她被救出来时，舌头上冒着玫瑰色血泡，差点就一命呜呼了。结果她又神奇地活了过来，一点都不引以为悔，马上掏钱买了下一辆跑车。

她是个赌徒，屡屡在赌桌上一掷千金，19 岁，8 月 8 日的夜晚，她如获得了神谕，连投几次 8 号，结果短短数小时之内，就赢得了 800 万法郎！她把花花绿绿的钞票撒满了一车，用这些钱买下了一座漂亮宽敞的城郊小别墅，邀请她的朋友们一起居住，把那里变成了一个安乐窝。

她每天喝酒，跳舞，在酒吧里跳恰恰，跳博普舞，一直到天色微明，她这样形容自己和她的同类们：“我们一辈子跳舞。我们是那类人，跳舞的人。”

某种程度上，她算是生逢其时，就如她自己所说：“我成长的 30 年，正是纵情享乐的年代。”她和她所处的年代，正好相互辉映，只有那样的年代，才能出产她这样的“叛逆”少女，也只有生性浪漫不羁的法国人，才会发狂似的深爱着同样浪漫不羁的她。

在法国，几乎人人都爱萨冈，莫里亚克称她是“一个迷人的小魔鬼”。她的生活方式比她的作品更让人着迷，

法国人爱萨冈，因为只有她，拥有全部法兰西的灵魂。

萨冈一生中的绝大部分时光都在巴黎度过，巴黎那时是全世界文青的朝圣之地，海明威曾说："假如你有幸年轻时在巴黎生活过，那么你此后一生中不论去到哪里，她都与你同在，因为巴黎是一席流动的盛宴。"

萨冈的小说和兰波的诗、皮雅芙的歌一道构成了巴黎这席流动的盛宴。萨冈这个名字，常常被看成巴黎的代言者，她像巴黎一样精致、浪漫、颓废、忧郁。她的魅力，就是巴黎的魅力。她的气质，就是巴黎的气质。

这点和杜拉斯不一样，尽管杜拉斯也常住巴黎，却始终无法真正融入这个城市。将萨冈和杜拉斯来对比是很有意思的，她们同中有异，构成了一组参差的对照。她们一个轻盈，一个沉重；一个欢快，一个严肃；一个挥霍无度，一个节俭成性；一个热爱群居，一个独来独往；一个是公主，一个是女王。

如果说萨冈是众星捧着的月亮，那么杜拉斯就是太阳。杜拉斯是伟大的，萨冈则是迷人的。杜拉斯可敬，萨冈可爱。杜拉斯是强者，萨冈尽管不是弱者，却无论如何也不能称之为强者。她们的根本差异，在于气质上的不同。杜拉斯做什么都很用力，用力写作，用力恋爱。而萨冈呢，你在她身上根本找不到用力的痕迹，做什么都漫不经心，连忧愁都是轻飘飘的。

这样的生活被人斥责为肤浅甚至堕落，萨冈本人却回应说："我很肤浅，但肤浅就会关心那些有趣的小事。"她根本无意于深刻，她只想寻欢作乐。

◆

相对而言，杜拉斯能够为了写作，甘愿长期过着一种苦行僧式的生活，她把写作看成自己活着的理由，而写作对于萨冈来说，却更像是生活的副产品。她说："没有写作，我只能拙劣地生活。没有生活，我只能拙劣地写作。"

对比杜拉斯的沉重，萨冈活得很"轻"，她就像一个无意中闯入文坛的顽童，任性地挥霍着才华，挥霍着青春。她远比人们想象的洒脱，喜欢享受物质却从不被金钱奴役，迷醉于爱情的快感却并不为情所苦。对于很多女人视为生命的爱情，她也以玩世不恭的态度来对待，爱情对她来说，消遣性远远大于感人的部分，她迷醉于爱情电光石火般的刹那，却对持久的柔情、魂牵梦萦的留恋毫无兴趣。

她先后结过两次婚，又很快离婚了。婚姻这种形式看来并不适合她，她说自己爱一个人顶多只能持续三四年，又说单身汉比结了婚的男人迷人多了。

萨冈是个漂亮的金发姑娘，身材纤细，五官标致，留着小男孩式的短发，眼神也如男孩般纯真狂野。她有一种雌雄同体的气质，这种气质导致男人和女人都容易被她吸引。

她的一生，不是在艳遇，就是在艳遇的路上。男人们都爱她，女人们有一半爱她，剩下的一半则疯狂地嫉妒她。据说杜拉斯出于妒忌，拒绝私下和她会面，这两位同时代的著名女作家唯一一次共同出现在大众面前，是在一期电视节目上。

那期节目里，萨冈衣着时尚，谈吐轻松幽默。杜拉斯则穿着她常穿的那件黑衣服，绷着一张脸，显得格外严肃。

和萨冈交往的大多是社会名流，她的情史中最著名的两段就是和法国前总统密特朗，以及哲学家萨特。相传密特朗入主爱丽舍宫之后，每个月都要固定到她家吃一两顿饭，她则用烤小牛肉、洛特汤这种家常菜招待总统。不高兴的时候，还会让他吃闭门羹。

密特朗也是个文学爱好者，他们一起聊创作，聊小说。有次聊得太高兴了，都忘了炉子上的汤，直到汤发出了煳味儿才发现。有次他带她出访，她滥用药物导致病症发作，他不惜动用私人飞机送她回国。

萨特则是萨冈终生仰慕的人。她比他小三十岁，两人在同一天出生。萨冈一直很敬仰萨特，曾在报纸上公开发表了致萨特的情书。

在那封举世闻名的情书里，她写道："这个世纪疯狂，没人性，腐败。您却一直清醒，温柔，一尘不染。"萨特闻讯后大为感动，特意安排和她会面。

他们一个月在一起吃一顿饭，失明的萨特看不到萨冈写给他的情书，她就托人录制了放给他听。萨特去世之后，萨冈难过地撰文说，她不愿意在这个没有他的世界里再活三十年。

应该说，萨冈是个博爱的人，她无法专注地爱着某一个人，却总是同时温柔地爱着一大群人。在她的同名传记电影中，几乎看不到她独处的时候，她每次出现，身边总是簇拥着一群人，有男人，也有女人，有朋友，也有情人。

孤独也许是萨冈一生中最难忍受的事，她生性爱热闹，爱群居，爱呼朋引伴，她选择朋友的标准是只要有趣就行。疯狂的她吸引了一大群同样疯狂的人，在她那座漂亮的乡村别墅里，她终于过上了梦寐以求的生活，有很多朋友，也有很多情人，他们有着一个共同特质，那就是都爱她，同时也被她爱着。

她喜欢的人都是同一类人，和她一样，同样敏感，同样才华横溢，同样脆弱而纯真，她深爱着他们，就像深爱着镜中的自己。

她把那里营造成了一个艺术家们的乌托邦，一个叛逆者们的理想国。在这个国度里，她是众星捧月的“萨冈公主”，她无私地付出着自己的热情与青春，同时也贪婪地享受着别人的爱慕与拥护。

在这里，大家不需要为金钱操心，慷慨大方的萨冈公主负责提供一切。她喜欢的朋友，都可以在别墅中拥有一个房间，她在客厅里放了一个放钱的罐子，住在这的人都可以自由取用。她为陪她旅游的朋友们支付天价账单，并且乐此不疲。

这些人里，最爱她的可能是美女设计师佩姬·罗什。她们一直生活在一起，佩姬为她设计服装，在生活上将她照顾得妥妥帖帖。她深知如何保护萨冈的每一处脆弱，像母亲、像情人、像姐妹，像一条忠诚的龙，竭力守护着城堡，让城堡里的萨冈公主不被外界侵袭，保持着无忧无虑的生活。

佩姬如果能活得再久一点，萨冈晚年时可能不至于会流荡无归。可惜她先走了一步，从此她守护的公主就成了折翼天使，坠落在风雨琳琅的人间。

在大众媒体的描述里，萨冈一直被描绘成少年浪荡、晚景凄凉的典型。

经历了挥金如土的大半生后，萨冈陷入了严重的债务危机，在税务部门的催逼之下，她不得不卖掉郊外的别墅抵债。

电影《萨冈》剧照

艺术家被逐出了乌托邦，理想国自此风流

云散。

生命中的最后两年，她寄居在朋友的家里，失去了名望，也失去了崇拜者们的围绕。不要以为她从此就和快乐绝缘了，即便生活落到如此境地，她居然还兴致勃勃地发明了能在夜间发光的衣帽架。

她是在债务缠身中去世的，临死前身边只有一个保姆陪伴，连唯一的儿子也没有守在身边。

自成名以来，她就以自己玩世不恭的作品和活法激怒了众多保守的人们。随着她的黯然离世，这些人终于松了一口气，在他们看来，这个游戏人间的小魔鬼终于为她的任性付出了代价，多么沉重的代价。可能对于他们来说，理想的人生应该是幸福安稳的，年轻时懂得节制，年老时仍然体面，去世时身边环绕着一堆亲人。

可他们不知道，这样的理想是他们的，绝不是萨冈的。她这一生，就是为了享乐而来，节制、平淡、安稳的人生也许无比正确，却绝不是她想要的，因为她最憎恶的就是乏味和无聊。她说过："生命是一场飙车，我有权自毁。"她的青春期太过漫长，一生都停留在十八岁。

迷醉于飙车的她，最终在速度与激情中走向了车毁人亡的终点。她早就知道自己冒犯了大多数人平淡安稳的人生，所以早早就给自己写下了墓志铭：

"1954 年，她带着一部单薄的小说《你好，忧愁》走向世人，这部小说已经成为众所周知的丑闻。而在写出了众多轻率的文字，经历了同样轻率的一生之后，她的离去却是一个只属于她自己的丑闻。"

丑闻也好，佳话也罢，至少她的一生都在按照自己的想法而活，从这段墓志铭来看，她并不后悔，如果可以再活一次，我猜想，她还是会开着她的鲜红色捷豹跑车，风一样疾驰在人生的跑道之上。

遇见萨冈

SAGAN FRANCOISE

“我从不把活着和对生活的期待混为一谈。我对生命无所期待。我没有预先想过要什么。生活本身就够激动人心的了。”

“我年轻，健康，无忧无虑，整天快乐逍遥，尽犯傻。”

“所有漂泊的人生都梦想着平静、童年、杜鹃花，正如所有平静的人生都幻想伏特加、乐队、醉生梦死。然而平淡安稳终叫人难耐，热闹新奇尝多了也不过如此。”

“自由自在地思想，自由自在地瞎想，自由自在地少想，自由自在地选择我自己的生活，选择我自身。我不能说‘成为我自身’，因为我仅仅是一块可塑的面团，只不过它拒绝任何模子而已。”

给让-保罗·萨特的情书（节选）

我称您“亲爱的先生”想到的是这个词在字典中的幼稚解释：“任何一位男士。”我不会叫您“亲爱的让-保罗·萨特”，这太像记者采访的口气；也不称您“亲爱的大师”，那是您最厌恶的称呼；也不会把您称作“亲爱的同仁”，那过于委屈您。如果说，作为作家，仍然有很多人让我佩服，作为人，让我继续仰慕的唯有您一人。十五岁是聪明并且严肃的年龄，一个没有明确目标因而也毫不让步的年龄。您在我十五岁时所做的所有承诺，您都履行了。

您固执地拒绝了给予您成就的一切荣誉桂冠和物质回报，在什么都短缺的情况下，您却拒绝了人称天上光荣的诺贝尔奖。阿尔及利亚战争期间，您的住所三次被炸，流落街头却连眉头都不皱一下；您强迫剧团编导安排您喜欢的女性出演她们并不一定适合的角色。如此，您傲然表明，对于您来说，爱，可以相反是“对荣耀光彩夺目的埋葬”。您不责难公正，因为您不愿评判；您不谈论荣誉，因为您不愿受封；您甚至不提宽厚，因为您不知您自己就是宽厚的化身。您是我们这个时代唯一的公正之人，荣誉之人，宽厚之人，鞠躬尽瘁，把自己的一切都奉献给他人；生活不奢侈亦不克俭，无忌讳亦无放纵，唯一纵情挥洒的是文字；吸引人也乐意被吸引，才思敏捷，才智过人，总是把朋友甩在身后，又总是返回来让他们感觉不到。

这个世纪疯狂，没人性，腐败。您却一直清醒，温柔，一尘不染。

· · ·

弗朗索瓦丝·萨冈

FRANCOISE SAGAN

- 弗朗索瓦丝·萨冈（1935 年 6 月 21 日—2004 年 9 月 24 日）
- 法国著名的才女作家。
- 萨冈漂亮出众，个性鲜明，行为有些离经叛道，她喜欢写作、赛马、赌博、飙车、酗酒，滥用药物，却备受法国人钟爱。与萨特和法国前总统密特朗不寻常的友谊，都为她的神秘增添了特殊光环。
- 法国前总理拉法兰在悼念弗朗索瓦丝·萨冈的文章中写道："弗朗索瓦丝·萨冈是一种微笑，忧郁的微笑，像谜一样的微笑，一种排遣的微笑，但也是快乐的微笑。从她的第一部作品起，她那简洁的文风就影响了我们一代人。"

D

弗吉尼亚·伍尔夫：

天才在左，疯子在右

女人要有一间属于自己的小屋，一笔属于自己的薪金，才能真正拥有创作的自由。

天才和疯子之间，有时似乎只有一线之隔。不少天赋出众的人，表面看起来往往异于常人，他们的体内常常潜伏着疯狂的基因，以至于表现出种种怪异行为。

这些人里，有割掉自己耳朵送给妓女的梵高，有经常听见大脑内人声的玛丽莲·梦露，有被抑郁症折磨得精神失常的爱因斯坦，以及写出了《一间自己的房间》的弗吉尼亚·伍尔夫。

伍尔夫在中国广为人知，是因为她说过的一句名言：女人要有一间属于自己的小屋，一笔属于自己的薪金，才能真正拥有创作的自由。

大众不大熟悉的，是一个作为精神病患者的伍尔夫，一生都游走在清醒和疯狂之间。并不太长的人生里，她曾有过五次精神崩溃，虽然她最终未能战胜病魔，但却为人们留下了一部部闪着智慧光芒的杰作。

这样的人生，虽败犹荣。

和所有不幸的天才一样，伍尔夫拥有一个不大快乐的童年。

当她还是一个名叫弗吉尼亚·斯蒂芬的伦敦小姑娘时，并没有获得过太多的关注。父母之前都有过一次婚姻，家中兄弟姐妹众多，孩子们从生

下来就交给女佣看管。在小弗吉尼亚的眼里，忙碌的母亲更像一个“概念上的存在”，而非一个“具体的人物”，可想而知，母亲给她的关爱是多么不足。

父亲是个文学评论家，终日待在他的阁楼里编辑《英国名人辞典》，在子女教育方面则重男轻女，将儿子们都送进了学校，女儿们则留在家里。

伍尔夫一辈子都没有受过正规的学校教育，对此她是有些遗憾的。父亲为女儿们唯一做的，是为她们提供了大量的藏书。徜徉在书海里，伍尔夫 6 岁就立下了成为一名作家的志向，她的姐姐瓦妮莎则希望成为一名画家。

由于父母对女儿们不够关心，加上他们去世得也早，伍尔夫曾先后遭受过两个同父异母兄长的侵害。没有人知道侵害的程度有多深，人们只能在她回忆录的基础上加以猜测。当她才六七岁时，哥哥杰拉德曾猥亵过她的身体，他把她放在阳台上，用手掰开她的私处对着阳光看，楼下则传来家人欢乐的笑声。

母亲去世后，情况变得更加不堪。另一个哥哥乔治常偷偷溜进妹妹的房间，并命令她不要开灯。这时，伍尔夫已经是初解人事的少女了，后来她回忆那段经历，说自己是那样无助，“我觉得自己就像一条不幸的小鱼，与一只巨大而骚动的鲨鱼关在同一个水槽里。”

伍尔夫就在这样的环境中长大了，长成了一名敏感忧郁的文学少女。成年后她说从 15 岁到 22 岁的整个青春期，是自己“最不快乐的 7 年”。缺爱的童年让她终身都没有安全感，她总是怀疑自己做得不够好，不配被人爱。被侵害的经历带给她的则是身体上深深的羞耻感，以及伴随了一辈子的性冷淡。她抵触来自男人的身体接触，任何男人，任何接触，哪怕是拥抱，也能让她厌恶得颤抖。

◆

文学，是照进伍尔夫生命里的第一束光。

那些幽暗而无望的青春岁月里，如果没有阅读和写作相伴，她可能早就疯了。她热爱阅读热爱到了如饥似渴的地步，一有空闲时间，她就会去读书，午休时读，梳头时读，晚上临睡前也会偷偷带一本书上床。

从 6 岁开始，她就开始练习成为一名作家，她曾描述自己对写作的迷恋：“每当我看到一支钢笔、一瓶墨水，就会抑制不住地拿起笔，就像一些人忍不住要喝杜松子酒一样。”在给朋友的信里，她写道：“我希望自己就像蒸汽机那样，不知疲倦地写作。”

她生命中曾有过无数次或大或小的精神崩溃，将她一次次从悬崖边缘拽回来的力量，很大程度上来自于她早就怀有的信念——一定要写出杰出的作品来。在没有成为伟大的作家之前，她不允许自己疯掉。

正是出于这种信念，她很小就立志要投身于文学，并决定要过一种充满智慧和灵性的生活。有些人是带着使命来到这个世间的，伍尔夫相信，她的使命就是写作。

她一度非常羡慕姐姐瓦妮莎美满的家庭生活，可同时她知道，那种生活她过不了。她是那种没有办法从日常生活中获取幸福的女人，她所有的快乐和悲哀，都和写作有关，阳光、青草以及孩子们的欢笑满足不了她对智性生活的渴求。

伍尔夫可以算是不食人间烟火的女作家代表，她对女人通常关注的华衣美服、舞会 party 毫无兴趣。年轻时的她拥有非凡的美貌，在那张广为流传的侧脸照里，她的脸部轮廓优美如希腊女神，这为她赢得了众多的追求者。可从来没有一个女人像她这样，完全不拿自己的美貌当回事，她懒得梳妆打扮，衣着有时甚至到了邋遢的地步。

她在公开场合不善言辞，终生都不愿接受媒体采访，私底下却是朋友间聚会的爱好者。二十出头时，以她和姐姐瓦妮莎为中心，形成了 20 世纪最负盛名的文化沙龙，沙龙上的常客有小说家福斯特、美学家罗杰·弗莱、哲学家伯特兰·罗素、传记作家利顿·斯特雷奇、经济学家凯恩斯、诗人艾略特、画家邓肯·格兰特。而伍尔夫，则是当之无愧的沙龙公主，朋友们爱怜地称呼她为“英伦百合”。

百合真是最能形容伍尔夫独特气质的花了，它是如此洁净，又如此美好，象征着空灵脱俗的灵性之美，唯一的缺点，可能是它太脆弱了，就像她一样脆弱。

这位“英伦百合”是个才华上的势利眼，她只和才华相当的人做朋友。空有美貌和虚名的人，在她那里遭受的只有冷眼和奚落。英国前首相张伯伦的未婚妻安妮·科尔在她家做客时就曾受到她的嘲笑。对瞧得上眼的朋友，她则从不吝惜自己的热情，她曾为诗人艾略特发起一场募捐行动，试图为他筹到一笔钱，好让这位诗人朋友能够从银行辞职，专心写诗。

伍尔夫醉心于精神上的交流，前提是，对方必须具有和她同等的智力。她可以说是史上最爱写信的女作家了，哪怕是素不相识的人，她也愿意给对方写信。民国女作家凌叔华就曾和她通信，并在她的鼓励下写出了轰动英国文坛的小说《古韵》，凌叔华的英国情人朱利安正是她的外甥，他尊敬地称她为伍尔夫姨妈。

伍尔夫与伦纳德

尽管很早就立志要成为一名伟大的作家，可伍尔夫时常怀疑自己是否真的具有这种才华。29 岁时，她被这种怀疑折磨得临近崩溃，给姐姐瓦妮莎写了一封信总结半生说："快要 29 岁仍未婚——将要一事无成——无儿无女——又有精神病，作家之梦渺茫无期。"

就在写完这封信后不久，她的人生很快就迎来了转机，一位名叫伦纳德·伍尔夫的犹太年轻人向她求婚了。

她和伦纳德，一开始是女房东和穷房客的关系。她把布伦瑞克广场的房子布置成开放式旅馆租给朋友们，刚从剑桥毕业、当时还一贫如洗的伦纳德租住了顶楼最便宜的房间。他们对文学、诗歌有着共同的爱好，穷房客很快爱上了女房东。伍尔夫深知，伦纳德对她并没有性吸引力，但她同时觉得他性格忠厚，可以想象他们如果在一起生活将会总是活泼有趣，总是充满热情。

最终打动她的，还是伦纳德的求婚信，在信里，他说："我自私，嫉妒，残酷，好色，爱说谎，而且或许更为糟糕。因此，我曾告诫自己永远不要结婚。这主要是因为，我想，我觉得和一个不如我的女人在一起，我无法控制我的这些恶习，而且她的自卑和驯服会逐渐地使我变本加厉……正因为你不是那种女性，就把这种危险无限地减少了。

"也许你就像你自己说的那样，有虚荣心，以自我为中心，不忠实。然而，它们和你的其他品格相比，是微不足道的。你是多么聪明，机智，美丽，坦率。"

"此外，我们毕竟都喜欢对方，我们喜欢同样的东西和同样的人物，我们都很有才气，最重要的还有我们所共同理解的那种真实，而这对于我们来说，很重要。"

再没有比这更坦率更诚实的求婚信了。伍尔夫终于接受了他的追求，30 岁那年，他们结婚了。朋友们惊讶万分，他们一致认为才华平平的伦纳德未必能和伍尔夫相匹配，后来的事实却告诉他们，这是伍尔夫一生中做过的最正确的选择。

◆

伦纳德是照进伍尔夫生命中的第二束光。

这个犹太男人，瘦削，清贫，才华并不出众，却给了伍尔夫一个男人能够给予的最好的爱。

以世俗的标准来评判的话，伍尔夫绝不是一个理想的妻子。她耽于幻

想，不会料理家务，更不会处理琐事。她会在做饭时，将婚戒丢进猪油里，还会在参加舞会时把衬裙穿反。

可这些常人无法忍受的缺点，在伦纳德那里却都可以得到宽宥，那些小毛病，在他看来不过是玉上的瑕疵，不足以掩盖伍尔夫与生俱来的光彩。

唯一令他苦恼过的，可能是伍尔夫的性冷淡。

他们曾尝试过性生活，但由于伍尔夫的抵触和反感，很快就放弃了。他们在一起长达 29 年，这 29 年里，基本都是无性婚姻。不仅如此，伍尔夫在精神上还频频爱慕他人，而且爱慕的还都是同性。

要有多么深刻的爱和理解，才能去谅解这一切，包容这一切。可能是因为上天曾经亏待过伍尔夫，所以才特意补偿给她一个天使般的爱人，给了她无限的温柔、无限的宽容。这段婚姻干净纯粹得一如她所期待的那样，伦纳德心甘情愿地放弃了生育权，放弃了一个丈夫的正常权利，无微不至地照顾着伍尔夫，他的妻子，他的女神，他人生存在的意义。

他是她人生路上的伴侣，生活中的守护神，文学上的知音，以及精神崩溃时的最后支柱。

伍尔夫婚后一度陷入疯狂，朋友们都劝伦纳德将她送入精神病院，他却坚信，没有人能够比他更好地照顾妻子。他时刻关注她的精神状态，一

旦察觉到伍尔夫反常时，就会立刻站起来，用手按住她的肩膀给予安慰。

婚前，伍尔夫曾担心，婚姻会压榨她创作的空间，伦纳德对她的爱让这种忧虑化为了云烟。她所有的小说都是在婚后创作出版的，为了出版方便，伦纳德还特意帮她成立了一家出版社。可以说，没有伦纳德，很可能就没有《到灯塔去》《达洛卫夫人》《普通读者》《一间自己的房间》等作品的问世了。

伍尔夫最负盛名的作品是《一间自己的房间》，在这部作品里，她为莎士比亚虚构了一位名叫朱迪思的妹妹。她与哥哥一样禀赋超群，富有想象力和冒险精神，但却得不到良好的教育，只能拘守在家里，最后因遇人不淑而自杀。她虚构这个人物，是要说明："在16世纪，任何一个具有伟大天赋的女人，肯定会发疯、自杀，或者在村落外一所孤零零的小屋里终老一生，半像巫婆，半像魔女，令人害怕，被人讥笑。"

因此，她宣称："女人要有一间属于自己的小屋，一笔属于自己的薪金，才能真正拥有创作的自由。"

也许，比这些条件更重要的，是一个无条件支持自己的爱人。

伦纳德之所以如此心甘情愿地守护着伍尔夫，理由只有一个——他的妻子是个天才，而且是难得一见的天才。

天才是需要守护者的，伦纳德也许自身不是天才，但他能够识别天才，爱惜天才。正是在他的守护下，伍尔夫才能够绽放出全部的才华来。对比那些被爱人榨干了才华的女人来说，她无疑是幸运的。

对比她天才的那一面，伦纳德觉得那些缺点根本不值一提。结婚之后，伍尔夫仍然是沙龙的女主人，聚会的公主，他欣赏着她的妙语连珠，欣赏着她的尖刻和犀利，她是他向往成为的那种人，拥有令他臣服的才华，在他看来，她是那种血液里流淌着香槟酒的女人，天生就让人沉醉。

伍尔夫对自己的作品总是信心不够，不能忍受任何一个人看她未出版前的手稿，除了伦纳德。他总是能公正地提出客观的意见，又不至于伤害她的自尊。《岁月》写成后，她垂头丧气，直到伦纳德告诉她，这是一部了不起的杰作，她才恢复了创作上的信心。

伍尔夫始终拥有面对真实的力量，她一辈子都在直面生活，直面病魔，直面自己的困境。她始终在和家族遗传的精神病做斗争，不断地被卷入旋涡，下沉，然后又挣扎着出来，并走向下一个旋涡。她和伦纳德曾生活在乡村，结果她决定结束这种安逸的日子，回伦敦去，因为她渴望着到人类中去冒险，意欲一头扎进热气腾腾的生活。

每次创作一部作品时，她就面临着新一轮的精神崩溃，她对自己的作品实在太紧张也太看重了。正当人们以为她撑不过来时，就会发现她又一次从崩溃中康复，并完成了一部杰作。

随着作品的频频问世，她声名远扬，终于实现了成为一名伟大作家的梦想。可这种燃烧式的创作对于她来说是一种严重的消耗，她的精神状况越来越差。随着二战的爆发，她和伦纳德居住的房子在德国空军的轰炸中化为尘埃，一同土崩瓦解的，还有她日渐脆弱的神经。

伍尔夫的精神疾病的可怕之处就在于，她是在清醒的状态下发疯的，这种状态就像一个知道自己在做梦的人，却无力从噩梦中醒来。

1941年3月28日，在完成最后一部小说《幕间》后，她又一次陷入发病前的症状，这次她害怕自己无法再好转。凭着残余的清醒，伍尔夫给伦纳德和姐姐各写了一封信。然后，她独自带上手杖，穿过花园，走向河边，一步步走进了冰冷的河水里，为了迅速沉没，她在自己的外套口袋里装了一块大石头。

她之所以如此决绝地赴死，是因为她深深地爱着伦纳德，爱着这千疮百孔却又无比真实的人生。如果彻底陷入疯狂的话，她不仅害怕拖累家人，更害怕自己将无法阅读，无法写作，这将是她最害怕的那种毫无智性的生活。对于伍尔夫来说，死亡并不可怕，可怕的是像行尸走肉一样地活着。

在给姐姐的那封信中，她说，“我曾经反抗过，但我再也坚持不下去了。”

而在给伦纳德的绝笔中，她写道：“我生活中的全部幸福都归功于你。你对我一直十分耐心，你是难以置信的善良。这一点，我要说——人人也都知道。假如还有任何人能挽救我，那就只有你了。”

而在电影《时时刻刻》中她自杀前有这样的一个独白：“亲爱的伦纳德，要直面人生，永远直面人生。了解它的真谛，永远的了解，爱它的本质，然后，放弃它。”

她的尸体在三个星期后被发现，伦纳德一个人去参加了她的遗体火化仪式。他将她的骨灰带回了他们小屋的花园，花园里种着两棵树，分别叫“伦纳德”和“弗吉尼亚”，他亲手将她的骨灰安葬在树下。墓志铭则是伍尔夫的小说《海浪》的尾声：“死亡，即使我置身与你的怀抱，我也不会屈服，不受宰制。”

他将继续守护着她，一如她生前。这份爱将伴随着她的作品一起流传下去，那是死亡也无法夺去的东西。

“你必须烛照自己的灵魂，洞见它的深刻和它的浅薄，它的虚荣和它的宽厚，表明你的美貌或丑陋对你意味着什么。”

“人不应该是插在花瓶里供人观赏的静物，而是蔓延在草原上随风起舞的韵律。生命不是安排，而是追求，人生的意义也许永远没有答案，但也要尽情感受这种没有答案的人生。”

“她知道，在这个世界上，无论什么卑鄙无耻的背信弃义行为，都会发生。她也知道，世界上没有持久不衰的幸福。”

伍尔夫的最后一封信

最亲爱的：

我感到我一定又要发狂了。我觉得我们无法再一次经受那种可怕的时刻。而且这一次我也不会再痊愈。我开始听见种种幻声，我的心神无法集中。因此我就要采取那种看来算是最恰当的行动。你已给予我最大可能的幸福。你在每一个方面都做到了任何人所能做到的一切。我相信，在这种可怕的疾病来临之前，没有哪两个人能像我们这样幸福。我无力再奋斗下去了。我知道我是在糟蹋你的生命；没有我，你才能工作。我知道，事情就是如此。你看，我连这张字条也写不好。我也不能看书。我要说的是：我生活中的全部幸福都归功于你。你对我一直十分耐心，你是难以置信的善良。这一点，我要说——人人也都知道。假如还有任何人能挽救我，那就只有你了。现在，一切都离我而去，剩下的只有你的善良。我不能再继续糟蹋你的生命。我相信，再没有哪两个人像我们在一起时这样幸福。

弗吉尼亚·伍尔夫

艾德琳·弗吉尼亚·伍尔夫

ADELINE VIRGINIA WOOLF

- 艾德琳·弗吉尼亚·伍尔夫（1882年1月25日—1941年3月28日）。英国女作家、文学批评家和文学理论家，意识流文学代表人物，被誉为20世纪现代主义与女性主义的先锋。
- 两次世界大战期间，她是伦敦文学界的核心人物，同时也是布卢姆茨伯里派的成员之一。最知名的小说有《达洛卫夫人》《到灯塔去》等。

E 艾米莉·狄金森：孤独让我如此宁静

假如我能阻止一颗心碎，我的一生就不会虚度；假如我能缓解一条生命的疼痛，或者平息一种痛苦，或者帮助一只昏厥的知更鸟，再次回到巢中，我就不会虚度一生。

现代人最害怕的是什么？可能不是疾病，不是死亡，而是孤独。就像流行歌曲中唱的那样，孤独是可耻的，孤独的人被看成异类。

现代人最无法避免的是什么？还是孤独。随着工业化进程的不断加深，人与人之间变得越发疏离，孤独似乎成了人们与生俱来的宿命。

每个人都在逃避孤独，每个人又不得不去面对孤独，既然孤独已成了现代人的必修课，那么应该如何自处呢？

不妨看看女诗人艾米莉·狄金森的传奇一生，她是美国最知名的诗人，同时也是最孤独的诗人。她终生将自己在幽闭在家中，在与世隔绝中写下了 1700 多首诗。这是孤独给予她的馈赠，她又作为礼物转交给了世人。

◆

艾米莉·狄金森可以说是 19 世纪最知名的宅女了，在宅女这个词语还没有问世之前，她就以自己的方式宅过了一生。

狄金森有多宅？大概是从 25 岁那年，她开始弃绝社交，闭门不出。一开始，人们还能看见她在自家的花园里莳花弄草。后来随着身体的不适，她长年幽居在楼上，和她住在一个镇上的邻居都和她缘悭一面，难以见到她的真面目。

她宅到什么程度呢？宅到每当有客人登门拜访时，她就像受惊的小鸟一样躲进房间，以避免和客人们打交道。后期偶有仰慕者来访，她固执地待在楼上，只肯让他们听见她的声音，却绝不愿让他们见到她的样子。由于长期缺乏交谈，后来她的语言功能甚至有所退化，已经很难流畅地与人沟通了。她甚至连住在隔壁的哥哥家都不愿去拜访，当她的编辑希金森来访时，她不知道该和他说什么，只能像个孩子一样，断断续续地说着些词不达意的句子。

她住的楼下常常有镇上的孩子们在嬉闹，有时候，会有一只篮子从天而降，里面装着刚刚烘焙出炉的糕饼，散发着诱人的香味。这只篮子正是她用一根绳子从楼上坠下来的，不愿意见人的狄金森就用这样奇特的方式来表达她对孩子们的友好。

无从考证她为何会选择这种如女尼一样的隐士生活，她被称为“阿默斯特修女”。作为一名宅女，狄金森在 25 岁之前看上去和镇上的任何一个女子都没有什么不同。她出生在一个律师家庭，父亲是美国阿默斯特镇的首席律师，她接受的是极为保守的宗教教育，平时极少外出，只出门旅行过一次。

| 少女时代的狄金森

唯一能显现出她独立思想的是在曼荷莲学院就读时的经历，那是一所顶尖的女子学院，奉行的也是宗教教育。可年轻的狄金森拒绝信仰上帝，也不愿意得到主的救赎，为此曾受到院方的严厉呵斥，她却丝毫不为所动。

可见狄金森是个相当有主见的姑娘，可能是受患有抑郁症的母亲影响，她天生恐惧社交，认为外面的世界喧闹不堪，难以忍受，只有家里那熟悉的环境才能让她感到宁静，所以她索性退回到家里，就像蜗牛一受刺激，就退回到了它的壳里。

◆

没有人知道少年时的狄金森究竟受了什么刺激，据她的家人推测，很有可能是爱情方面的打击。

狄金森终生未嫁，她究竟爱过谁，以及有没有真正地恋爱过都是一个谜，所有关于她情感方面的推论都来自于人们从她书信和诗歌中找到的蛛丝马迹。

有人研究出，在她年轻的时候，她曾随父亲和妹妹一起到费城去旅行。

正是在那里，她遇到了费城的牧师查尔斯·沃兹沃斯。她对查尔斯很有好感，可惜后者已有家室。翌年春天，查尔斯携眷来访，狄金森满怀着仰慕的心情，将自己从未发表过的诗稿献给他，并激动不安地等着他的评价。

尽管在狄金森看来，查尔斯的妻子平庸乏味，可以当时的标准来看，对丈夫一味顺从的她并无任何过错，查尔斯自然也没有任何理由抛弃妻子。

在基督教的教义中，与有妇之夫产生爱情就是罪恶。对查尔斯萌生好感的狄金森饱受罪恶感的折磨，她只有把这一切深埋在心中，可又无法控制对他的好感。连一贯支持她的妹妹也看不下去了，点醒她说：“他不是罗切斯特，你也不是简·爱。”正是查尔斯到访的那一年，有记载称她“精神激变，原因不明”，从那以后，她基本就杜门谢客了。

狄金森长得算是中人之姿，不算漂亮，但也绝不丑陋。在阿默斯特镇，她的家境和所受教育都称得上良好。这样一个女子，尽管追求者不算众多，可也有结婚的机会。在她 48 岁容颜老去时，还有一位法官向她求婚，那是她父亲的朋友奥蒂斯·洛德法官。洛德比她大 18 岁，两人认识时，他也已有妻子。他们互相爱慕，彼此之间写过相当炽热的书信。在信中，狄金森以诗一样的句子，毫不掩饰地抒写着对洛德的热情。奇怪的是，当洛德终于恢复单身后，她却拒绝了他的求婚。

可以肯定的是，她一定曾经热烈地爱过某个人，或许还不止一个，但她的爱情注定在俗世中无法得到实现，于是只能将满腔求而不得的激情倾注于笔下。单身了一辈子的她写过为数不少的爱情诗，这些诗中，有坦荡的表白："我为什么爱你，先生？因为——风不需要草儿回答，为何他经过，她就东倒西歪……因为他就是日出，我看得见，所以我就把你爱恋。"有难以割舍的爱恋："心啊，我们将把他忘记，你要忘却他所给的温暖，我则要忘记他给的光明，当你忘记后请告诉我，然后我，我的思念也将黯淡。"还有无怨无悔的痴情："假如你要在秋季到来，我就把夏天一挥而去……假如我能在一年后见到你，我就把每月都团进球里……假如仅仅迁延几个世纪，我就扳着手指算计，一减再减，直到我的手指都掉进范迪门地。假如肯定，你我生命的相会，必须在今生结束后完成，我就把它像果皮一样抛开，欣然接受永恒……"

这分明是情到深处无怨尤。对爱情的强烈渴盼和对婚姻的恐惧同时出现在狄金森身上，这看似矛盾，其实却并不费解。爱情，有时候可以是一个人的独角戏，婚姻却需要双人共舞，当爱情演变成婚姻后，难免会受到各方面的限制。

从狄金森的传记看来，她是自愿选择单身的，因为她深深知道，如果步入婚姻，就意味着割舍了独立和自由。结了婚的女人，很可能连写诗的时间和权利都没有了。在以她为主角的传记电影中，她不止一次明确地对朋友说："我不想结婚。"

所以不要把她想象成恨嫁的老姑娘，这点她和简·奥斯汀并不相同。同样是单身到老，奥斯汀从未放弃过对婚姻的渴望，她喜欢社交，喜欢参加舞会，如何嫁个如意郎君一直是她作品不变的主题。狄金森就不一样了，她恐惧社交，恐惧一切形式的亲密相处，除了家人，她无法想象和其他人共度余生。

在那个人人都视婚姻为必需品的年代，唯有狄金森早就意识到不是每个人都适合结婚，更不是每个人都必须结婚。她有权选择孤独终老，并且她乐意。

◆

一个人宅在家里，而且一宅就是 30 年，会不会感到特别无聊？

这只是俗人的想法，很明显狄金森并不是个俗人，她有着过于敏感的灵魂，在人群中总是备感喧嚣，只有在独处的时候，才能够享受彻底的宁静和自在。用现代心理学的观念来分析，她很可能患有严重的社交恐惧症，以及轻微的自闭症。

狄金森的独居生活，完全可以写成一本《宅女生活指南》，告诉你一个人宅在家里，如何才能过得丰富多彩。

她喜欢园艺，所幸父亲经济条件尚可，特意为她将东边的一间房子改造成温室，用来培育有特殊香味的异国花朵。狄金森在世时，不是以写诗闻名，而是以出色的园艺闻名。她在温室里种植了很多冬天能够开花的植物，并且在窗户边的小书桌上，写了很多诗。当鲜花盛开时，她会采下来做成花束送给朋友，并随之附上自己的诗句。朋友们偏爱那些珍稀的鲜花要远远多过于她的诗作。

她喜欢烹饪，是父亲的面包师和家里的糕点师，常用篮子将烤好的面包、曲奇饼从她房间的窗子吊下，送给邻居、亲友。1856 年，她烘制的面包在当地农业博览会的比赛中获得二等奖。

她喜欢给朋友们写信，不要以为她过着封闭的生活就不需要友谊，她比谁都更懂得朋友的可贵。有些人因为害怕孤独，宁愿去和一群乏味的朋友厮混。狄金森不一样，她绝不因孤独而乱交朋友，而是谨慎地为自己的灵魂选择伙伴，然后小心翼翼地维持着联系。她和为数不多的几个朋友都保持了终生的友谊，正是托赖于那些她写给朋友们的信，我们才知道她是一个情感何等热烈，心灵何等丰富的人。

她懂得欣赏夜莺的鸣叫，喜欢阅读爱默生的诗和勃朗特姐妹的书，能够从四季流转中领略大自然无穷的美。她做得最多的事，还是写诗，在烦琐的家务活之后写，在花室内的小书桌上写，从凌晨三点一直写到早上，那个时分，全世界都沉睡了，只有她醒着。当早起的鸟儿开始啼叫时，她的诗写好了，世界也开始欣欣然地张开了眼睛，仿佛是被她诗句中蕴含的活力所唤醒的。

当平凡的人们都选择致力于开拓人生的广度时，狄金森选择了向人生的深度拓展。尽管幽居于斗室之内，她的诗歌却让人们觉得，她拥有一个无比广阔的世界。她用那些简短凝练的诗句告诉人们，太阳是如何升起的，一只小鸟是如何落向幽径，清晨的第一只知更鸟是如何歌唱的，草间的小路是如何倏然消失的。

阿默斯特小镇上"狄金森"的身影

在狄金森众多的诗歌中，我最喜欢的就是那些描绘大自然的，比如这首："听到一只金黄鹂歌唱，事情也许平常——或者是圣事一桩。千回百转歌声相同，只因众生充耳不闻，并非鸟儿歌技平庸……"还有这首："小石头喜气洋洋，在路上独自游荡，既不在乎前程，也不害怕困穷——衣服是基本的棕黄，经过的宇宙穿上，独立自主像太阳，自行交往，自行发光，以漫不经心的纯真，把绝对的天命完成。”

因为写过诸多此类的诗，狄金森一度被归类为田园诗人，在她的笔下，鸢飞鱼跃，草长花开，世界是如此生机勃勃。她是孤单的，也是寂寞的，可孤寂绝不等于枯寂。一个有着丰富内心和细腻感觉的人，即使只是困居一隅，也比那些内心贫乏的人更能感受到生活的美。正如她在诗中所说：“造就一片大草原需要一株三叶草和一只蜜蜂，一株三叶草，一只蜜蜂，还有白日梦。光白日梦就行，如果蜜蜂零星。”

她就是那颗做着白日梦的小石头，喜气洋洋地在路上独自游荡，既不在乎前程，也不害怕困穷。

◆

狄金森的诗作和人生，很容易让人们想起中国东晋时的陶渊明。“少无适俗韵，性本爱丘山”说的就是他们这类人，他们同样厌烦俗务和社交，

狄金森卧室窗外的风景

也同样选择在稍有名气时自愿过上了隐居生活。

可只要细读陶渊明的诗，你就会发现，他的内心还是有着挣扎和渴盼的，他曾写诗感叹自己“总角闻道，白首无成”，内心不无对岁月流逝的恐慌，害怕自己就这样白白蹉跎一世。

可在狄金森身上，你几乎看不到挣扎的痕迹，或者有，也淡得可以忽略。也许是性别和经历的不同，她做出隐居的选择显然要比陶渊明轻松得多，也容易得多，她没有背负陶渊明那么大的压力，隐居对于她来说只是件自然而然的事，她不需要为此与主流世界对抗。

如果非要为狄金森找一个参照物，我觉得她不大像陶渊明，倒像金庸小说中的小龙女。小龙女从小就在终南山的古墓中长大，习惯了独来独往，对于外面的世界有一种与生俱来的恐惧，这和狄金森多么相似。与世隔绝的生活对于普通人来说是一种折磨，对于热爱独居生活的她们来说则是一种享受。巧的是，小龙女终年一身白衣，狄金森也从父亲过世之后，就只穿白色衣服。

必须承认，人和人天生不一样，有些人喜欢呼朋唤友、热热闹闹的生活，有些人则宁愿一个人待着。文艺工作者中不乏性情孤僻者，可能是他们天性太敏感，和人接触总觉得不适应，在美国度过了后半生的张爱玲就曾说过：“在没有人与人交接的场合，我充满了生命的欢悦。”张爱玲离群索居的程度不比狄金森低，她的下半生基本都是待在出租屋里，能不外出就不外出，慕名而来的粉丝只有借翻她倒的垃圾，来满足自己对偶像生活的窥探欲。

可是像狄金森这样将独居生活过得有滋有味，惬意自足的人还是少之又少，她深信“孤独是迷人的”。托赖于父兄的庇护，她不需为生计操心，也没有对名利的强烈渴望。狄金森生性淡泊，她写诗只为满足自己，从未考虑过读者，因此充斥着晦涩的意象和漫不经心的标点符号，甚至连标题也懒得拟一个。她写作方式也很随意，常常将诗句写在一些废纸片上，积少成多之后就随便搁在抽屉里。

她生前仅仅发表过 7 首诗歌，这和她创作的 1700 多首诗歌相比简直是九牛一毛。她当然也渴望发表诗歌，渴望得到赞誉，可并没有其他作家那种急切想成名的焦灼感。默默无闻不足以困扰她，所以她才会在诗中宣称自己是一个“无名小卒”，并渴望找到同样作为无名之辈的知音。那些所谓的名流，在她眼里十分无聊，“像只青蛙，何等火爆，终生一个六月，对一片倾倒的泥沼，把自己聒噪！”

她不愿意自己的诗作被发表的报纸任意更改，为了避免这样的事，她连出版诗集也不愿意。对于人们说她诗歌难懂的指责，她说：“我的诗一定得亮着自己的光芒，无须他人的擦拭，要不然，我会藏起来，直到合适的光出现。”

在她 56 岁因病去世之后，她的预言成真了。对于她留下的 1700 多首诗，妹妹维尼不忍听从她的遗言一一烧毁，而是竭尽全力促成出版。随着诗集的问世，她的诗句终于被万人传诵。

无须觉得这是对她一生寂寂无闻的补偿，在她的有生之年，她早已得到了上天给予她的丰厚馈赠——鲜花、阳光、亲人的陪伴、宁静的生活以及蕴含在这之中的深深的热情。

有人在热闹中虚度一世，她却在孤独中圆满一生。这样的一生确有价值吗？她早已用她的诗句给出答案：

“假如我能阻止一颗心碎，我的一生就不会虚度；
假如我能缓解一条生命的疼痛，或者平息一种痛苦，
或者帮助一只昏厥的知更鸟，再次回到巢中，我就不会虚度一生。”

我从未看过荒原

I NEVER SAW A MOOR

我从未看过荒原
我从未看过海洋
可我知道石楠的容貌
和狂涛巨浪
我从未与上帝交谈也不曾拜访过天堂
可我好像已通过检查
一定会到那个地方

I never saw a moor-
I never saw the sea-
You know I know the heather looks-
And what a billow be-
I never spoke with god Nor visited in heaven-
Yet certain am I of the spot-
As if the checks were given-

如果我不曾见过太阳

HAD I NOT SEEN THE SUN

如果我不曾见过太阳
我也许会忍受黑暗
可如今，太阳把我的寂寞
照耀得更加荒凉

Had I not seen the Sun-
I could have borne the shade-
But Light a newer Wilderness-
My Wilderness has made-

灵魂选择自己的伴侣

THE SOUL SELECTS HER OWN SOCIETY

灵魂选择自己的伴侣
然后，把门紧闭
她神圣的决定
再不容干预
发现车辇停在她低矮的门前
不为所动
一位皇帝跪在她的席垫
不为所动
我知道她，从人口众多的整个民族
选中了一个
从此，封闭关心的阀门
像块石头

The Soul Selects Her Own Society
Then-shuts the Door-
To her divine Majority-
Present no more-
Unmoved-she notes the Chariots-pausing-
At her low Gate-
Unmoved-an Emperor be kneeling-
Upon her Mat-
I've known her-from an ample nation-
Choose One-
Then-close the Valves of her attention-
Like Stone-

艾米莉·狄金森
EMILY DICKINSON

- 艾米莉·狄金森（1830 年 12 月 10 日—1886 年 5 月 15 日），美国传奇诗人。出生于律师家庭。从 25 岁开始弃绝社交女尼般闭门不出，在孤独中埋头写诗 30 年，留下诗稿 1700 余首；生前只发表过 7 首，其余的都是她去世后才出版，并被世人所知。
- 她被视为 20 世纪现代主义诗歌的先驱之一。美国诗人中的佼佼者有“美国文学之父”欧文，以及惠特曼和狄金森。她深锁在盒子里的大量诗篇是她留给世人的最大礼物。在她有生之年，她的作品未能获得青睐，尽管周遭对她存在不解与误会，却丝毫无损于她的创作天分。

F

华莉丝·迪里：

你吃了那么多苦，一定是为了值得的东西吧

“要赢得女人的忠诚必须通过信任与温情，而不是野蛮残忍的仪式。”

我们这一代人对于非洲沙漠的印象，大多来自于三毛的《撒哈拉的故事》。在三毛的笔下，撒哈拉成了千千万万女文青们向往的地方，有了大漠黄沙做背景，三毛和荷西的爱情才显得格外动人。

直到看了电影《沙漠之花》，那片曾经的神往之地才在我眼里褪尽了梦幻般的玫瑰色。我这才知道，沙漠里没有浪漫，更没有荷西。如果不幸降生在这里，很可能要承受噩梦一样的命运。沙漠里有着最恶劣的环境和天气，只有最强悍的生物才能幸存下来。

就像影片的女主角——华莉丝·迪里那样，她生命力惊人，曾因为逃婚，独自在沙漠里跋涉了数个昼夜，后来一路走向了世界，成了顶级名模。正是她，为我们揭开了蒙在非洲沙漠上那层异域情调的面纱，露出不为人知的丑陋和残忍来。

索马里的加勒卡约沙漠里有什么？

有沙丘，有大漠，有落日，有骆驼，有最彪悍的海盗、最温驯的女人以及最残忍的“传统”。索马里盛产海盗，归根结底还是因为穷，人太穷了，才会拿生命去冒险。除了海盗外，索马里还盛产娃娃新娘，女孩子往往刚来月经就嫁人了，三毛在《撒哈拉的故事》里，就写了一篇有关于娃娃新娘的故事。

1965年，华莉丝·迪里就出生在这片广袤而贫瘠的沙漠里，从小就帮父母牧羊。华莉丝的意思是“沙漠之花”，可事实上，没有人会去呵护一朵盛开在沙漠里的花。在索马里，生为女人，就注定了不幸的一生。她们中的绝大多数人没有任何地位，被男人当成泄欲和生育的工具，一辈子都生活在压抑和痛苦之中。

看看华莉丝早期的经历，就知道作为一个女孩子，在索马里长大要承受多少艰辛：

4岁时，她遭到了父亲朋友的奸淫。当她惊恐地跑回母亲身边时，母亲安慰她：“这只是一个故事罢了，不是真的。”然后转身问她：“羊呢？”

5岁时，她被行割礼。本来大多数女孩子都要进入青春期才行割礼的，可她父亲坚持华莉丝要早点接受这一仪式，理由是“为了避免她再次被奸淫”。

12 岁时，她父亲以 5 头骆驼的聘礼，要把她嫁给一个 60 多岁的老头做第四任妻子。

这样的经历看起来简直骇人听闻，她的真实故事，远比电影中展现的还要不幸，可这在索马里却是司空见惯的事。索马里的每个女孩子几乎都要被行割礼，没有受过割礼的女人被看成淫荡无耻，地位连妓女都不如。

所以华莉丝接受割礼时没有反抗，她把这当成了一种成人仪式，认为每个女孩子都要过这一关才能成为真正的女人，尽管只有 5 岁，她却没有哭闹，而是默默地忍受着。因为这就是她的命运，每个索马里女人共同的命运。

直到父亲要她出嫁时，她才决定抗争。她可以忍受肉体上的痛苦，却无法忍受精神上的凌迟，对于她来说，嫁给一个 60 多岁的老头做娃娃新娘，就等于用利刃一刀一刀割她的心，她怎么也接受不了。

在一个月黑风高的夜晚，她逃跑了，逃向荒无人烟的沙漠，逃向不可预知的未来。

◆

从华莉丝决定出逃的那个晚上开始，她的命运已经被改写。如果一个人连孤身穿越沙漠都不怕的话，那么这个世界上就没有什么事情可以难倒她，她注定要出人头地。

现在看来，华莉丝能顺利逃出沙漠纯属奇迹。这一路上险象环生，她先是被父亲追赶，好不容易跑掉了，又遇上了狮子。还好她瘦得皮包骨头，狮子可能对她没什么兴趣，她才得以脱离狮口。又渴又累的她搭上了便车，结果司机试图强奸她，她用石头砸破了他的头，才得以逃过一劫。

她一个人跑啊跑，赤着双脚，在烈日的蒸烤下奔跑。华莉丝的双脚被沙子磨破，变得血迹斑斑，可她还是熬过来了。这场暴走，在她的脚上留下了难以计数的疤痕，她刚刚做模特时，这双伤痕累累的脚曾震惊了摄影师。

是什么支撑她跑出了大沙漠？可能是那种一定要活下去，而且要活得更好的强大意志力吧。后来她写的自传《沙漠之花》，开篇第一句就是："行走在生命之路上，会遭受风雨，会享受阳光，也会身陷无数飓风的风眼。一个人能否生存下去，完全取决于意志是否坚强。"

当她跑到摩加迪沙的外婆家时，外表完全是难民模样。外婆惊呆了，认为她能活下来纯属老天保佑。

努力活得更好，一直是华莉丝最坚定的信念。对于改变自己命运的机会，她总是一把抓住，几乎从不失手。

在外婆家寄居时，华莉丝的一位姨父恰好要被派到伦敦担任大使，需要一位女佣随行，得知这个消息后，华莉丝赶紧毛遂自荐。她看出来这是个不可多得的机会，能让她逃离索马里，逃向广阔的新世界。

|《沙漠之花》剧照

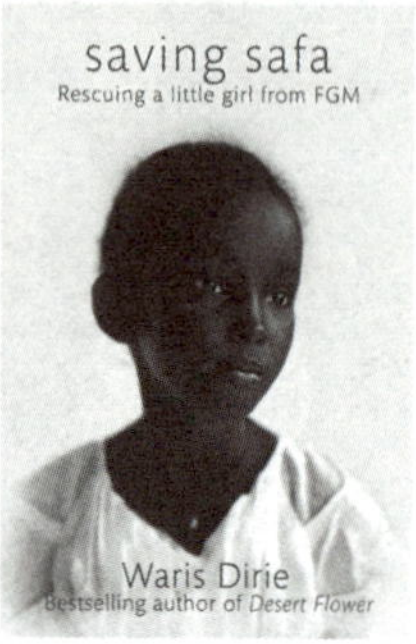

她如愿以偿地随姨父一行搭上了去往伦敦的飞机，成了一名住地下室的小女佣。伦敦的一切都让她新奇，水管里会源源不断地流出自来水，电视机里永远播放着精彩的节目。主人不让她看电视，她就将耳朵贴在门板上，学会了人生中第一个英文句子：Today is a lucky day（今天是个幸运的日子）。

4 年后，索马里内战爆发，撤掉了驻英大使馆，姨父一家人撤回了索马里，华莉丝却拒绝回国，她害怕一回去，就会被父亲抓去卖掉。

她偷偷溜了出去，成了一个露宿街头的非法居民。她不会英文，也找不到工作，没有地方住，她就随便找一块硬纸板就地躺下，没有东西吃，她就到处翻垃圾桶去找点别人吃剩下的东西。

一次在商场里，她结识了好心的售货员朋友，收留了她，并介绍她到麦当劳去工作。在那里，她成了一名勤勤恳恳的服务员，每天兢兢业业地打扫卫生，收拾盘子，偷偷将客人吃剩的汉堡藏起来吃。在一群穿着麦当劳制服的服务员里，她明显有些鹤立鸡群，这不仅是因为她天生黝黑的肤色，更因为她高挑的身材和制服也难以掩盖的美貌。

然后，改变她一生的那天到来了——一位在麦当劳用餐的摄影师被她侧脸的轮廓所吸引，给了她一张名片，主动提出要给她拍照。

而这位摄影师，就是曾经为戴安娜拍过照的特伦斯·唐纳德，凡是有幸成为他模特的人，很快会获得走红的机会。

在不幸中挣扎了18年的华莉丝，终于开始时来运转了，遇到唐纳德的那一天，就是她人生中的幸运日。

电影中说华莉丝过了好久才在朋友的劝说下给唐纳德打电话，现实中的她主动得多，正如她在自传中所说，“我一直勇往直前”，机会落在她的头上，她决不会让它溜走。

她就像她的名字寓意的那样，是一朵艳丽而强悍的沙漠之花。那种沙漠中只要一下雨，就能遍地盛开的黄色小花。值得一提的是，这朵沙漠之花在索马里备受摧残，一直到了异国他乡才尽情绽放。

◆

遇见唐纳德之后，华莉丝的人生完全可以用“开挂”来形容。

他帮她登上了当年倍耐力的年历封面，赞美她拥有“全世界最美的轮廓”。在一群白人模特中，华莉丝很快脱颖而出，她与众不同的肤色让她拥有极高的辨识度，成了白人群中一颗最闪亮的“黑珍珠”。

她签约了顶级的经纪公司，到处去走秀，米兰、巴黎、纽约，哪里有顶级秀场，哪里就能看到她的身影。香奈儿、李维斯、欧莱雅、露华浓等国际知名品牌纷纷向她伸出了橄榄枝，她说：“我穿着非洲长袍为珠宝公司拍广告封面，为露华浓拍新季的化妆品广告、担任香水代言人，和辛迪·克劳馥一起走秀，登上各大时尚杂志的封面……我不敢相信发生在我身上的一切，但它就这样到来了。”

她成了登上时尚杂志《Vogue》封面的第一位黑人女性，走上了事业

最高峰。她还出演了 007 系列电影《黎明杀机》，跻身于“邦女郎”之列。为了记录她的模特生涯，英国 BBC（英国广播公司）特别为她制作了一辑节目《游牧人在纽约》，节目组的摄制人员说：“从沙漠女孩到大都会的超模，你无法想象她的承受力有多强！她在逃婚的时候甚至遇到过狮子，但她就这样走了过来。”

感情生活方面也顺风顺水，她和一个美国男子达纳·墨雷（电影中哈罗德·杰克逊的原型）在舞厅里一见钟情，结婚后生下了儿子阿里基。

到此为止，华莉丝的故事还停留在励志的阶段，人们热衷于讲述她是如何从一个牧羊女成为顶级模特的。可当她走上事业巅峰时，却做出了一个惊人的决定。《嘉人》杂志记者访问她时，让她谈谈“改变她生命的那一天”——谁都以为，那就是唐纳德在麦当劳发掘她的那一天，可她回应说：“我不想再老生常谈，真正改变我一生的一天，不是遇见唐纳德那天，而是在我 5 岁时的那一天（电影里设定为 3 岁）。”

于是她说出了一个令人心碎的故事，那一年，她 5 岁，无忧无虑地生活在大沙漠里，有天晚上，她分到了比平常更多的米饭，她很开心，浑然不知等待她的将是什么。第二天，她被母亲带到沙漠里，在一块大石头上，没有接受任何麻醉，就被一个吉卜赛女人实施了“割礼”。所谓“割礼”，目的是割除一部分性器官，以免除其性快感，并确保女性在结婚前不会和他人发生性行为。

在完全清醒的情况下，5 岁的华莉丝接受了世界上最残酷的手术：“我感到自己的肉，自己的阴部，被一下一下切掉。我听到刀片钝钝地在我皮肤上锯了一个来回，又一个来回……”她的阴蒂被挖掉，大阴唇和小阴唇也全部被切掉，然后用针线密密缝起来，只留下

一个火柴孔大的小洞用于排泄。切下来的肉被割礼师随意搁在石头上，很快就被晒干了。华莉丝一度痛得晕了过去，母亲忙于照顾其他小孩，顾不上术后因感染而发烧的她。还好她病了一个星期就康复了，而她的两个姐妹，一个死于割礼时失血过多，一个死于难产。

这种酷刑不仅在施术时极其疼痛，而且会给女性造成终身的痛苦。由于阴部只留下了一个极小的洞，华莉丝每次小便都要花至少十分钟，她形容割礼后第一次小便时，流出的尿液就像硫酸一样灼人。成年后来月经更是成了极大的痛楚，她在麦当劳打工时曾因痛经而晕倒，每次来月经对于她来说都像死了一次那么难受。

有次她因痛经向医生求助，医生提议做手术为她解开封锁，可当他请来一位索马里的男护士做翻译时，那位男护士却用索马里语痛斥华莉丝："你让白人医生看你的身体，你不觉得羞耻吗？"华莉丝当时没有立刻手术，可最终在几经思索后，毅然接受了医生的手术。

但是伤痛一直都在，哪怕她后来事业有成，哪怕她结了婚，又有了孩子，她肉体和心灵上的伤口仍然在隐隐作痛。

听完了华莉丝的讲述，身经百战的《嘉人》记者劳拉哭得不能自已：“太可怕了，我做梦都想不到世界上还有这种事。”

华莉丝的故事在《嘉人》登出后，令全世界有同情心的人们为之一起哭泣。人们难以想象，在当今的文明社会，居然还存在着如此残忍的陋习。世界卫生组织统计，全世界至少有 1.3 亿女性受过割礼，每年就有 200 万女孩接受割礼。大约有 28 个非洲国家的女孩，4 ~ 10 岁就要行割礼，甚至他们的父母移居欧美后，仍然没有放弃对子女施行割礼。

从那以后，华莉丝毅然放弃了如日中天的模特事业，在大红大紫时隐退，投身于反割礼的运动。她是第一个在公开场合谈论割礼的女性，为了让更多的人了解到这种陈规陋习，她不惜一次次掰开自己的伤口，一次次在演讲时说起自己最隐秘最痛苦的往事。她被邀请到世界各地去演讲，联合国前秘书长安南任命她为联合国反割礼大使。

在她的推动下，坦桑尼亚、多哥、塞内加尔、科特迪瓦等国陆续通过立法禁止女性割礼。千千万万的女童得以幸免，与此同时，她却遭到了保守分子的非议和攻击。索马里的同胞骂她是国家的叛徒，激进派扬言要袭击她，她却依然一往无前，继续为废除割礼鼓与呼，并推出了自传《沙漠之花》。

在非洲很多国家里，割礼被看成一种源远流长的传统，没有人质疑这种传统是否合理，可并不是所有传统都值得发扬，任何以伤害他人身心为基础的传统都应该被看成是一种陋习，都应该早早被抛弃。割礼就像中国以前的裹脚一样，迟早会被人唾弃，华莉丝的出现，加速了它的灭亡。

华莉丝与时任联合国秘书长安南的合影

在看《沙漠之花》的过程中，我一直在想，身为一名现代女性，我们能够从华莉丝身上学到什么？是勇往直前，还是敢于抗争？不，并不是这些，或者说，绝不止这些，这些都过于老生常谈了。我在她身上看到的，是一种最慈悲、最深刻的同情，一种对于不幸者发自肺腑的悲悯。我不想简单地把她看成是一个励志偶像，这样太肤浅了。

和那些终生都被困在非洲沙漠的女孩子相比，华莉丝无疑是幸运的。身为一个幸运儿，她却从来没有忘记自己所受的苦，更不忍心看着千千万万的女孩子再重复她当年受过的苦。这是她真正了不起的地方。有多少人，一旦被幸运眷顾，就对身边那些不幸的人麻木不仁，真正慈悲的人，永远无法做到对他人的不幸无动于衷。

我始终觉得，博爱之心是人类最宝贵的东西，是人和动物的重要区分，当我们对同类的苦难熟视无睹时，就等于丧失了人之所以为人的资格。

当看到电影中那个小女孩躺在石头上，被一刀一刀剜去阴部的肉，嘴里发出撕心裂肺的哭喊时，我的眼泪如雨一样落了下来。那是一个幸运者对不幸者愧疚的眼泪，更是羞耻的眼泪，同为人类的一分子，眼睁睁地看着自己的同类遭受这样的苦楚，自己却完全无能为力，我不禁感到深深的羞愧。

不要以为这些和我们完全无关，正如华莉丝在演讲中所说，没有人是一座孤岛，发生在极少数人身上的事，也会影响到这个世界。

那么我们能做些什么呢？也许你会觉得我们什么也做不了，毕竟我们离非洲沙漠太遥远了。其实不是的，即使我们拯救不了那些受苦的小女孩，至少我们可以去帮助身边的那些不幸者。如果你生而幸运，请不要漠视那些比你不幸的人，如果你生而不幸，那更要体谅和你处于同一境地的人。

当华莉丝穿越沙漠逃到摩加迪沙时，外婆对她说了一句话："你吃了这么多苦，一定是为了值得的东西吧。"很多年以后，她才明白这句话的含义，也许上天让她从沙漠中死里逃生，让她在麦当劳偶遇唐纳德，都是为了让她能有机会去完成自己的特殊使命，这使命就是解除其他非洲女孩的苦痛。这才是真正值得的东西。

“人生最甜蜜的欢乐，都是忧伤的果实；人生最纯美的东西，都是从苦难中得来的。我们要亲身经历艰难，然后才懂得怎样去安慰别人。”

——电影《桃姐》中的台词。

— 华莉丝·迪里

— 模特，生于索马里，当选福布斯 30 位全球女性典范之一，被誉为“非洲女权斗士”。43 岁的迪里曾因拍摄香奈儿广告而出名。

— 1987 年出演詹姆斯·邦德影片《007 系列：黎明杀机》，1996 年，她发起了抵制女性生殖器切割的活动。

— 2004 年，迪里在自己的维也纳公寓被一名跟踪她的葡萄牙人袭击。这名男子叫保罗·奥古斯托，迪里受轻伤，奥古斯托被奥地利法院判以 5 个月缓刑。

— 2005 年 3 月，华莉丝获得奥地利国籍。

华莉丝·迪里
WARIS DIRIE

G

马拉拉

在最不可能的地方，仍有着希望

“我开始理解到一支笔，以及那支笔所写出来的文字所产生的力量，可以大过机关枪、坦克和直升机。我学到了如何在困境中挣扎，也学到了当我们发声时，我们的力量有多强大。”

17 岁的你正在做什么？可能还待在学校里，为成绩和分数烦恼，也为隔壁班的男生偶尔看了你一眼而怦然心动。

有这么一个巴基斯坦女孩，却在 17 岁时拿下了当年的诺贝尔和平奖，经历了你难以想象的惊心动魄：12 岁她开始通过博客为在塔利班暴行下的失学女童发声，15 岁她被恐怖分子用枪击中头部，差点一命呜呼，16 岁她死里逃生，定居海外时仍不屈不挠地谴责恐怖分子，并于当年获得了诺贝尔和平奖的提名。

她就是马拉拉，一个坚决反战的“战士”，她以她的笔作为武器，打赢了一场原本不可能取得胜利的战争。她的勇气和斗志，鼓舞了千千万万的“马拉拉”，越来越多的女孩不愿意再沉默，开始和她一起战斗。

现在回想起 2012 年 10 月 9 日，马拉拉仍然觉得那是她生命中最恐怖的一天。

那一天开始得平淡无奇，15 岁的马拉拉和同学们刚刚结束了学校的考试，如果不出意外的话，她将又会毫无悬念地获得第一名。考完后，她和同学们一起乘坐校车回家，当校车驶到一个拐弯点时停住了，两个穿着罩袍、只露出眼睛的陌生男子冲上车来，高声问：“谁是马拉拉？”

瑟瑟发抖的同学们忍不住看向了马拉拉，然后，她们听见枪响了，一连三枪，其中两枪误中了马拉拉身旁的两位女同学，最致命的那颗子弹从她的左眼眶里射了进去，穿过头部、颈部，留在了肩膀里。那两名持枪男子开枪的过程中手一直在抖，开完枪后就跑下了车。

中枪后的马拉拉倒在了血泊里，头颈部全是血，即刻陷入了昏迷。有一名同学察觉到她还有呼吸，可当地医院的医生宣判，她已经没法再醒过来了。伤势严重的马拉拉被转移到英国伯明翰进行治疗，失去知觉的她浑身插满了管子，奄奄一息。

全世界正义的人民都愤怒了，他们一边谴责着恐怖分子的暴行，一边期待着马拉拉能够醒来。

这个还只有 15 岁的小女孩，为何会成为恐怖分子必欲除之而后快的对象？她的命运，为何会牵动着这么多人的心？当她面对恐怖分子的枪口时，有没有后悔过自己的所作所为？

这一切，还得从头说起。

◆

2009 年 1 月 3 日，英国广播公司（BBC）开通了一个专栏，名为“巴基斯坦女学生的日记”，并发出了这个专栏的第一条博客：

“昨天夜里，我做了个噩梦，梦到了塔利班，我经常做这种噩梦。吃过妈妈做的早饭，我就去上学了。我害怕去上学，因为塔利班发布了禁令，禁止所有女孩上学。我们班上有 27 人，只来了 11 人。我的 3 个朋友被迫搬到了白沙瓦、拉合尔和拉瓦尔品第。上学路上，我听到一个男人喊道‘我要杀了你’。我立刻加快脚步，走过去之后才敢回头。结果他是在打电话，肯定是在威胁电话那头的人。”

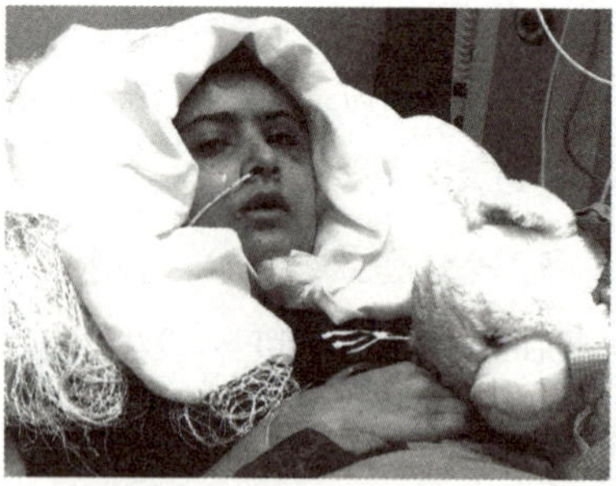

在英国伯明翰的伊丽莎白女王医院，马拉拉进行了头部手术

博客作者署名为“古尔·马卡伊”，意思是“角落里的花朵”，这是她发的第一条博客，发出后即引起了人们的普遍关注。从这条博客开始，古尔·马卡伊更新了一系列博文，真实地记载了在塔利班横行下，巴基斯坦女孩的生活和学习状态。

巴基斯坦，一个长期被战争和恐怖主义肆虐的地方，在战火中成长的古尔·马卡伊显得格外早熟，一点一滴地记载着她对于战争与和平、恐怖与抗争的想法，这里摘录几则：

1 月 5 日禁止彩色

我正准备穿着校服去上学，却突然想起校长告诉我们可以穿“正常的衣服”，于是我决定穿我最爱的粉红色连衣裙。那天，学校里的其他女孩也穿了彩色的衣服，学校看起来亲切了很多。然而在早晨集会的时候，我们被告知塔利班已经下令，禁止学生穿彩色衣服上学。

1 月 14 日再也不能去上学了

今天去学校的时候，我心情很不好。从明天开始就放寒假了，但校长只告诉了我们放假的消息，却没有告诉我们什么时候开学，以前都未有过这样的情况。我猜想，是塔利班已经下达命令，从明天开始禁止女孩上学。

朋友们都不是很开心，因为她们也知道，如果塔利班真的下令取消女

孩上学的权利，她们就再也不能到学校来了。我很乐观地相信，新学期一定会再开始的。但当我离开学校时，我回望了一下校园里的建筑，好像我不能再见到它了似的。

2 月 11 日恐怖直播

Maulana Fazlullah（塔利班领袖）昨晚通过他的电台频道发表讲话，宣称最近有人袭击明戈拉的警察站，就像一个高压锅爆炸一样。他进一步称下次袭击可能会像大汽锅爆炸，紧接着就会发生一场像邮轮爆炸般的袭击。

深夜，我的父亲跟我们谈论了目前斯瓦特的局势。这些天我们不断使用诸如“军队”“塔利班”“火箭”“炮弹”“直升机”“死亡和伤亡”等词汇。

……

她在博客中毫不留情地批评了塔利班的暴行和政府的无能，甚至还点名批评总统：“如果扎尔达里的女儿在斯瓦特的学校上课，它们就不会被关闭了。”

通过这组日记，一个纯真、勇敢、热爱和平的女孩形象逐渐为大众所熟知。她很爱美，不喜欢穿罩袍，因为那让她“无法呼吸”；她正在追《暮光之城》，而恐怖分子在她看来就像吸血鬼一样；她和弟弟们经常打打闹闹，也会为政府从空中投下来的太妃糖而欢呼。

博客一直连载到 2009 年 3 月，成了 BBC 最受欢迎的博客之一，人们牵挂着“角落里的花朵”，称赞这组日记就像《安妮日记》（二战中一个 15 岁女孩的日记）那样打动人心。

连载结束后，《纽约时报》一名记者找到作者拍摄了一部纪录片，人们才知道，原来古尔・马卡伊的真名叫作马拉拉。

出现在纪录片里的马拉拉，有一张看上去比同龄人要成熟的脸，12 岁的她紧紧攥着自己的书包，对着镜头坚定地说：“就算他们（塔利班）

让我不能上学，却无法让我停止学习。”

此时的巴基斯坦，正笼罩在恐怖主义的阴影之下。塔利班武装控制了斯瓦特山谷，这片马拉拉生于斯长于斯的美丽山谷，沦为了鲜血和暴力横行的死亡之谷。塔利班仇恨西方文明，认为女子不该受教育，他们炸毁了100多所女子学校，并颁布法令禁止女孩上学，不仅如此，他们还禁止她们看西方的节目，听西方的音乐，禁止她们穿罩袍以外的服装上街，甚至禁止她们上街购物。

马拉拉写博客、出演纪录片，正是对这一系列暴行的强烈抗议。正如她所说，人总是在战争中，才倍觉和平可贵，总是在面临无法上学的威胁时，才知道读书可贵。

她决定发起战斗，一场面向所有恐怖分子的战斗，一场没有硝烟却步步惊心的战争，一本书、一支笔，就是她的武器。

这场战斗的风险并不比真正的战场少，所幸，她不是一个人在战斗。

◆

马拉拉的父亲萨胡丁，一直是女儿最坚定的同盟和最亲密的战友，他包容她，鼓励她，永远充当她最坚实的后盾。在巴基斯坦，女孩的地位一直很低，当很多父亲纷纷折断女儿们的翅膀时，萨胡丁却为马拉拉的飞翔插上了双翼。

马拉拉出生于1997年，对她的到来，母亲不大高兴，因为她期盼着要个男孩。父亲则欣喜若狂，他看着她的眼神，就像坠入了爱河。母亲明显更偏爱两个弟弟，父亲则坚持男女平等，当妻子想为儿子买个新摇篮时，他拒绝了，理由是“马拉拉能够睡旧摇篮，儿子也能够”。巴基斯坦的女孩，大多早早嫁人，在煮饭和伺候丈夫中度过一世，萨胡丁却坚信他的女儿将与众不同，他常对她说：“马拉拉，你会像小鸟一样自由！”

父亲就像《摔跤吧！爸爸》中的那个印度父亲一样，不仅将爱与平等、自由的种子种到了马拉拉的心上，还传授给了她知识的可贵。在他看来，“知识是世上最重要的东西”，出身贫寒的他一直有着办学梦，历经艰难后终于和朋友一起创办了自己的学校。他生性顽强，敢于反抗，办学校时曾联合多所学校的校长，拒绝给腐败的教育官员送红包。

马拉拉与父亲

马拉拉继承了父亲的独立思考与刚直不阿，也继承了他对教育的重视。她从小最渴望的就是去上学，当走进学校时，感觉就像踏进了魔法世界的大门。她如饥似渴地学习着，每门功课都很优秀，10岁时就开始看英文原版的《牧羊少年奇幻之旅》，12岁拍纪录片时已经可以说一口流利的英文。

塔利班接管斯瓦特山谷后，父亲萨胡丁和马拉拉一同投入到对暴行和专制的抵抗中。萨胡丁的学校坚持让女学生来上学，为此还开除了一名不愿意教女生的数学老师。塔利班只让女性穿罩袍，萨胡丁却对妻子和女儿说："女人的品德不在罩袍上，它在一个人的心灵里。"

BBC 找人写博客时，联系上了萨胡丁，让他从学校里挑选一名女生。第一人选本来是 16 岁的女孩艾莎，结果因她父母不同意而作罢。萨胡丁这时想到了女儿马拉拉，他们并非不害怕塔利班的报复，但觉得在那种情况下，总得有人出来发声。

随着博客的走红和纪录片的播出，马拉拉声名大振，萨胡丁喜忧参半，喜的是，女儿是如此勇敢无畏，忧的则是，她会不会被塔利班盯上。

果然没多久，马拉拉就收到了塔利班的死亡威胁，让她赶紧闭嘴。她依旧表现出视死如归的勇气，她不是没有设想过危险，"我经常会想到这个问题，甚至把场面都想象得很清楚。即使他们派人来杀我，我也要告诉他们：他们的所作所为是错误的，受教育是我们的基本权利。"

在亲人们看来，萨胡丁的处境要比马拉拉危险得多，马拉拉再有名，毕竟还是一个孩子，谁会想到，凶残的恐怖分子，会将枪口对准一个还未长大成人的孩子呢。

◆

事实证明塔利班比她想象的还要惨无人道，2012 年 10 月 9 日，那个黑色的日子里，她的头部被恐怖分子一枪打穿，她在第一则博客中预言的噩梦不幸成真。

她被抬上担架，运送到英国伯明翰的医院里，连续好几天都昏迷不醒，几乎已失去生命征兆。苏醒过来后，她的左脸完全没有了知觉，为此她接受了好几次手术，她的部分头骨被切除，面部的颅骨有一部分用钛板代替，左耳也植入了人工耳蜗。她一度失去了笑的功能，这令深爱她的父亲肝肠寸断，幸好在多次手术后，笑容又一次在她的脸上绽放。

马拉拉获得 2014 年诺贝尔和平奖

马拉拉在白宫

英国女王接见马拉拉

经历了这次死里逃生的劫难之后，马拉拉的勇气不仅没有消退半分，反而变得更加坚定。她说：“当子弹从我的左眼眶里穿进去时，原本以为自己就要死了，没想到还能继续活着。”回顾遇刺经历，她表示如果再来一次，还是会采取同样的抗争：“对于普通人来说，生命是普通的。但对于那些敢于发声的人来说，生命就必须冒险。”

她把这次康复当成了一次“重生”，重获生命对她影响很大，她甚至改变了自己的志向，将梦想从医生改成了政治家。巴基斯坦女政治家贝·布托成了她的新偶像，她希望将来成为巴基斯坦总理：“我有了一个新的梦想，我必须成为一位政治家来拯救这个国家。我们国家危机太多了，我想消除这些危机。”

马拉拉的遇刺事件引起了全球正义人士的公愤，巴基斯坦一所大学为向勇敢的马拉拉致敬，更名为马拉拉大学。联合国从 2012 年 11 月 10 日起将每年 7 月 12 日定为“马拉拉日”，以引起人们对妇女、儿童受教育权利的关注。还在塔利班统治下的那些女孩们则宣称：“斯瓦特地区的每个女孩都是马拉拉！我们将继续争取受教育的权利，我们一定会取胜，他们不能打败我们！”

2014 年，马拉拉与凯拉什·萨蒂亚尔希共同获得 2014 年诺贝尔和平奖，为该奖项最年轻的得主。她在颁奖台上说的那番话鼓舞了千千万万个人，人们欣慰地看到，这个 17 岁的女孩，在死里逃生之后，仍然保持着难得的幽默感，在台上谈笑风生，拿自己和弟弟打架开玩笑。这个从未参加过任何战争的女孩，却是一名最勇敢的战士，她战胜了恐怖分子，战胜了偏见，更战胜了自己。她的经历充分证明了，在最绝望的地方，也仍然孕育着希望。

受马拉拉的感召，那些备受欺凌和歧视的女孩们不愿意再沉默：印度 13 岁女孩迪亚勇敢曝光了强奸她的男子，巴西女孩伊莎多拉揭露巴西教育系统严重问题……千万个“马拉拉”正在走出来，一个“马拉拉时代”正在形成。

除了曾遭遇枪击之外，马拉拉是一个幸运的巴基斯坦女孩，父亲疼爱她，同学尊重她，那么多人支持她。如今 22 岁的她，生活在英国，考上了牛津大学，她可以穿着艳丽的裙子行走在阳光之下，可以收看最新潮的节目，可以一路读到硕士、博士，只要她愿意。她真的像父亲所说的那样，像小鸟一样自由了。

可我们必须看到，在世界上无数个角落里，还生活着千千万万个不够幸运的“马拉拉”，她们小小年纪就辍学，因为贫困，因为战争，更因为偏见。男女平等的口号喊了这么多年，其实还有很多不为人知的地方，对女孩充满歧视。男女的不平等，首先就体现在教育的不平等上，当一个家庭只能供一个孩子上学时，女孩的受教育机会往往会被剥夺。比如在肯尼亚，只有十分之一的女孩有机会读中学，男孩入读的概率则差不多是女孩的五倍。与马拉拉相比，这些沉默的大多数，被遮蔽的大多数，才是更加值得我们关注的对象。

马拉拉为何一直呼吁人们重视女孩的教育，因为她早已认识到，“让女孩子变得强大的最佳方式是教育，所以我们所有人都应该呼吁女孩接受教育。”她还认识到，有时候正是男人阻止女孩受教育，他们害怕女人一旦变得聪明，就会威胁他们的地位，所以女孩子们应该学会争取自己的未来。

马拉拉给我们的启示是，作为一个女孩，究竟能做些什么，为自己，为国家，也为整个世界的进步。不要觉得马拉拉走的路太过艰难，以至于无法追随。身为女孩，尤其是生活在男女不平等地区的女孩，生来就注定要走一条艰难的路，既然如此，何不大胆一点，勇敢发出你的声音，坚决捍卫你的权利。

总有一天，女孩们都会像小鸟一样自由，而这一切，得从你为自己发声做起。

“我们必须帮助女孩们与生活中的一切障碍抗争，站起来大胆发声，战胜她们内心的恐惧。”

“即便我是一个女孩，即便不被人们看好，我也不会失去希望。”

“男孩和男人们应当了解平等和公正，了解女性也拥有同等的权利，应当受到平等对待。”

“我们必须告诉女孩们，她们的声音很重要。有时候孩子们会认为这不是她们该做的事情……女孩子们正在争取自己的未来。”

马拉拉·优素福扎伊
MALALA YOUSAFZAI

- 玛拉拉·优素福扎伊，1997 年 7 月 12 日出生于巴基斯坦，女权主义者，以争取女性接受教育的权利而闻名。
- 2011 年 12 月，被巴基斯坦政府授予“国家青年和平奖”，并成为这一奖项的首位得主。
- 2014 年 10 月 10 日，与凯拉什·萨蒂亚尔希共同获得 2014 年诺贝尔和平奖，为该奖项最年轻的得主。
- 2015 年 4 月，获得 316201 号小行星命名，该行星被命名为“马拉拉星”。

H

桑德伯格：一个女人，为什么要活得那么拼？

“我希望你们找到人生中真正的意义、满足和激情。我希望你们能安度未来的艰难时光，并收获更强大的力量与更坚定的决心。我希望你们能够平衡自己的生活，睁大眼睛去寻找。我还希望你们怀着进取心，在事业里全心投入，去掌控世界。因为世界需要你们去改变它，全世界女性都在指望你们改变她们的命运。”

身为一位女性，你是否常常听到这样的建议：

“女孩子嘛，不用赚太多钱，做一份过得去的工作就行了。”

"你是女生，干吗要那么拼？"

"一个女人，不要去和男人抢资源，那样姿态不好看。"

……

谢丽尔·桑德伯格听到这样的话，一定会嗤之以鼻。她就是人们口中那种活得很拼的女人，从白宫到硅谷，从政界到商界，一直步履不停。凭着这股拼劲，她从哈佛的一个小女生，做到了脸谱网（Facebook）的首席运营官，被称为硅谷最有权势的女人，年薪超过扎克伯格，身价达到了10亿美元。

她比邓文迪还要传奇，比安迪还要精英，即使是最聪明的男人，也甘拜下风。因为她有今时今日，全是靠她一手打拼出来的。她没有依靠过任何"大佬"，她本人就是"大佬"。

◆

《欢乐颂》热播的时候，女主角安迪成了很多人仰慕的"霸道女总裁"，美国名校出身，当过华尔街高管，高学历、高智商、高收入、高颜值外加高冷，号称新时代的"五高女性"。

据说安迪的原型就是谢丽尔·桑德伯格，如果是这样的话，只能说她是一个低配版的桑德伯格。因为这位硅谷女总裁不管是在收入还

是在职位方面，都直接碾压安迪，而且她情商和智商一样高，完全不像安迪那样孤僻自闭。

桑德伯格毕业照

桑德伯格的聪明是老天给的，1969 年，她出生在美国一个富有的犹太家庭，父亲是一名眼科医生，母亲硕士毕业后为照顾儿女们放弃了博士学业。犹太人天生机敏过人，另一位美籍犹太裔女性苏珊·桑塔格也是以睿智闻名的。

犹太家庭十分重视孩子的教育，桑德伯格父母对女儿和儿子的要求同样严格。作为家里的大姐大，她从小就得学着照顾弟弟妹妹，小小年纪就展现出过人的领导力，她总是指挥着弟弟妹妹们干这干那，弟弟妹妹成年后开玩笑说：“当时我们一个 1 岁，一个 3 岁，浑身沾满口水，懒懒散散，但这不影响她用心指导和塑造我们。”

在桑德伯格还很小的时候，父母就给她灌输这样的理念：凡是男孩能做的，你也能做。她也没让父母失望，一直是学校里的高才生，不管在哪儿就读，同学们都一致认为她是班上最聪明的女生。即使是在哈佛大学这样的顶级名校，她也是学霸中的学霸，每门功课都能拿最高分，是以第一名的成绩从哈佛毕业的。

她的社交能力和成绩一样出众，不仅活跃于各个社团，还是大型活动的积极组织者，经济学导师萨默斯很赏识她，夸奖她说：“多数学生组织活动时难免疏漏，而桑德伯格主办经济学会招待会时，所有名牌、食品和日程都安排得井井有条。”

正因如此，萨默斯在桑德伯格一毕业后就招她当了助手，当他成为美国政府的财政部副部长时，也把她带进了白宫，成了他的首席幕僚，那时她还不到 30 岁。桑德伯格要负责上百亿美元的预算和管理，她把一切打理得有条不紊，当奥巴马接任克林顿时，已经有传言说她要接替财务部长的职位，甚至有人预言她将成为下一个希拉里。

然而桑德伯格却发现自己的兴趣并不在政坛上，所以她急流勇退，转身跳槽到了谷歌。当时的谷歌成立不到 3 年，盈利还不稳定，桑德伯格加盟以后，凭着自己在政界和金融界的影响力，帮谷歌拉来了大量广告，并且设定了一整套广告模式，包括广告位的排名、收费和投放等。谷歌终于站稳了脚跟，一跃成为网络巨头。

这时，桑德伯格却又一次做出了让人们大跌眼镜的选择，她接受了扎克伯格的邀请，以首席运营官的身份加入 Facebook。当时的 Facebook 还是一家没什么盈利的小公司，而她早已是谷歌副总裁，跳槽后职位和收入都大不如前，还要屈尊做扎克伯格的“小保姆”。朋友们不大看好她的选择，她却坚持认为，谷歌的工作对她来说已经没有挑战性了，而 Facebook 让她看到了无限潜力。

桑德伯格和扎克伯格各司其职，一个负责让 Facebook 更受欢迎，一个负责让 Facebook 赚钱，他们很快成了最佳搭档，桑德伯格略施魔法，让 Facebook 变成了一只源源不断生出金蛋的金鸡，她的魔法仍然是营销和广告。

她加盟 3 年后，Facebook 用户从 7000 万增长到 7 亿，头一年盈利就达到了数亿美元，扎克伯格把她看成除妻子之外最重要的女人，他离不开她，因为得依靠她替他处理营销、广告、人事等他不愿意处理的事情。

桑德伯格在职场堪称“跨界”女王，从政界到商界，每一次转身都如此华丽。每次工作机会来了，她从来不怀疑自己是否能胜任，而是愉快地先接受，再去拼命学习。这种不畏挑战、努力尝试的精神，让她在任何领域都能脱颖而出。

◆

在人们的固有印象里，太过优秀的女人往往婚姻不幸，因为男人接受不了她们的聪明和强势。

桑德伯格的经历却证明并非如此。当然她也有过挫败，她在哈佛读大学时一度很“恨嫁”，从19岁开始就疯狂寻觅未来的丈夫，因为母亲告诉她，要是你下手晚一点的话，好男人都被抢光了。

正是抱着这样的心态，她24岁就结婚了，男方家有钱有势，是人们眼里所说的那种好丈夫人选。可她很快发现，这个好丈夫并不适合自己，她的第一场婚姻仅仅维持了一年就结束了。在很长一段时间里，尽管事业有成，她始终觉得自己额头上刻着“失败”两个字。

可她一直没有放弃自己的信念，那就是“要让另一半成为我的人生搭档”，什么是真正的人生搭档呢？她后来在书中说道：“对于一个正在寻

找人生伴侣的女性，我的建议是：她可以和各种类型的男人约会，坏坏的、酷酷的、有承诺恐惧症的，以及满怀激情的，但别和他们结婚。坏男人性感的因素不会让他们成为好丈夫。到了想安顿下来的时候，你应该找一个愿意和你平等相处的男人。这类男性会认为女人应该聪明、有主见、有事业心；他会重视公平，并做好分担家庭责任的准备，甚至非常乐意这么做。这样的男人确实存在。”

在35岁这年，她终于从追求者里选准了理想中的另一半——戴维·古德伯格。

戴维比她大两岁，同样是哈佛毕业，喜欢玩音乐，曾担任过雅虎副总裁。就像桑德伯格期待的那样，戴维不仅欣赏她在事业上的成就，甚至愿意为了她的事业做出牺牲。他们结婚后，他放弃了雅虎的职位，跟她北上硅谷，自己收购了一家公司重新创业。

这对夫妻打破了传统的“男人养家，女人管家”的模式，他们都有养家的能力，但桑德伯格明显挣得比老公还要多。他们一起分担家务，共同照顾孩子，桑德伯格很开心。孩子哭的时候，戴维会主动去哄，而不是想着丢给妻子。

当人们问他有这样一个老婆是否压力很大时，他笑着说：“我从来没有过困扰，因为我很清楚地知道自己是谁。我的事业非常好，还能有时间花在家里，当好父亲和丈夫，很幸运。”

桑德伯格很庆幸自己有这样的老公，事业上取得那么高成就的她，却认为一生中最重要的决定，是找到了一个愿意和她平等相处的丈夫。

可惜这段幸福的婚姻只维持了十来年，2015 年，戴维在跑步机上运动时，意外向后跌倒，脑袋上划破了 3 厘米的口子，医治无效，就这样突然去世了。

这可能是桑德伯格一辈子遭受过的最严重的打击了，戴维去世一个月后，她发出了一条推特说：“悲伤没有尽头，爱也没有尽头。”

有一天，她和朋友一起去参加孩子的运动会，朋友建议让他代替一下孩子父亲的角色，她痛苦地拒绝说：“戴维是不可取代的。”朋友只得对她说：“现在已经失去了一种选择，好在，还有另一种选择。”

这成了她下一本书的书名，她花了好长时间才从失去戴维的痛苦中康复。在戴维去世两年之后，她又开始了约会。新男友也是一位硅谷才俊，这充分证明了，聪明的女人从来不怕没人追，相反，她们比平庸的女人拥有更多选择权。

◆

不要以为桑德伯格是生而优秀的，所有女人在职场中遇到过的问题，都困扰过她，比如该如何平衡事业和家庭，该如何突破女性的职场天花板，该如何面对他人对成功女性的偏见等。

她也曾经不够自信过，成名后她经常举例子来说明女性的自我评价偏低：那是哈佛的一次考试，她和女友准备得很充分，她弟弟则临时抱了下佛脚。考完后两个女孩都很担心自己考不好，弟弟则自信地表示：“我能够拿 A！”

成绩出来后，三个人都拿了 A，通过这件事，她意识到男人总是对自己的能力充满信心，而女人往往不够自信，这导致进入职场后，男人更敢于争取理想的职位，女人则总是等待被选中。

她也曾因生育孩子，放弃过很好的工作机会。在她怀第一个孩子时，恰好有想去的公司向她伸出橄榄枝，但她为了安全度过怀孕期，不得不拒绝了送上门来的机会。

多年的职场经历让她认识到，女人们在没有成功之前，往往会为了家庭牺牲事业，当她们成功之后，又会成为不受欢迎的对象。人们会质疑成功女性过得并不幸福，连她们的孩子也缺少照顾。

她越往上走，就发现处在金字塔顶端的女性越少。

很多时候参加高端会议时，她发现自己是与会的唯一女性。有次去参加一个私募会议，她发现那里没有女性洗手间，一问才知道原来那里建好后，就没有女人来开过会。职场对男女并不平等，男人只需有潜力就会被提拔，女人则一定得干出成绩才会被人看到。至于女人在怀孕时的不方便，以及哺乳时需要的特殊照顾，很少有男性领导者能够感同身受。

在世界五百强中，中层以上的人士，女性仅占20%。为什么明明在大学阶段女性还能占到50%左右，这一比例却在她们步入职场十年后大幅缩减呢？桑德伯格认为，社会的成见当然是一大原因，但构成女性升职的最大障碍，往往是她们自身。

和男员工相比，女员工往往更没有野心，也更追求安全，她们选择工作，总是将稳定和清闲放在第一位，因为这样更利于抚养孩子。很多女人一结婚就辞了职，即使留在职场的女性，很多人也过早地放弃了进取心。

桑德伯格曾经雇用过一个很有能力的女员工，并准备对她委以重任，那个女员工却拒绝了她的任用，理由是“这个岗位不利于以后抚养孩子”，其实她当时根本连男朋友都没有。

这种状态让桑德伯格为职场女性深深地感到遗憾，她遗憾的是，那么多女性原本可以取得和她一样出色的成就，却因为心怀恐惧而裹足不前。

“是害怕阻碍了她们，她们害怕被评判，害怕不能兼顾家庭，害怕冒险，害怕成为别人口中成功的坏女人。”

桑德伯格本人则是一个无所畏惧的勇者，她选择工作，从来不是看职位高低，而是看是否有发展潜力，是否能让人迅速成长。在她就职的Facebook网，墙面上写着很多标语，她最喜欢的一句就是“如果心无恐惧，你会做什么”，她时时用这句话来勉励自己。

尽管已攀上了金字塔的顶端，桑德伯格却不愿意独享荣光，她希望有更多的女性一起向上攀登。于是她推出了自传《向前一步》，鼓励职场女性们“往桌前坐”，更主动积极地争取自己的职场权益。书一推出，即风靡全球，可见与嫁得好相比，女人们确实更希望自己能够干得好。

她在 TEDx 女性大会上进行了主题为《为什么女性领导太少》的演讲，为职场女性们支了三个招：第一，女性要争取自己能胜任的职位和应得的薪水，“往桌前坐”；第二，找一个愿意和你平等相处的伴侣，共同分担家庭和养育孩子的责任；第三，在得到自己梦想职位前“不要提前退场”。

这段视频在网上点击已经超过了 700 万次，她成了无数职场女性的新教主。与此同时，她也不可避免地受到了攻击，有人指责她“站着说话不腰疼”，毕竟不是每个人都具有她那样的资源，甚至有人说她让女性都去拼事业，这是对家庭主妇的歧视。

实际上桑德伯格绝不可能歧视家庭主妇，她母亲就是一名全职主妇，她常将自己的成就归功于母亲的培养。她只是希望，所有女性都能够充分发挥自己的才干，而不是迫于压力中断自己的追求。

桑德伯格一直被人们视为女强人，其实她本人并不愿意被称为女强人，非要如此的话，只能说她是一名“非典型”女强人。

如今的职场剧流行“大女主”，不管是《欢乐颂》中的安迪，还是《迷雾》中的高惠兰，走的都是“大女主”路数。这些大女主们，强势、霸道、咄咄逼人，怼起男人来毫不示弱，连走路都带风，让粉丝们大为膜拜，恨不得跪下来高呼“女王万岁”。

我很怀疑，这样的大女主放在现实生活中是否能够生存，职场不是科研室，讲究的是团队作战而非单打独斗，就算你业务能力出众，如果不能与他人和平共处的话，无论如何也爬不到高位，尤其是成不了一名优秀的管理者。

桑德伯格明显就不是高惠兰式的狠角色，她从不咄咄逼人，而是藏起了浑身的锋芒。在拍档扎克伯格眼里，她几乎做得到所有的事，却从来不夸耀自己的成就。接触过她的人也都惊叹于她的低调和谦逊。

她能够处理好一切关系，不管是和家人、丈夫，还是和拍档、客户以及下属，这不是因为她八面玲珑，而是因为她的真诚和无私，她总是能看到他人的需求，并尽其所能提供帮助。她深信，女人在职场无须成为男人的对立面，相反，她们可以让男性成为自己的啦啦队和后勤部。即使是扎克伯格那么“难搞”的怪才，也和她私交甚笃。

这位 Facebook 的首席运营官，并没有成为令人闻风丧胆的“硅谷女魔头”，而是给男性主导的硅谷带去了难得的人情味，她会在脆弱时哭泣，也会在察觉到员工难过时给他们一个拥抱。

能够名列全球最具影响力女性排行榜的第五名，桑德伯格当然是个厉害角色。在我看来，她最厉害的地方，就在于打破了人们对女强人的刻板印象：

她用她的真诚，让人们感觉到了女强人原来也是一个会哭会笑，有血有肉的人，女强人也能拥有率真的性情和良好的感情。她的拼劲，用在了钻研业务和有效沟通上，而不是用在怼人和耍手段上。她强势但不霸气外露，温和却又充满力量。这才是值得效仿的职场典范。

回到文章开头那个问题，当有人问你：“一个女人，为什么要活得那么拼？”你可以把桑德伯格的这句名言甩给他：“人生最大的奢侈，莫过于从事富有激情的事业。这也是一条通往幸福的清晰路径。”

不仅要勇于追求自己的梦想，还要争取在自己的领域中成为领导者。个人的选择就意味着群体的选择；我也相信女性需要被大力鼓励去争取领导者的角色。如果不在她们大学毕业时就告诉她们要放眼高处，那么什么时候才合适呢？如果连我自己都不想这么做，我又如何期待别人这么做呢？你们是未来那个更加平等的世界的希望，所以我对你们每个人的期望是：在拿到学位大肆庆祝之后，你们会投入到真正的事业中去。

“最终塑造我们的，是我们所经历的那些艰难时光，而非浮名虚利。我们所经历的每一次挫折，都会在灵魂深处种下坚韧的种子。我们记忆深处的每一次苦难，都会在日后成为支撑我们走下去的力量。”

对于女性，收入的增加会提高在家庭事务上的决策能力，即使遭遇离婚也能保护自己。此外，收入的增加还是未来生活重要的安全保障，因为女性的寿命一般比男性长。

FOR YOU

《向前一步》

推 荐 语：我们不断鼓励女性要自强，在自己喜欢的事情中取得发言权，并在努力提升自我的过程中得到自我认知。可仍有部分女性，不知道如何实现自我价值。其实，它并不复杂。而这第一步，也尤为简单，那就是“举手”，善于表达自己的观点。自己的观点当然会出错，错第一次、第二次，还会错第三次吗？而这第三次就是你得到领导注意的那一次。在不断“举手”中获得经验，不断学习以及进步，这就是《向前一步》。

内容简介：《向前一步》连续 6 周位居《纽约时报》非虚构类畅销书排行榜第一！作为全球最成功的女性之一，谢丽尔·桑德伯格在《向前一步》中深刻地剖析了男女不平等现象的根本原因，解开了女性成功的密码！她认为，女性之所以没有勇气跻身领导层，不敢放开脚步追求自己的梦想，更多是出于内在的恐惧与不自信。她在书中鼓励所有女性，要大胆地“往桌前坐”，主动参与对话与讨论，说出自己的想法。

谢丽尔·桑德伯格
SHERYL SANDBERG

- 谢丽尔·桑德伯格 1969 年 8 月 26 日出生于华盛顿。
- 曾任克林顿政府财政部长办公厅主任、谷歌全球在线销售和运营部门副总裁。
- 现任 Facebook 首席运营官，被媒体称为“Facebook 的第一夫人”，她也是第一位进入 Facebook 董事会的女性成员。同时，她还是福布斯上榜的前 50 名“最有力量”的商业女精英之一，女权主义者。
- 2013 年曾登上《时代周刊》杂志封面，并被《时代周刊》评为全球最具影响力的人物之一。

I

近藤麻理惠：我只和喜欢的一切在一起

“真正的必需品肯定是能让自己幸福的东西，所以，应该积极地把必需品当作‘心动物品’来对待。”

如果有一个女孩子说，她的梦想是做一名家庭主妇，你会不会觉得她很没有志气？

如果她继续说，她只想做一件事，那就是整理东西，并且以此为生，你会不会觉得她疯掉了？

在日本，就有这样一个女孩子，从小就以做一名家庭主妇为梦想，最大的乐趣就是整理房间，然后她不仅把自己的兴趣变成了工作，而且出了一系列有关整理的书，全球销量突破了800万册。凭着出色的整理能力，她和村上春树、奥巴马、普京、柴静等人一道，入选了《时代周刊》“2015年全球最具影响力的100人”名单。

她的名字叫作近藤麻理惠。就算你没有听过她的名字，也一定听过她的“怦然心动的人生整理魔法”，没错，她就是“怦然心动整理派”的掌门人，她说：“我的梦想是整理全世界。”

◆

曾经迷恋过一档节目叫《梦想改造家》，节目组请来了一些有名的设计师，按照住户们的要求对他们的房间进行改造。这真的是一档神奇的节目，那些原本拥挤、逼仄、杂乱无章的房间，经过设计师的改造后，变得整洁、明亮，充满了美感。我总是怀疑，设计师们都是拥有金手指的魔法师，看那些房间改造前后的对比，不就像被人施过了魔法吗?

近藤麻理惠，也是这样一个拥有金手指的魔法师。你可以上网去搜有关她的视频，经过她整理的房间，完全改变了模样，而她甚至不需要像设计师那样大动工程，只需要一组收纳盒，几个储物柜，加上整理大法就可以让旧屋换新颜。

这位如今风靡全球的整理大师，小时候却是大人们眼中的“怪咖”。她出生在日本一个普通家庭，上有兄长，下有妹妹，排行第二的她成了家里最没有存在感的一个小孩，母亲忙于照料小妹妹，她几乎完全被忽略了，只能自己和自己玩。

那个时候的近藤麻理惠看上去非常平凡，她身材娇小，沉默寡言，在家里和学校里都算不上出众。可有一点她和别的小孩截然不同，那就是她打小就喜欢整理房间。

近藤麻理惠大概从 5 岁开始就对整理萌生了强烈的兴趣，她喜欢偷偷阅读妈妈订的生活杂志《ESSE》，那是一本面对家庭主妇的杂志，就是从那时开始，她立下了长大要做一名出色的家庭主妇的愿望。

当别的小朋友还在忙着扔飞机、玩泥巴，把家里弄得杂乱无章，让妈妈备感头疼时，小近藤已经成了一名收拾能手。读书时，她一回到家里就冲进卫生间默默整理，连妈妈叫她吃饭也充耳不闻。

她每天在家里，最爱玩的游戏就是按照家庭杂志上所说的那样，将一个个生活小妙招反复试验，比如玩“一个人的节电游戏”，就拔掉所有不需要用的电器插头，玩“一个人的节水竞赛”时，就把塑料瓶放到浴室里去盛水用。她还给自己设定整理日，比如客厅日、卧室日、书房日等，在那一天专门用来整理相应的房间。

她对整理的兴趣已经突破了喜爱的层面，变成了一种癖好。湖畔大学的管理者梁宁曾说：“上天在造人的时候，给了我们每个人一种叫作‘瘾’的东西。”而近藤麻理惠的“瘾”就是整理。

她对整理上瘾到什么程度呢？她一度因为为他人整理房间太过劳累而生病，医生在她的病历上写着病因：整理过度。她可能是全世界唯一一个因为这个原因而生病的人了，更夸张的是，当她躺在病床上，只要头稍微能动了，她想到的第一件事就是“如果能仰视收纳家具上部就好了”。

这是一种怎样的热爱啊！

◆

不要以为近藤麻理惠一开始就是现在的整理大师，很长一段时间里，整理这件事带给她的不是成就感，而是无穷无尽的挫败感。她的整理生涯，大致可以分为三个阶段：

第一个阶段，按照客厅、厨房、卧室等区域分别收拾的阶段，没有特别的技巧。这可能是所有普通人常用的整理方式。那时的她，和我们普通人拥有一样的烦恼，那就是无论整理得多么用心，过一段时间又变乱了。

第二个阶段，断舍离的阶段。每个热爱整理的人应该都接触过断舍离大法，这一派的宗师也是个日本女人，叫山下英子。

近藤麻理惠在念中学时看了一本书叫《丢弃的艺术》，从此就开始了断舍离的实践。第一次整理要丢的东西时，短短几小时，就丢了八袋垃圾，自诩是整理能手的近藤受到了深深的打击，毅然放弃刚刚开始的烹饪、剪裁等兴趣班，全身心投入到整理之中。

可她很快陷入了下一个死循环：那就是不断地丢，又不断地买，所以尽管她随时都在丢东西，房间里的杂物还是越来越多，终于有一天，面对着凌乱拥挤的房间，她脑子一下炸了，冒出个声音来：“我再也不想整理了。”

这当然只是说说而已。人是没办法摆脱与生俱来的癖好的，短暂的消沉之后，她很快又投身到整理的事业之中来，那之后她慢慢领悟到，重要的不是丢掉了什么东西，而是留下了什么东西。

接下来就是第三个阶段，怦然心动的整理魔法阶段！

近藤麻理惠大约是从15岁开始正式研究整理，19岁开始为他人收纳，她本来是把整理当成一种兴趣，并没有想过要以此为生，没想到升入大学之后，她发现周边大量的人存在着收纳的需要，从朋友到陌生人，如此口口相传，找她帮忙的人越来越多，她也逐渐在此过程中形成了自己独特的整理技巧——那就是被无数人奉为魔法的怦然心动整理大法。

怦然心动整理法的一个重要原则就是，拿起一件东西，衣服、书或者其他什么东西都可以，用手去轻轻触摸，静静感受它是否让你有怦然心动的感觉，如果有，就留下来，没有，就毫不犹豫地丢掉。

怦然心动整理法可以看成是断舍离的进阶版，如果说断舍离是强调丢掉没用的东西，怦然心动法则是强调留下喜欢的东西。近藤麻理惠再三强调，真正的必需品必须是让自己幸福的东西，通过如此选择，你留下的每一件东西都是真正喜欢的事物。

尽管说起来有点玄妙，其实怦然心动整理法执行起来很简单，我在网上看到，有近藤麻理惠的粉丝将这一方法简化成了三步：

Step1：

一次性彻底整理你的所有物品，按类别而不是区域分类，集中同类物品，整理的基本顺序是：衣服、书籍、文件、小东西、纪念品；

Step2：

丢掉那些不再让你心动的东西，只保留让你怦然心动的那些，再昂贵的衣服、再经典的书籍一旦让你丧失心动的感觉，就要毫不犹豫地丢掉，因为你不可能再穿或者再去读了；

Step3：

把剩下的东西分门别类整理好，每次使用完后都放回原位，买了同类物品也按类来收纳。

这样只需彻底地收纳一次，就能够摆脱越整理越凌乱的恶性循环了。

整理完毕之后，只要严格执行“归位”这一原则，就保证不会再乱了。

此外还有许多有趣的小技巧，比如衣服的折叠一定要遵循直立原则，不是像以前那样横着叠放，而是要竖成一排，这样才能让你找衣服时，一眼就能找到。彩妆用品一定要和护肤用品分开收纳，普通衣物的收纳采用浅色在前，文胸的收纳则采用深色在前的顺序。

每条小技巧都很实用，有兴趣的人可以上网去搜索她的相关视频看。

◆

近藤麻理惠本人就是怦然心动整理法的身体力行者，她不像那些说一套做一套的理论家，而是言行合一的实践家。

“心动”是她挑选事物的第一原则。有些人在整理衣物时，会遇到这样的麻烦：很喜欢的一件衣服，可别人都说不好看，又已经很旧了。另外一件花大价钱买的衣服，朋友都说好看，可自己就是不爱穿，那么到底要丢掉哪件？

近藤麻理惠肯定会选择保留前者而丢掉后者。她有一件穿过多年的森林小子T恤，很普通的绿色棉质，腹部画着一张抽象的森林小子头像——两个圆点作为眼睛，一张铜锣烧形状的半张的嘴巴。她很喜欢这件T恤，认为穿着它很治愈，每年都会穿着它大扫除，尽管亲友都劝她丢掉，因为已经很旧了，她还是坚持保留着。

在她看来，令人心动的事物，不在于它的价值高低，而在于你穿着它、阅读它、使用它的时候，有没有给你带来愉悦的感觉。如果留下来的每一件东西都是自己喜欢的，那就等于每天都被喜爱的事物包围着，那是多么幸福的感觉。

怦然心动整理法就是这样一种令人幸福的“魔法”，如今的近藤麻理惠，已经实现了很多人的理想，那就是和喜欢的一切在一起。她曾经说过：“真正的人生，始于整理之后。”因为只有通过整理，你才能够辨别出哪些是你真正喜欢的事物，哪些是可以抛弃掉的。

尽管近藤麻理惠现在满世界飞，到处接受访问举办讲座，但比起与人相处，她更享受的是和心动的物品在一起的时光。

每次从外面一回来，她都会把随身携带的物品从包包里倒出来，对包包说一句“辛苦你了，今天蒙你关照”。回到家里，她会对着房子里的东西打招呼说“我回来了”。她不赞成把袜子卷成团，因为这样不利于袜子休息，而是要轻柔地折叠好。

去客户家帮忙整理，她做的第一件事就是跪下来对要整理的物品打招呼。丢东西时，她总是会对那些用过的物品说一声“谢谢”，她还特别强调，在丢掉洋娃娃和玩偶时，最好是用袋子包装一下，那样对玩偶们会温柔一点。

但她并不赞成在身边留下过多的旧物，有些人会认为，丢掉一件喜欢过的东西，就等于丢掉了一段回忆。她却认为：“为了珍惜真正富有价值的物品，必须丢掉已经完成使命的物品。不用担心，回忆是丢不掉的。”可以说，她爱物而不恋物。

是否让自己心动，也成了她挑选男友的第一标准。她说挑男友就像挑衣服一样，当面临选择时，她会问自己，“你心动吗？有没有觉得愉快？”如果不由自主地被吸引，说不出原因就是很喜欢，说明就遇到了对的人。

在成为收纳女王之后，她找到了令自己心动的另一半。

现在她已和爱人一起移居美国，并生下了两个“卡哇伊”（日语谐音，可爱的意思）的女孩，为千千万万个家庭提供收纳整理指导，正在逐步实现她要整理全世界的梦想。谈到对女儿未来的构想，她表示：我希望我的女儿学会自己选择自己的道路。无论是什么样的选择，最重要的是她们自己想做某件事的意志。

我不希望她们因为社会中普遍说“它是个好事”或“它可以赚钱”等理由来做出选择。我希望她们选择的标准是问自己：你会不会觉得愉快？

这个自称“除了整理什么都不会”的姑娘，仿佛也对自己的人生施了魔法，一种叫作“只和心动的事物在一起”的神秘魔法，让她的生活由平凡化为神奇。

要知道她的初衷，只是成为一名出色的家庭主妇而已，谁能够想到她居然将此做成了一项了不起的事业呢。她和桑德伯格是截然不同的两个人，却都入选过“全球最具影响力的100人”名单之中。这可能证明了一件事：任何事情只要做到极致，最后都会殊途同归，通向梦想之巅。

◆

近藤麻理惠的整理方法究竟有没有用呢？

我想应该是有用的，不然在全球范围内，她也不会拥有那么多的拥趸。

无数女人自从看了她的书或视频后，就兴致勃勃地投入了整理之中。这件折磨了女人数千年的苦差事，终于在近藤的影响下变成了一种乐事——至少对部分女人来说是如此。

但我和朋友在践行近藤的整理术时，都不约而同地遇到了难题，不是技巧上的难题，虽然我叠的衣服直立起来有点歪歪扭扭，朋友整理的书籍排列得没有章法，但这些都不是什么大问题。

真正的难题不是出在整理上，而是出在“心动”上。比如我对着满满两柜子的衣服时，一件件摩挲来摩挲去，很多时候已经分不清哪件是我真正喜欢的衣服了。或者说，我对一件衣服的喜欢，很大程度上还是受价格的影响。和朋友出去聚会时，我也会下意识地选择一件比较昂贵的衣服，价格已经蒙蔽了我的双眼，让我无法一眼看出哪件衣服才是我真心所爱。

我朋友的问题同样严重，当她丢掉那些让她感觉不到心动的衣服后，她蓦然发现，衣柜里的衣服已经所剩无几，只有寥寥几件了。怎么回事，明明清理之前还有一大堆，难道那一大堆衣服就没有一件是她喜欢的吗？

朋友经过再三思索，才发现这一切都要归结于她太过于讲究性价比了。“每次去逛街，我一开始也想买件喜欢的衣服，可到了商场，不由自主地就走到了打折区。没办法，实在太便宜太划算了，我总是忍不住买。”只买打折货的结果就是，她买了一大堆并不喜欢的衣服，本着不再心动的原则，这些都可以被毫不留情地丢掉。

这次整理让我们发现问题很严重，不仅仅是衣服或书籍的问题，而是可以推而广之到我们的人生。如果要严肃一点，上升到哲学层面的话，我犯的毛病叫功利，她犯的毛病叫“将就”。到这个时候，我才明白，为什么近藤麻理惠会强调说：“整理不是目的，而是一种手段。”

或者还可以升华一下，你会发现，比起衣物来，我们的人生也许更需要整理一下。心动原则可以贯彻到人生的每个领域，当作一项工作时，你到底是因为热爱，还是因为它是别人眼里的好工作？当选择终身伴侣时，你是喜欢他这个人本身，还是其他条件呢？

生活在这个虚荣世俗的时代，已经很难找到纯粹以“心动”作为人生标准的人了。甚至可以说，很多人已经渐渐忘了心动是种什么样的感觉。

可能有人说，那有什么关系，不心动我照样过得很好。的确，选择什么样的生活方式是每个人自己的权利，只是如果一个人事事以实用或者功利为标准的话，就注定要错过你的“心动人生”了。

如果你抱着一丝希望，希望能拥有怦然心动的一生，那现在就开始整理你的人生吧，找到真正让你心动的那件事或那个人。这个过程肯定很难，毕竟找出自己真正喜爱的事物并不是件特别容易的事，但不妨从衣服开始，再逐步推广到其他领域。

你的人生，也一定会有全新的奇迹。

凡是不符合“现在正使用”“暂且需要”“需要永存”这三项标准的文件，都应该毫不犹豫地全部丢掉。

我们的目标是争取在理想的房间里过上理想的生活。而穿着没有心动感的家居服待在房间里实在太可惜了。

朴素的设计传递出来的“安心感”、功能丰富的“便利性”、说不出的“融洽适合”以及在生活中“发挥作用”等，这才是真正的“名副其实的让人怦然心动”。

无论丢弃物品还是拥有物品，都是为了让自己幸福。

由于无法判断需要的物品和追求的物品，不需要的物品就会不断增加，结果无论物理层面还是精神层面都会被大量不需要的物品所淹没。

近藤麻理惠
KONDO MARI

- 近藤麻理惠是《怦然心动的人生整理魔法》一书的作者。
- 2014 年日本心跳收拾协会设立。著作在海外也成为话题，特别是美国版的《The Life-changing Magic Of Tidying Up》突破 50 万册。
- 2015 年被选入美国《时代周刊》杂志“全球最具影响力的 100 人”。这位以独特整理方法闻名的日本整理大师说，人们应该把所有同一类别的物品放在一起，逐一拿起，问问自己，它是否给你带来了快乐。

▲ ▲ ▲

J

J·K·罗琳：上帝总会奖励那些勇敢的人

你也许可以毫无失败地度过一生，但你将活得如此小心翼翼，就好像你几乎没有活过——不管从什么意义上讲，你都注定要失败的。

只要活着，失败无可避免。除非一辈子都小心翼翼，但这样你也败给了生活本身。

有这么一个小男孩，他父母双亡，寄居在姨妈家，只能住在厨房里的碗橱下，饱受虐待。突然有一天，一个法力无边的神秘人士从天而降，说他是个天赋异禀的魔法师后代。小男孩跟着神秘人士去了魔法世界，一路打怪升级，很快就成了那个世界呼风唤雨的人物。

也许你会觉得这个故事太不真实了，现实生活中哪有什么魔法？那再来看一个真实故事的版本吧：

有这么一个单亲妈妈，她没有工作，又被丈夫赶出了家门，每个月靠领救济金生活，还有个嗷嗷待哺的女儿要抚养。就是在这种情况下，她还是坚持写小说，然后有一天，她的小说出版了，全世界的孩子为之疯狂，短短几年内，她就从一无所有的单亲妈妈蜕变成亿万富豪。

| 罗琳与哈利·波特

想必你已经知道了，这就是哈利·波特和他的创造者J.K.罗琳的故事，一比较就会发现，二者的人生轨迹竟然如此相似，都是先被命运抛到低谷，然后再一路攀上高峰。同样是逆袭，哈利·波特有魔法加持，J.K.罗琳则完全是依靠自己，她的人生比小说里的哈利·波特还要励志。

◆

2007年7月，哈利·波特系列的终结篇《哈利·波特与死亡圣器》推出，引起了全世界书迷的追捧，有人专程从比利时赶到伦敦，排了两天两夜的队，只为能在第一时间读到这本书。短短一天之内，英国卖了230万本，美国更疯狂，卖了整整840万本。迄今为止，该系列已被翻译成65个国家的文字，到2015年累计发行已突破4.5亿册，这一数字还在不断地更新着。

哈利·波特系列创下了一个奇迹，它是史上卖得最快的书，这个纪录至今未被打破。作为它的作者，J.K.罗琳也成了全世界写作者们顶礼膜拜的对象。正如每个小孩都幻想自己能成为哈利·波特那样，每个写作者都希望自己能够成为J.K.罗琳。

罗琳代表了现有写作者能够达到的巅峰状态：誉满全球，名利双收。她庞大的财富一直是人们喜欢谈论的事，罗琳到底有多少钱？这是一个未解之谜。传说她在 2007 年时已坐拥 5 亿 7000 万英镑，这一传闻被她否定了，但她坚持不肯透露自己的资产数目，也许是太惊人了，怕惹人眼红。

关于她的财富，公认的一种说法是“在大不列颠，她是比英国女王还要富有的女人”。只不过，英国女王是靠继承皇室的财产，而罗琳却是白手起家的典型。她仅仅依靠一支笔，就在财富上战胜了生来就拥有一个王国的女人，这真是让所有写作者们都与有荣焉的一件事。

公众之所以对罗琳的身家如此津津乐道，是因为在以往的观念里，作家总是和穷联系在一起，仿佛身为一个写作者，就注定要挨穷。罗琳的横空出世，更新了人们的观念，让大家知道，原来才华可以直接折现成财富，而且是富可敌国的财富。

和财富相比，罗琳更能使作家们折服的是，她以一己之力，创造了一个自成体系的魔法世界。能够开创一个世界的写作者，即使是在作家中也是不多见的，这是一项非常了不起的能力。我所敬仰的武侠小说作家金庸先生，就是以一支笔构建了一个江湖，可惜这个江湖因过于东方化，在全球范围内的影响力没有罗琳开创的魔法世界那么大。

罗琳的魅力在于东西方通吃，可以说，谁征服了孩子们，谁就征服了全世界。不管是在英美，还是在中国，每个哈迷都憧憬着有朝一日能去霍格沃茨魔法学校就读，可以骑着扫帚在空中飞翔，可以和小伙伴们一起组团打怪，正如我们武侠迷由衷相信确有一个江湖存在，哈迷们也深信确有一个魔法世界存在，他们谈论哈利、罗恩和赫敏，就像我们谈论郭靖、杨过、张无忌那样亲切熟悉。

罗琳和金庸一样，他们构建出一个世界，并让千千万万的读者们信以为真。身为一个写作者，最大的成功莫过于此。

◆

罗琳的成功里，到底隐藏着什么样的秘诀？

回顾她 30 岁以前的人生，确实看不到一点成功的迹象。

在家庭里，她是不被偏爱的那个孩子，甚至是个不被期待的孩子。她出生在一个并不富裕的家庭，父母终生都挣扎在贫困边缘。她的出生没有给这个家庭带来惊喜，父亲曾明确告诉她，他想要的是个儿子，儿子的名字他都想好了，应该叫“西蒙·约翰”。妹妹戴安妮出生后，却受到了父母的万般宠爱。

罗琳为此大惑不解，问父母：“妹妹的出生也让你们失望了吗？”答案是“没有”。她又追问：“那是因为你们发现生女孩也很好？”答案：“不是。”这让她伤心不已，跑到楼上大哭了一场，觉得自己是不应该出生的。

很显然，罗琳不是父亲钟爱的女儿，她曾试图讨好过他，发现无效后放弃了，父女二人一度几年都没联系过。母亲则在她十几岁时就因多发性硬化症去世了，临终时，罗琳想见她，但父亲不让，他觉得女儿见到了一定会害怕。没有见到妈妈最后一面，成了罗琳终生难以弥补的遗憾。

在学校里，她同样不受欢迎。罗琳小时候性格和赫敏有点像，都是那种有点古怪的学霸女孩，一心读书，性情孤僻，与其他同学格格不入。只是她相貌平平，远远没有赫敏的扮演者那样精灵可爱，自然也无法讨得同学们的喜欢了。

所以罗琳整个少女时期都不大快乐，现实中找不到乐趣的她只得从阅读中寻找慰藉。她整日想入非非，喜欢读魔幻类书籍，小说《魔戒》是她的最爱。除了阅读外，她也喜欢自己编故事，6岁时就写了一篇叫《兔子》的故事，主角是一只患了麻疹的兔子，朋友们来看望它。写这个故事的罗琳可能希望自己像这只兔子一样，能够获得他人的关注，可惜故事写出来之后没人感兴趣，只有妹妹是唯一的读者。

耽于幻想的罗琳升入大学时，一心想读文学，可她父亲认为，这是个比希腊神话还没有用的专业。罗琳表面上答应读父亲

指定的专业，私底下却阳奉阴违。直到毕业时，父亲才知道，她还是读了古典文学，他断言一意孤行的女儿以后肯定混不到一口饭吃。

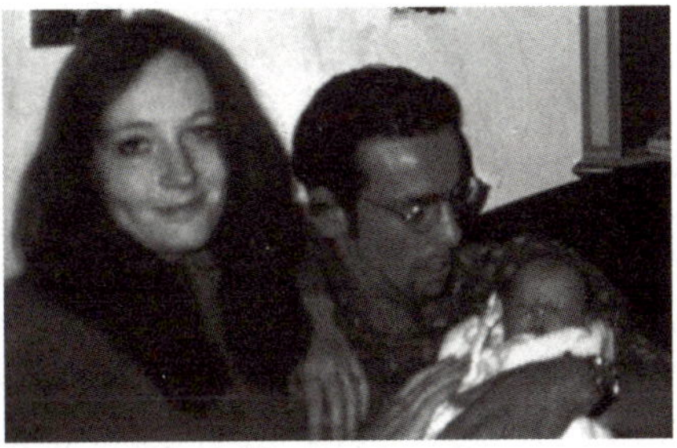

罗琳和她的第一任丈夫乔治

事情果然如他所料。罗琳毕业后打过零工，教过英语，做过秘书，都干不长久，也挣不到什么钱。显然，和谋生相比，她对写小说更感兴趣，一有空闲就在纸上涂涂写写，这未免有些不切实际，所以她不敢告知任何人，除了她的丈夫。

罗琳和丈夫乔治是在葡萄牙的一间酒吧里认识的，两人因同样喜欢简·奥斯汀的小说而结缘，几个月后就闪电结婚，然后迅速生下了女儿杰西卡。婚后两人很快就对彼此失望了，在乔治眼里，罗琳挣不到钱又整天做白日梦，并不是个理想的妻子。杰西卡出生没多久后，乔治就把罗琳赶出了家门，还曾在凌晨五点大力殴打她的头部。

这场短暂的婚姻对于罗琳来说就像一个噩梦，梦醒后的她两手空空，没有工作，没有钱，只有一个幼小的女儿，和一颗破碎的心，还有一部只写了三章的书稿，连租房子的押金都是朋友垫付的。她花了整整九个月的时间接受行为认知治疗，然后勉强申请到一份政府救助，每周可以拿到103.5美元，这是她和女儿唯一的经济来源。

这是她生命中的一个幽暗时刻，她曾自嘲说，自己是“我所见过最失败的人”。

◆

当生活已经糟得不能再糟时，该如何自救？

罗琳做出了一个艰难的决定，她决定什么都不管，先把手头的书稿写完再说。这部书稿构思已久，还是在她 24 岁那年坐火车从曼彻斯特去伦敦时，见到车窗外一个戴着眼镜、相当瘦弱的小巫师对着她笑，就萌生了以他为原型来写一本小说的想法。

小说断断续续地写了四五年，中间她结婚，生女又离婚，只能挤出零碎的时间来写。老实说，她也没有信心，这样一部小说能不能出版，毕竟当时的英国读者们对儿童文学并不感兴趣，魔法世界是属于大人的，小鬼头玩魔法的故事，谁乐意看？

可罗琳顾不了这么多，这个故事在她脑海中已经盘旋了太久，她决定这次无论如何也要把它写完。那时她带着女儿住在租来的公寓里，那里又冷又破，还时不时有老鼠光顾。没有人帮她照顾孩子，她只得用婴儿车把孩子推到附近的公园里，哄女儿睡着了，然后再推着孩子找个就近的咖啡馆写东西。咖啡馆真是个写作的好地方，暖气开得很足，也没有势利的店员赶她走，她可以只点一杯咖啡，就写上整个上午。她当时想的是，就算没有人愿意出版又怎么样，我得写完它。

书好不容易写完了，却迎来了更大的挫败，稿子寄出去后，出版商频频退稿。最后，伦敦的一个小出版商答应看看稿子，这还得感谢那个出版商 8 岁的女儿，她在看完罗琳寄来的前三章后，马上迫不及待地问父亲后面的故事，这让她的父亲备感惊奇，决定出版这本书。出版商打来电话时，罗琳高兴得跳了起来，她认为那是有生以来最开心的事，开心程度不亚于女儿出世。

由于罗琳当时是个名不见经传的小人物，所以首印量仅仅只有 1000 册，出版商担心女性写的魔幻小说没人看，于是建议罗琳取一个较为中性的笔名，这才有了 J · K · 罗琳的面世。

从写作到出版，哈利 · 波特系列的诞生就像它的创作者一样命运多舛。1997 年 6 月，第一部《哈利 · 波特与魔法石》在英国推出，刚开始尽管拿了英国国家图书奖儿童文学奖，可总体来说还是不温不火，罗琳这时并没打算专职写作，她已考取了教师资格证，准备书卖得不好就去做老师。

然后，这本书被美国一家出版社看中了，以高价买进版权。奇迹发生了，这本在英国算是不温不火的小说，在大洋彼岸受到了热捧，美国的孩子们发疯般地爱上了那个戴着眼镜、额头上有一道闪电疤痕的英国小男孩。后来，哈利 · 波特系列被翻译成 65 种语言，由小说改编的电影、戏剧等

罗琳和尼尔·默里

周边产品不断问世，哈利·波特成了全世界哈迷心目中最可爱的魔法小王子，罗琳也成了魔法世界的王后。

接下来的故事大家都知道了，幸运女神从此眷顾了罗琳，她不仅名利双收，还再度走进婚姻，携手麻醉医生尼尔·默里共铸新家，并一口气生下了两个孩子。如今，罗琳和她的丈夫还有孩子们住在苏格兰郊外风光绮丽的豪宅里，出去签售有私人飞机接送，穿着一万美元一双的定制高跟鞋出席活动，家庭和睦，事业有成，过上了许多人羡慕的生活。

唯一遗憾的是，她深爱的母亲已看不到这一切了，罗琳无法和母亲分享她创造的世界。她在自己的作品里虚构了一面“厄里斯魔镜”，让哈利在镜中看见了自己从未谋面的双亲，这算是一种对自己的补偿吧。

功成名就的罗琳，并没有躺在过去的成就上晒太阳，她不再写儿童小说，而是化名改写推理小说。她做慈善，玩推特，在社交媒体上化身为一名“毒舌女王”，向特朗普开炮，怼饿她的网友，不惜流失粉丝，也要公开为在话剧中饰演赫敏的黑人女演员发声。年过五十的她说现在就是自己生命中最好的时期，比多数人怀念的少女时代都要好，原本并不自信的她，终于一步步活成了自己喜欢的样子。

罗琳 2008年哈佛大学毕业典礼上的演讲

◆

罗琳的成功，常常让人们将她看成是失败者逆袭的典范。在哈佛大学的一次演讲上，罗琳本人就对着大学生们大谈“失败带来的好处”。她说起自己是如何跌入低谷，沦为彻头彻尾的失败者，又是如何从低谷中奋起，慢慢挣脱困境的。

因此，很多人将她的成功归结于失败，好像没有之前的失败，就没有她后来的成功。这完全是一种误解。罗琳的用意，绝不是教年轻人安心做一个失败者，而是教人如何从失败中获得教益，如何从低谷中找到机会。

对于任何人来说，失败从来都不是一件好事，无数人在没有品尝到成功滋味之前，已经被接踵而至的失败击垮。正如成功是一种习惯，失败很多时候也会成为一种习惯，它会剥夺人的尊严，摧毁人的信心，很多人在与失败的战争中屡屡败北，从奋起抵抗变成了慢慢习惯，当他们安于做一个失败者时，就等于放弃了对成功的追求。

每个人活在世上都难以避免失败，不是失败，而是面对失败的态度，

将人与人区分开来。同样是跌落低谷，有人可能一蹶不振，有人却能绝处逢生。失败到底有什么好处呢？在那次著名的演讲上，罗琳就说起："为什么我还要谈起失败的好处呢？是因为失败会为我们剥离表面那些无关紧要的东西。我不再装模作样，终于重新做回自己，开始将所有的精力投入到自己在意的唯一作品中。"

之所以会成为J.K.罗琳，秘诀就藏在这段话里。想想吧，当你一无所有，只能靠救济金过活的时候，你面前出现了两个选择：一是赶紧找份工作，哪怕是份不怎么样的工作，至少能改善一下自己和女儿的生活；一是抛开一切去追求自己的梦想，尽管梦想实现的可能性微乎其微。你是选择前者，还是后者？

可能绝大多数人都会选择前者吧。毕竟前者看起来比后者要稳妥得多，这可能会被人说成是失败者的短视思维，其实造成一个人失败的最大原因不是短视，而是是否敢于去冒险。因为害怕冒险，很多人只能错失改变他们一生的机会，永远停留在那个安全而乏味的世界里。

这也许就是失败者与成功者的本质区别了，曾经有一项研究表明，穷人与富人的最大区别在于，穷人害怕改变，拒绝冒险，富人则热爱改变，敢于冒险。与成功相比，穷人更在乎的是安全。当然，穷人身处的环境，让他们不敢去承担过多的风险，这也造成了大多数穷人难以改变现状，只有极少数人能够突破自己的困境。当一无所有时，很多人感到恐惧，极少数人却感到自由，可以剥离一切追求梦想的自由。

罗琳，就是这极少数中的一个典型。

◆

"你觉得一个人最重要的品质是什么？"

"勇敢。"

"你如何评价自己？"

"尝试者。我永远是一个不懈的尝试者。"

这是纪录片《生命中的一年》里，访问者和罗琳之间的一问一答。勇敢的确是罗琳身上最重要的品质，作为创作者，她将这一品质赋予她笔下的人物，不管是哈利·波特，还是赫敏、罗恩，都和她本人一样勇敢，敢于冒险，不懈尝试。

很多人即使陷入糟糕透顶的生活时，仍然拒绝改变，因为改变就意味着风险，意味着失去安全。很幸运，哈利·波特不会这样，罗琳也不会。如果罗琳在穷困潦倒时，放下了手中的笔，如果哈利·波特在魔法师登门拜访时，拒绝跟着他走，那么他们的人生将会失去多少精彩。

当然，并不是每个追求梦想的单亲妈妈都会像罗琳那样成功，这需要很多很多的才华，很多很多的运气，以及很多很多的勇气。

才华不可强求，运气纯属天定，我们唯一能够向罗琳学习的，就是她的勇敢了。真正的勇敢，不是不恐惧，而是能够带着恐惧前行。就算最后的结果是一事无成，也好过从未尝试过。我们无法拥有魔法，但至少能够拥有勇气。勇敢是一种比魔法更神奇的力量，它可以将不可能化为可能，将想象变为现实，上帝总是偏爱那些真正勇敢的人。

当你畏首畏尾满怀恐惧的时候，再重温一次罗琳在哈佛演讲时说过的名言吧，“你们也许不会像我摔得这样惨，但是人生路上总会有些失败。你也许可以毫无失败地度过一生，但你将活得如此小心翼翼，就好像你几乎没有活过——不管从什么意义上讲，你都注定要失败的。”

既然如此，还害怕什么呢？

上帝
总是偏爱
那些真正

勇敢的人

既然如此——还害怕什么呢?

“只有在逆境来临的时候，你才会真正认识你自己，了解身边的人。这种了解是真正的财富，虽然是用痛苦换来的，但比我以前得到的任何资格证书都有用。”

“失败意味着剥离掉那些不必要的东西。我因此不再伪装自己、远离自我，而重新开始把所有精力放在对我最重要的事情上。”

罗琳被英皇室授予荣誉勋章

罗琳在法国获颁骑士荣誉勋章

J.K.罗琳
J·K·ROWLING

- J.K.罗琳，1965 年 7 月 31 日出生于英国格温特郡，毕业于英国埃克塞特大学，英国作家。
- 1989 年，24 岁的罗琳有了创作哈利·波特的念头。
- 1997 年 6 月，推出哈利·波特系列第一本《哈利·波特与魔法石》。
- 2004 年，罗琳荣登《福布斯》富人排行榜，她的身价达到 10 亿美元。
- 2010 年，哈利·波特电影系列的完结篇《哈利·波特与死亡圣器》拍摄完成。
- 2014 年 12 月，罗琳更新了《哈利·波特》系列相关的小故事。
- 2017 年 6 月 12 日，美国《福布斯》公布了 2017 年度全球百位名人榜，J.K.罗琳排名第三。
- 2017 年 12 月 12 日，J.K.罗琳被英国皇室授予“荣誉勋爵”。

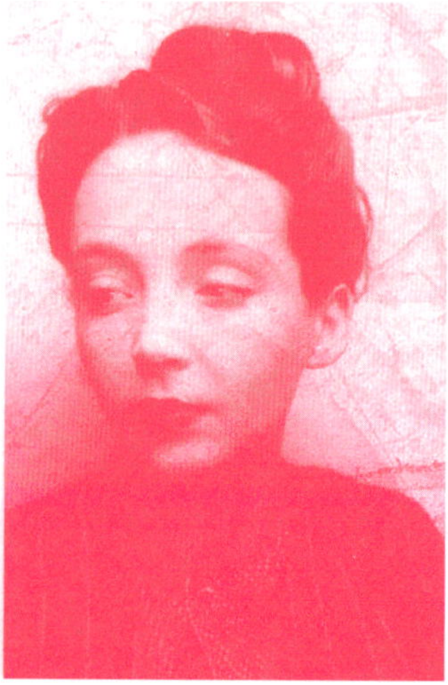

杜拉斯

K

爱是一种不死的欲望

我遇见你，我记得你。这座城市天生就适合恋爱，你天生就适合我的灵魂。

玛格丽特·杜拉斯的一生只做了两件事——写作以及恋爱。

两者相辅相成，情欲滋养了她的写作，反过来，写作也促进了她的恋爱。在她一米五的小小身体里，隐藏着大海也无法平息的激情，这种激情唯有在写作和恋爱时才能得到释放。

“玛格丽特·杜拉斯，她写作，有的只是用来写作的铅笔和水笔。除此之外，她一无所有。”1988 年杜拉斯在接受吕斯·佩罗访问时如此评价自己——她的一生，就是一部不停创造的小说，这部小说里交织着爱欲、酒精、迷乱和背叛，还有狂风暴雨般的激情。

“爱之于我，不是肌肤之亲，不是一蔬一饭，它是一种不死的欲望，是疲惫生活中的英雄梦想。”这句出自陈丹燕《鱼和它的自行车》之中的话，常被误传为出自杜拉斯之口，可能是因为后者用一生践行了这句名言。

爱之于杜拉斯，确实是一种不死的欲望。写作也是。她的一生，从未停止过写作，更未停止过恋爱。

◆

“在那片国土上，没有四季之分，我们就生活在唯一一个季节之中，同样的炎热，同样的单调，我们生活在世界上一个狭长的炎热地带，既没有春天，也没有季节的更替嬗变。”（《情人》）

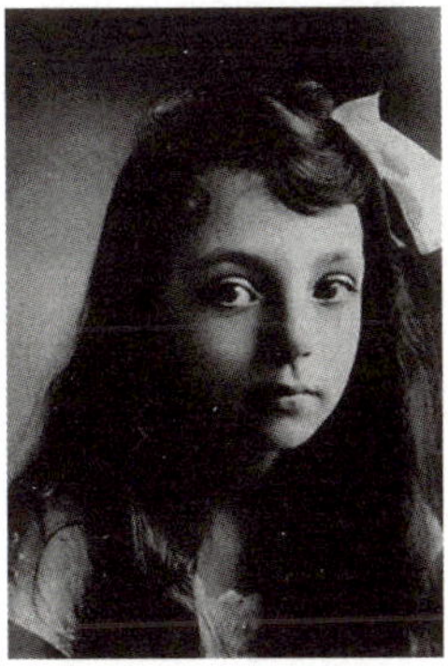

1914 年，杜拉斯出生在法属印度支那（越南西贡），那是一个充满热带风情和异国色彩的地方，空气长年溽热，高大的树木四季常青，绕城而过的湄公河波光粼粼。她是父母的第三个孩子，父亲在她 7 岁时去世，母亲几乎把所有的宠爱都给了长子皮埃尔。她的童年，是在贫困和流离中度过的，唯一亲近的人是小哥哥保尔，她在后来的书中说自己把童贞献给了挚爱的小哥哥。

成年后的杜拉斯很矮，身高只有 1.5 米，这成了她一生的困扰。她常常说：“我个子矮小，在大街上，谁也不会回头看我。”她认为自己长相普通，事实上她这个几乎对一切都透过现象看本质的人，对自己却犯了错误。她绝非普通，她很美，尤其是年轻时，像一道光，一段音乐，散发着某种迷人的光彩。

自认为长相普通却不甘平凡的她，决定以另一种方式来吸引别人的注意力，那就是特立独行。正如她的女友芒梭对她的评价：“为了更好地惊世骇俗，不惜献出生命。”

她的穿着，她的雄辩，她的言论都是为了惊世骇俗。

她远在少女时代就致力于表现自己的与众不同，15 岁那年，她戴着一顶男式帽子，穿着镶金条的鞋，搭坐湄公河上的轮渡前往西贡。一个风度翩翩的中国男人被她所吸引，拿出一支烟请她来吸，她拒绝了他的香烟，却没有拒绝他的热情。

他叫李云泰，一个来自东方的富家子弟，她赫赫有名的中国情人。这个人给予了她当时渴望的一切：金钱和做女人的体验。

在西贡的旅馆里，他引领着她进入了那个飘飘欲仙的世界：“当他头天晚上邀请她来这里的时候，她就立即满口答应了……她觉得她似乎被慢慢地举了起来，腾云驾雾，被带到一个极乐的世界……”

她和他在一起度过了刻骨铭心的两年，那两年里，他们一边相爱，一边互相轻贱，彼此敌视。之后，他奉父命回国迎娶他人，她则暂时尘封了这段记忆。

直到几十年后，已是老年人的李云泰带着妻子去巴黎，他给已经 50 多岁的杜拉斯打了一个电话。他对她说，和过去一样，他仍然爱着她，他说他将爱她一直爱到死。

她终生都在怀念这位中国情人，以至于后来听闻他的死讯后，根本就

| 改编自杜拉斯作品的影视剧照

不敢相信，她说：“我根本没想到过他会死……整整一年，我又回到了在永隆的渡轮上横渡湄公河的日子……在这一年中，我沉浸在中国恋人和法国少女的爱情当中……”

这位来自中国北方的情人，是她一生爱欲和写作的源头。对他的追忆，让她写出了震惊文坛的《情人》，一举获得了龚古尔文学奖。是他让她认识到，情欲具有压倒一切的力量。

一位记者曾经问她：“你对这个男人（李云泰）还留有什么其他的记忆？”

她的回答是：“欲望的力量，彻彻底底，超越感情，不具人性，盲目。没办法形容。我爱这个男人对我的爱，还有那情欲，每次都被我们俩天差地远的歧义所燃烧。”

那纷纷扬扬的情欲，一直燃烧在她的生命中，化成她作品中的火焰，至今仍灼热炙人。

◆

情欲的大门一旦打开，就再也无法封闭。杜拉斯一生和无数男人有过露水姻缘，但与其说她爱着某个具体的人，倒不如说她爱着的是爱情本身。她曾说过：“情人，微不足道。爱情才是永存的，哪怕没有情人。重要的是，要有对爱情的这种癖好。”

她将这种癖好维持了一生。那种常态的爱情根本满足不了她，只有极端的、超越平常的爱才能平复她的激情。她一生中所追求的，就是越过道德的边境，一次次去涉足常人难以抵达的爱的禁区，不伦恋、三角恋，甚至同性恋她都体验过。

她承认自己爱慕过同性，可与之相比，她显然还是更喜爱男人。她用一贯的夸张语气说："我爱男人，我只爱男人，我可以一次拥有 50 个男人。"

与漂亮的容貌相比，她更吸引男人的可能是与生俱来的才华，以及那种蓬勃的生命力。她一生情事不断，爱情对于她来说，总是伴随着强烈的欲望，她说："当我有了欲望，就有了爱情。"她毫不掩饰自己对欲望的着迷，坦言道："一个女人若一辈子只和一个男人做爱，那是因为她不喜欢做爱。"又说："如果我不写作的话，我将是个妓女。"典型的杜拉斯式的语不惊人死不休。

1935 年，她从西贡回到巴黎。没有比巴黎更适合恋爱的城市了，这里总能找到适合她灵魂的男人。在巴黎，她像一只飞蛾，继续扑向那情欲之火。同时，她开始写作，那些转瞬即逝的爱情在她笔下凝结成了某种永恒。

在和罗贝尔·昂泰尔姆结婚后，由于战争需要，丈夫一度回到了二战战场，无望的等待折磨着她，由此催生出了一部《痛苦》，她视之为自己最重要的作品，并把它献给了罗贝尔。

这场婚姻维持了八年，后期她陷入了和马斯科罗的婚外恋，她很喜欢这位情人，说他是“美男子，非常美的美男子”。罗贝尔其实也知道他们的恋情，这段“三人行”最后以罗贝尔的大度退出告终，他从此与杜拉斯保持了大半辈子亦兄亦友的真挚情谊。杜拉斯和马斯科罗同居了十年，并生下了她唯一的儿子让·马斯科罗。在他的陪伴下，《平静的生活》《抵挡太平洋的堤坝》《街心花园》等一系列美丽的作品从杜拉斯笔下流出。

一名叫热拉尔·雅尔洛的男人则成就了《广岛之恋》的灵感。这部由电影改编的小说描写了一段禁忌之恋：一位法国女演员，邂逅了一位日本工程师，两个早有家庭的人在刚被原子弹轰炸过的广岛上演了一场《廊桥遗梦》式的短暂情缘。

“你折磨我，我觉得好舒服。”这句《广岛之恋》中的台词代表了杜拉斯独特的爱情观，她对人们所推崇的忠诚、长久毫无兴趣，追求的是短暂、热烈和浪漫。与圆满相比，她更偏爱残缺。与天长地久相比，她更喜欢刹那光辉。

正如她在写给一位情人的信中的自我剖析：“我是个不忠诚的人。我对你产生的这种爱情，我知道它是虚幻的。尽管表面上看起来我爱的是你，其实我爱的仅仅是爱情。”

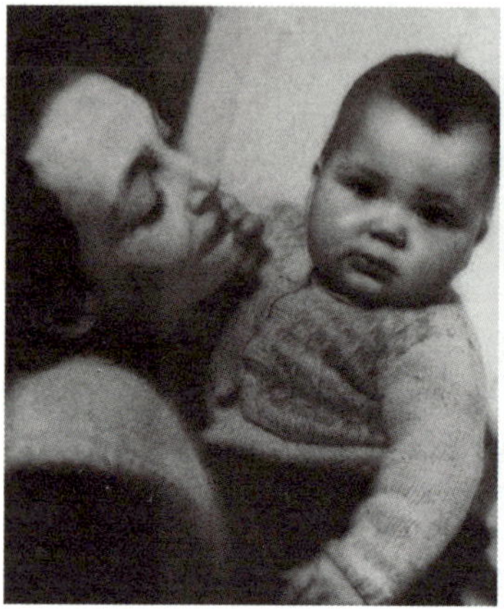

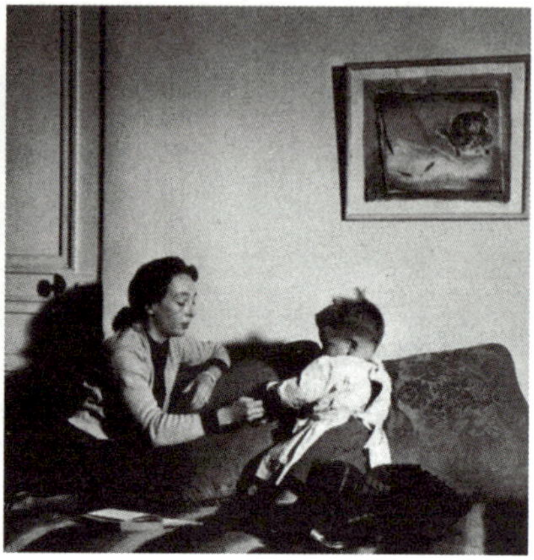

杜拉斯需要爱情，因为她是用激情来写作的。没有那些露水姻缘的滋润，她的写作之源可能早已枯竭。

爱，没有止境。写作，同样没有止境。她可以被看成是“用身体写作”的先驱，可她远比时下的所谓美女作家们要深刻得多，也老道得多。

她视写作为生命，“活着而不写东西，这怎么可能呢？”她到处搜寻词汇，在商人们家中或周围的咖啡店里，她与村里的每个人聊天，而且一聊就没个完。她关心管道工，不识字的通烟囱工人的疾病和家庭，能记住他们的孩子的名字，还有他们说话的用词。她在酒精中毒昏迷九个月醒来之后仍要写作。她说，一个作家，即使是睡觉了也仍在工作。

在巴黎，她过着离群索居的日子。离婚后更是搬到了城郊的小镇诺弗勒，过上了一种几乎与世隔绝的隐居生活。她生命中的大部分著作，都诞生在这座小镇。

在法属殖民地长大的她，对于大都市巴黎来说，始终是个闯入者和异乡人。她一直与当时的主流文学圈保持着疏离，在巴黎文坛，她以独来独往出名。她瞧不起同时代的作家，不喜欢萨特，讨厌波伏娃，拒绝私下去见萨冈，认为唯一能和她平起平坐的是塞缪尔·贝克特。

著名的杜拉斯式生活方式，也是在此期间形成的。她酗酒、纵欲，曾因酒精中毒引起肝硬化，后来奇迹般地活过来了。她专横、霸道，在她的国度里，她是唯一的女王，喜欢发号施令，控制别人。

她节俭到了吝啬的地步，到朋友家去从不带礼物，而且大言不惭地宣布："我把自己带来了！"她的热情来得快也去得快，高兴时会呼朋引伴，叫朋友们到家里来饮酒欢聚，不高兴时会当面指责朋友阴险毒辣。

她宛如一轮太阳，用热情和活力将爱她的人吸引到一块，和她交往近三十年的女友芒梭由衷地赞美说："她就是诺弗勒的麦当娜。"在芒梭眼中，"玛格丽特要么热情如火，要么冷若冰霜，她不是一个普通的朋友，她像一座灯塔，照亮了我的生命，不管狂风暴雨，都放出自己的光芒。"可就因为芒梭在书中透露了杜拉斯的年龄，她就断然疏远了这位崇拜自己的女友。

杜拉斯的偏执和无情可见一斑，除了写作，这个世上其实没有什么是她不能割舍的。她不能忍受别人对她的书有任何不同的看法。当梅洛·庞蒂向她表达自己更喜欢她前期的作品后，她便不再理睬庞蒂了，因为她认为，"一个作家不能喜欢不喜欢他的书的人，因为作家在书中倾注了自己最真实的东西"。

她以一种献祭的姿态写作，正如她所说："当一个作家死了的时候，只有肉体去了，因为他已在自己的每一本书中，慢慢地献出了自己的生命。"

◆

杜拉斯进入文坛很早，但写的东西一直偏小众。直到 1984 年《情人》横空出世，她才走入了大众的视野，这时她已经 70 岁了。

“我已经老了。有一天，在一处公共场所的大厅里，有一个男人向我走来。他主动介绍自己，他对我说：‘我认识你，永远记得你。那时候你还很年轻，人人都说你美。现在，我是特地来告诉你，对我来说，我觉得现在的你比年轻的时候更美。那时的你是年轻的女人，与你那时的面貌相比，我更爱你现在备受摧残的面容。’”

这是《情人》中的名句，不要以为这完全出自杜拉斯的臆想，在她的夕阳岁月，确实遇到了一个深爱着她备受摧残面容的人。

他就是扬·安德烈亚，她生命中的最后一个情人。

相遇时，杜拉斯 66 岁，曾经的美貌已经被酒精和纵欲全数摧毁，留下的是一张沟壑纵横的脸，而扬只有 27 岁，风华正茂，但年龄的差距并没有阻止他们相爱。杜拉斯根本不像其他女人对年龄那样敏感，她曾对芒

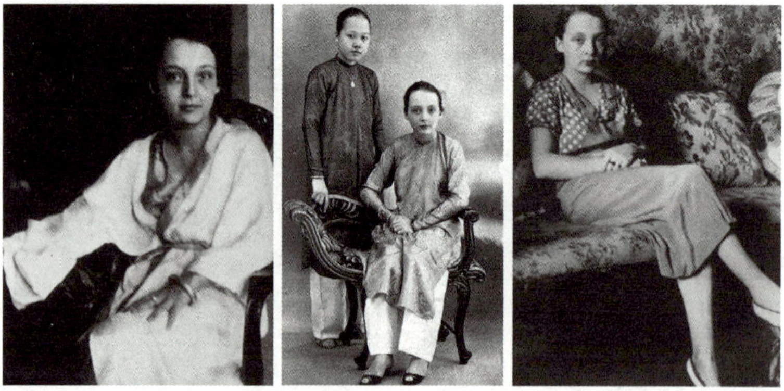

梭说："奇怪，你这样关心年龄。我从来没有想到过，年龄并不重要。"她坚信就算自己到了 80 岁也能引起男人的欲望。

这就是杜拉斯的魅力，失去了美貌之后，她仍然能因为灵魂的独特而被爱。扬是她的崇拜者，当他还是一个大学生时，无意中读到了杜拉斯的书。他的内心被触动了，像被一种爱情所触动。从那以后，他只读她的书，并且模仿她书中的生活方式，强迫自己喝她爱喝的康巴利开胃酒，那种酒十分苦涩。他觉得这个并不认识的作家只为他而写，她所写的一切全都说到了他的心坎上。

他所在的小城为杜拉斯举办了一场讨论会，他去听了，发现她遣词造句中的那种威严，发现她对听众的那股魅力，这种强大的力量使他神魂颠倒。他只想单独拥有她。

从那以后，他开始频繁给她写信，在连续写了两年信之后，他来到她的城市，壮着胆给她打电话，说要去看她。她终于说："来吧，不过要带瓶酒来。"

极具暗示性的邀请，极具诱惑力的酒，在女友芒梭眼里，扬正是杜拉斯日思夜想的那种人，他是那种软弱的男人，既无财，也无权，正因为他不可能成为情人，所以他才有可能成为情人。

一开门，她就柔情万种地拥抱他，当天晚上就留他在黑岩公寓住下。她强迫他爱她，像爱她的作品一样，完全地爱她。扬本来是个同性恋，她却对他说："不，您是个七尺男儿。"

她投入了他的怀抱，他占有了她，头一次尝到了能够拥有一个女人的快乐，他第一次感到自己是个男人。在他看来，她比他更年轻，她猛冲猛杀，毫不在乎，毫无保留，而他却常常畏缩。

她完全献出了自己，他得全部接受。他成了她的守护天使，毫无怨言地忍受着她的任性和专横。当她弯不下腰时，他给她系鞋带；当她卧病在床时，他给她洗身体洗头发擦背，一勺一勺地喂饭，在她大小便失禁之后，给她洗睡衣换床单……

她对他有一种病态的占有欲，反对他的一切交往，禁止他和其他人说话，让他穿她喜欢的圣罗兰服装；吃她为他点的菜，给她打字、洗澡，陪她上电影院。他有时忍不住会偷偷逃离，过了一阵却又自动回到她身边。他无法抗拒她，正如瘾君子无法抗拒毒品。她说："我和他之间的激情是悲剧性的，诚如所有激情。我们不合适，我们的欲望不切实际，激情却寄生其中。"

爱情再次给了她创作的灵感，由她口述，他用打字机打下她想写的东西。只有他能明白她作品中隐晦的东西。他感到自己进入了她的头脑，就像进入她的身体一样。从此，他像她一样，生活在时间之外，生活在她写的爱情小说之中。

他是这样爱她，以至于他说："我无法想象她会死，我仿佛觉得已跟她生活了好几个世纪。"

在一起共同生活了十六年后，她在他的怀中死去，去世之前留下最后一句话："你别的都不用做了，写我吧。"

她生前坚信，就算是她死了，也能够继续写作。果然，在她死后，她的情人，她的朋友都开始写起了和她有关的回忆录。芒梭写出了《女友杜拉斯》，扬则创作出了《情人杜拉斯》，他们的这些作品都具有明显的杜拉斯风格，夸张与简洁，泪水与极乐交织在一起。

以这种方式，一个充满活力的杜拉斯在他人的撰写中重新活了过来。至少，她在纸上不会死。

2014年，在杜拉斯诞辰100周年时，扬在巴黎去世。他们被合葬在巴黎蒙帕纳斯公墓，墓碑上刻着一行字：玛格丽特·杜拉斯和她最后一个情人扬·安德烈亚。如果有另一个世界的话，他们一定会在那里继续相爱，继续写作，也继续互相折磨。

写作永存，爱情也是。

电影《情人》剧照

一个人一生中所能发生的最糟糕的事，就是无法去爱。

我的生活像一只果子，我漫不经心地咬了几口，但没有品尝味道，也没有注意自己在吃。活到这个年纪，长成这个模样，不是我的责任。这个模样得到认可，它就是我的模样。我欣然接受，也别无选择。我就是这个女孩，一经确定永不改变。

我总想保留一个地方，让我独自待在那儿，让我可以在那里爱，不知道爱什么，既不知道爱谁，也不知道怎么爱，爱多久。但要在自己心中保留一个等待的地方，别人永远都不会知道，等待爱，也许不知道爱谁，但等的是它，爱。

我们可以改善一种行为，可以给残疾人接上一只木腿，我们却不能为缺少敏感的人安置一种人为的敏感。

好像有谁对我讲过，时间转瞬即逝，在一生最年轻的岁月、最可赞叹的年华，在这样的时候，那时间来去匆匆，有时会突然让你感到震惊。衰老的过程是冷酷无情的。

玛格丽特·杜拉斯
MARGUERITEDURAS

- 玛格丽特·杜拉斯（1914 年 4 月 4 日—1996 年 3 月 3 日），原名玛格丽特·陶拉迪欧。
- 法国作家、电影编导。
- 代表作有《广岛之恋》《情人》等。
- 玛格丽特·杜拉斯 1914 年出生于法属印度支那。18 岁时定居巴黎。自 1942 年开始发表小说，1950 年的《抵挡太平洋的堤坝》使杜拉斯成名。这段时期的作品富有自传色彩。自 1953 年的《塔吉尼亚的小马》起，杜拉斯探索新的叙事语言，逐渐抹去小说情节，更强调主观感受和心理变化。1955—1965 年是她创作的高峰期，代表作有小说《琴声如诉》《副领事》，以及剧本《广岛之恋》等。1984 年发表《情人》，获当年龚古尔文学奖。

L

可可·香奈儿：人生就是不断地冒险

“生活不曾取悦于我，所以我创造了自己的生活。”

拥有一件香奈儿的产品，几乎是所有女人的共同梦想。奥黛丽·赫本在《蒂凡尼的早餐》中的经典造型，就是穿着一条小黑裙，从20世纪惊艳到了如今，而小黑裙的创始者，正是香奈儿。玛丽莲·梦露在记者问她穿什么入睡时，她充满风情地回答说：“我只穿香奈儿五号。”

创造出这一切的可可·香奈儿女士，被称为时尚女王，一手缔造出一个属于她的时尚王国。是什么让这个原本出身卑微的小裁缝走到了这一步？人们常常归结于奇迹。

奇迹往往来源于冒险。电影《可可·香奈儿》中，香奈儿的一生挚爱鲍伊·卡柏说："生命就是不断地冒险。"这也可以看作是香奈儿的座右铭，正是这种勇于挑战的冒险精神，让她脱颖而出，而不是泯然众人。

她不仅解放了自己，而且将女人们从备受压抑的衣着和生活方式中解放了出来。生活并没有取悦过她，于是，她创造了自己的生活。

香奈儿生命中的第一次冒险，是从修道院出走。

在此之前，她的人生履历和任何一个孤女并没有两样：出身低微，父亲是一名流动商贩，靠贩卖各种杂货勉强维持生计，母亲是农民，12岁（一说6岁）那年母亲因病去世，仅仅一个星期后，她和自己的姐妹们便被父亲遗弃在当地最大的一家修道院。那时她的名字还不是可可，而是布加里埃·香奈儿。

年少的香奈儿努力适应着修道院的生活，但她并不喜欢这里。修道院的教条和她自由自在的天性并不相宜，她在这里感受到的不是宁静，而是压抑、苦闷和乏味，她在这里学会了缝纫，这将是她一生中最重要的技巧。

在修道院长到18岁时，香奈儿面临着人生头一个艰难的选择：要么留在修道院，继续这种安全而乏味的宗教生活，要么离开这里，投入到未知生活的激流之中。并不是每个在修道院长大的女孩都有勇气离开，因为离开就意味着脱离修女们的庇护，也就意味着危险。

香奈儿的一个妹妹就留在了修道院，而她没做任何犹豫，就迫不及待地离开了那里。18 岁的她只想逃离，逃离这一成不变的生活，这是她对命运做出的第一次抗争。在修女们的帮助下，她被安排到法国穆隆一家针织品店做店员。那家店经营各类针织用品，生意很好，可年轻的香奈儿当然不甘心做一辈子店员。

一个除了年轻和美貌一无所有的女孩子，想要改变自己命运的话，唯有充分利用自己的年轻和美貌了。她在穆隆的圆亭咖啡馆里首次登台，这是那种毫无门槛的表演咖啡馆，年轻的姑娘们在这里一边唱歌跳舞，一边传递帽子向观众要小费，被称为“递帽军团”。香奈儿的出众之处在于她的热情和俏皮，她有一首保留曲目《谁见过可可》，每当唱到副歌时，观众们会一齐大叫“可可，可可”，她成了穆隆歌迷心目中迷人的“小可可”。

从修道院的孤女到歌舞场上的歌女，香奈儿几乎一转身就毫不费力地完成了这个转变。有生以来，她头一次获得了众多的关注和掌声，而这，仅仅还只是个开始。

◆

香奈儿生命中的第二次冒险，是成为军官艾提安·巴勒松的情妇。

穆隆是个军事要塞，军官们是表演咖啡馆的常客，不时和在这表演的歌女们产生些风流韵事。“小可可”凭着美貌和歌喉倾倒了不少裙下之臣，艾提安便是这其中格外忠实的一位。

在依靠男人还是依靠自己之中，香奈儿原本是想走后面那条路的。她

曾去法国维希闯荡，希望能进剧院表演，可惜吃了闭门羹。这个时候，艾提安便成了一个不错的选择，他年轻、英俊，富有绅士风度，热衷于玩乐和骑术，最重要的是，他还拥有一座独立的庄园。

答应成为艾提安情妇的那一年，香奈儿25岁。关于这一事实，两部和她有关的传记电影做了不同的处理。电影《可可·香奈儿》中，她是在艾提安的盛情邀请下，和他一同乘车来到他的庄园。而在《时尚先锋香奈儿》中，她则是主动来到艾提安的住处附近，刻意制造和他偶遇的机会，并假称说，她以为妹妹住在这里才来寻找的。

两相对比，后者显然更能凸现香奈儿主动、勇敢的性格，她才不是那种被动的灰姑娘，对于自己的命运一筹莫展，只知道苦苦等待王子的拯救。如果没有机会，她会自己创造机会，如果没有王子，她会主动寻觅王子。她从一开始就相信，命运是由自己来掌控的，而不是他人或者上天。

艾提安对香奈儿的最大意义，是一块重要的跳板，帮助她跳入法国的上流社会。严格来说，像她这种从底层爬上来的女人，只能算跻身“半上流社会”。什么是“半上流社会”？小仲马在同名小说中有过精彩描述：“半上流社会就是名流贵妇能达到的至低点，和平凡女子能企及的最高点。”

在艾提安的那座庄园里，香奈儿很快领略到了有钱人的庄园生活是多么惬意。在这里，汇聚了一群醉心于享乐的超级玩家，除了玩乐，他们对什么都不感兴趣。即使是在这群超级玩家之中，香奈儿也最为闪亮，她比那些男人中的任何一个都更爱玩，也更会玩。她和庄园里的来客们大跳探戈，在他们集体打猎时，她穿着男装马裤，骑着马儿奔驰到林中，让他们知道女人原来也可以如此英姿飒爽。她生来就具有先锋气质，深谙一个真理，那就是：要想引人注目，必须与众不同。

于是，在那个流行长裙、束胸内衣、繁复的羽毛帽子的年代，她穿着远比其他女人更简约、线条更流畅的衣服，戴平顶帽，穿男装裤子，这样的着装风格很快影响了她的整个朋友圈。连昔日情敌埃米莉都被她设计的平顶帽折服，再也不愿意戴其他人制作的帽子。

艾提安对她迷恋不已，他给了她自己能够提供的一切，除了婚姻。即使是成了他人眼中被包养的女人，香奈儿也从未想过放弃自我的价值，她已经不再满足于仅仅为朋友们做帽子，而是有了更大的野心——到巴黎去，拥有自己的事业！

◆

香奈儿生命中的第三次冒险，是到巴黎去开创她的女帽事业。

一开始，她的巴黎梦遭到了艾提安的无情否定。那时和现在不同，男人们以有能力包养情妇为荣，情妇如果要出去工作，简直是天大的丑闻。女人则以有个男人养着为荣，靠自己双手去挣钱的话得到的不是赞许，而是嘲笑。他越是反对，香奈儿就越是坚持要去巴黎，她绝不会安于做一只关在笼中的金丝雀，在笼中安稳度过一世。

后来，艾提安的意见已经变得不大重要了，因为一个更重要的男人出现了，他就是鲍伊·卡柏，朋友们都叫他卡柏男孩。他原本是艾提安的亲密好友，后来却渐渐被好友的情妇深深吸引。

卡柏就像是上天专为香奈儿而生的，他给予她的不仅是爱，还包括尊重和欣赏。男人对女人的爱是不一样的，艾提安也爱香奈儿，可他仅仅是将她当作一种精美的小玩意，用来点缀他的玩乐生活，从来没把她的梦想当回事。卡柏却不同，他尊重她的梦想，并且竭尽所能帮助她实现她的梦想。在他眼中，香奈儿绝不是什么小玩意，而是一个具有独立人格和思想的女人，这正是她吸引他的地方。

香奈儿一生中拥有过许多或长或短的情史，可最难忘、最难抹去的就是和卡柏的这一段。他们在本质上是同一类人，骨子里流淌着向往冒险的血液，都喜欢奢华刺激的生活，都沉迷于策马、驾车这类不无危险的游戏。汽车在现代看来稀松平常，可在20世纪初，乘汽车出行被看成是疯狂之举，随时有可能丧命。

卡柏热爱开车，甚至亲自教香奈儿如何驾驶汽车。他们生来就是时代的弄潮儿，勇于尝试所有的新鲜事物。他是如此契合她的灵魂，以至于一贯独立的她说出过这样的话："对我来说，他是哥哥，是父亲，是整个家。"

卡柏与香奈儿

尽管卡柏和艾提安一样，因出身的差异无法娶她，但香奈儿始终视他为一生挚爱。他们在一起的十年，是她的黄金十年。爱情上春风得意，事业更是蒸蒸日上。在卡柏的资助下，香奈儿先是在巴黎康朋街开了一家女帽店，把帽子卖给当时最知名的女明星，后来又在杜维埃开了一家服饰精品店，成为战时女性的淘衣圣地。

传说中的“海绵女”指的可能就是她这样的女人，每交往一个男人，不管结局如何，她都能从中吸取养分。艾提安引领她进入上流社会，卡柏帮她开店，之后的每个男人也为她提供各式各样的帮助，她享受着这种滋养，却从未放弃过独立，在杜维埃的店生意红火之后，她第一时间还清了卡柏的所有资助。

也许，这才是为什么被包养的女人那么多，却只有她成了香奈儿的根本原因。

香奈儿生命中最重要的一次冒险，是对固有时尚的挑战。

在她之前的时尚可以用两个词来形容：繁复和奢华。20世纪初的时尚对于女人来说不啻为一种折磨，上流社会的女士们戴着插满白鹭羽毛、沉甸甸的帽子，被鲸骨制的紧身胸衣勒得喘不过气来，缀满蕾丝的长裙垂到了地面，这样的打扮看似华丽，其实完全不利于行动。一个淑女往往需要有绅士的搀扶，才能顺利地爬上马车。

出身下层的香奈儿对这种所谓的时尚不屑一顾，她曾对朋友说："我在赛马场上看见的那些女人，戴的帽子就跟深盘馅饼似的，那些帽子根本就不适合戴在头上。"对于紧身胸衣，她更是表达了强烈的反感："那真是太可笑了。穿着那些东西，大脑还能正常运转吗？"

"任何繁复的东西都不属于我。"关于着装风格，她很早就明

白了什么是她不想要的，她去掉了帽子上的羽毛，去掉了衣服上累赘的蕾丝花边，脱掉了紧身胸衣，永远都穿着比同期裙装更简洁，且线条更流畅的裙子。

当摒弃了一切她不想要的元素后，她逐渐形成了自己想要的风格，那就是简约、舒适。她相信，让女士们衣着舒适绝对比紧身胸衣更有价值。她设计服装有一个不容更改的原则，那就是女士们穿着要能四处走动，还要走得快，不能有任何束缚。

不要小看这个原则，这在那个浮夸成风的年代来说完全可以看作一场优雅革命。不穿紧身胸衣，帽子上不插羽毛的打扮在当时看来是不入流，甚至是不体面的，戴着平顶帽出入马场的香奈儿没少受到人们的侧目，可她依然我行我素。

一战的爆发在某种程度上推动了这种简约风格的流行，随着战争的白热化，过去那种刻意的夸耀，以及束缚行动的裙衫都显得如此不合时宜。成千上万的女人们涌进香奈儿开在杜维埃的服饰店内，这个勇立时代潮头的女人敏锐地发现："一个世界正日暮西山，而另一个世界如旭日东升。处在这个变化的时代中，机会向我招手，我就抓住了它。我是新世纪的同龄人，时代造就我用服装展现这个时代的变迁。"

她把女人们从长裙和紧身胸衣的桎梏中解放了出来，“四分之一个世纪的时尚，都是我开创的。”她说，“为什么？因为我知道如何表达我的时代。”

不管是没有任何多余装饰的套装，还是舒适的海军衫，香奈儿设计服装都是为了满足自己的需要，当市面上找不到她喜欢穿并便于工作的衣服时，她就自己设计出来。可能她也没有预想到，这股香奈儿式简约风迅速风靡了全球。

一个藐视时尚、挑战时尚的人居然成了全球的时尚教母，恰恰印证了她常挂在嘴边的一句话：时尚易逝，而风格永存。

追逐时尚者永远只能跟风，只有勇于创新的人，才能开创出新的时尚。

香奈儿引领的不仅是时尚潮流的变革，更是生活方式的革新，这是她持续了一生的盛大冒险。

她一生都在追求自己想要的生活，在那个女人以做笼中鸟为荣的时代里，她以自己的人生践行了什么叫作独立自主。做一名成功的职业女性是她最重要的人生目标，出现在她生命中的那些男人们，仿佛是为了帮助她建立时尚帝国而来到她身边。

她从情人的衣橱中寻找灵感，偷穿他们的衣服，将男装元素用到女装设计中。每一个情人都能为她提供不同的灵感，和热爱马术的艾提安在一起时，她穿上了生平第一条女装马裤，俄罗斯大公狄米崔让她爱上了有皮毛衬里的温暖大衣，英国的西敏公爵则让她将英国的斜纹软呢用到套装设计中。

她一辈子情路坎坷，几乎每一段感情都以分离告终，这样的结局让她心碎，可她总能从伤心往事中汲取力量。她一生中最爱的男人卡柏不幸因车祸去世后，她设计出了那款最经典的小黑裙，初衷不过是想要全世界的女人陪她一起穿上丧服，来哀悼她心爱的男人。失去卡柏之后，她把整个人生的重心都放在了时装事业上，礼拜天成了她最讨厌的日子，因为那一天休息。西敏公爵曾有意娶她，她却不愿意为了公爵夫人的头衔放弃她的香奈儿帝国。71 岁高龄时，退隐多年的她因看不惯后起之秀迪奥，毅然宣布复出，打对方一个措手不及。

她的人生当然并不总是一帆风顺，而是经历了无数次的挫折和失败，这是每个伟大的冒险家都必须承担的命运。当你选择一条没有人走过的路时，前方就必定会埋伏着数不清的陷阱和荆棘，只有真正的强者，才能具备百折不挠的意志和永不退缩的勇气，才能披荆斩棘一路向前。

毫无疑问，香奈儿就是这样的强者。是她，剥掉了女人身上的紧身胸衣和羽毛装饰，让她们剪短了头发、穿上泳衣，晒起了日光浴；是她，让千千万万的女人们穿着舒适方便的衣服走向了职场。从此以后，女人们体验到了她们从未体验过的滋味，那就是——自由。

她用特立独行的一生向世界宣告，一个女人，可以穿自己想穿的衣服，做自己想做的工作，爱自己想爱的男人，过自己想过的生活，只要你足够勇敢，也足够坚韧。

时尚易逝

1910 香奈儿女士在巴黎以一家小小的女帽店起家，为当时厌倦了花俏的装饰的女士们，做出一顶顶简洁又耐看的帽子。短短一年内，香奈儿的生意节节上升，于是她将自己的店搬到气质更时尚的RueCambon区，至今这仍是香奈儿的总部所在地。

1914 香奈儿开设了两家时装店，影响后世深远的时装品牌“Chanel”宣告正式诞生。步入20世纪，香奈儿女士设计了不少创新款式，例如针织水手裙、小黑裙、樽领套衣等。香奈儿运用男士衣服设计特点，用减法创作了为女士方便活动，又不失优雅的衣服。并借用男士服装元素，将男士外套、对襟毛衣、斜纹软呢、jersey针织面料，甚至绅士出席宴会在前襟佩戴的山茶花、骑士背心的菱格纹车纹，都被她巧妙地化为极具风格的女士穿着和手袋上的创作。

香奈儿推出著名的ChanelNo.5香水。香水瓶是一个甚具装饰

风格永存

艺术味道的方形玻璃瓶。ChanelNo.5 是史上第一瓶以设计师命名的香水，而“双 C”标志也使这瓶香水成为香奈儿历史上最赚钱的产品。 1921

她重返法国，将二战时期关闭的香奈儿店重新开放，香奈儿以她一贯的简洁自然风格，迅速俘虏一众巴黎女士。 1954

在香奈儿去世后，德国名设计师卡尔·拉格斐成为香奈儿品牌的灵魂人物。 1971

“老佛爷”卡尔·拉格斐一直担任香奈儿的总设计师，将香奈儿时装推向另一个高峰。 1983

与其在意别人的背弃和不善，不如经营自己的尊严和美好。你可以在 30 岁的时候优雅，40 岁的时候迷人，余下的一生都让人无法抗拒。

我崇拜美，但是讨厌所有仅仅只是漂亮的东西。

我从不是一个女英雄。但是我选择了我想成为的样子，而我现在正如自己所愿。即使我不被爱，不讨人喜欢又能怎样?

有人认为奢侈是贫穷的对立面。其实不是，奢侈是粗俗的对立面。

有些人很有钱，而有些人很富有，但只有懂得生活品位的富人才懂得享受人生。

你可以穿不起香奈儿，但永远别忘了那件叫“自我”的衣服。

加布里埃·香奈儿
GABRIELLE BONHEUR CHANEL

- 加布里埃·香奈儿（1883 年—1971 年）出生于法国的索米尔。
- 法国时装设计师，香奈儿品牌的创始人。
- 加布里埃·香奈儿，现代主义的见解，男装化的风格，简单设计之中见昂贵，成为 20 世纪时尚界重要人物之一。她倡导女权，既赋予女性行动的自由，又不失温柔优雅。她对高级定制女装的影响使她被《时代周刊》杂志评为“20 世纪最具影响力的 100 人”之一。

波伏娃

M

看上去很美的开放式爱情

我和所有人一样，一半是同谋，一半是受害者。

“女人不是天生的，而是被塑造成的。”

距离西蒙娜·波伏娃的这句名言问世已经70年了，它听起来还是那么振聋发聩。我至今还记得，第一次看到这句话时那种醍醐灌顶的感觉。

大半个世纪以来，波伏娃和她的《第二性》叫醒了千千万万沉睡中的女性，女人们如在梦中惊醒，纷纷意识到她们可以摆脱男人们对自己的期待，活出一种截然不同的样子。

波伏娃也因此被奉为女权主义的鼻祖，她的一言一行都被崇拜她的女性们奉为圭臬。她高出流俗的言论，特立独行的举止，乃至她别出心裁的大摆裙和盘发，哪怕放在现代都毫不过时。她的众多传说中，尤以和萨特的契约式爱情备受关注，他们相爱 51 年，却从未结婚。

这段人人传诵的爱情，确实如它表面所看上去的那么美吗？要走近波伏娃的内心世界，才能一窥究竟。

◆

西蒙娜·波伏娃仿佛生来就是为了惊世骇俗而存在的。

她 3 岁就开始独立阅读，7 岁就写出了《玛格丽特的不幸》和《笨蛋的一家》，15 岁就确立了要成为一名伟大作家的志向，19 岁时为自己定下了一生的座右铭："我绝不会让命运屈从于任何人的意志！"

年轻的时候，波伏娃和一群文艺青年们浪荡在巴黎的小酒馆里，喝最烈的酒，交最有趣的朋友，做最出格的事，还假扮过妓女去体验下层女性的生活。

考虑到她所成长的时代与家庭，就会知道，她做出的这一切是多么地离经叛道。波伏娃出生于 1908 年，那个年代极为保守，女人们除了结婚别无出路，由于没有工作，她们在婚姻中得不到任何尊重。

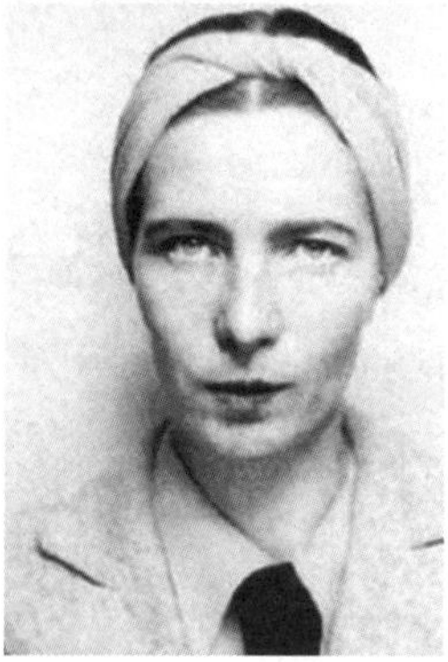

波伏娃从小就目睹了父亲乔治对母亲弗朗索瓦的种种轻慢，在她 14 岁那年，由于外祖父的破产，母亲失去了来自娘家的资助，整个家庭陷入严重的经济危机中。母亲总觉得对不起父亲，因为她觉得自己理应带来丰厚的嫁妆和资产。父亲变得暴跳如雷，动不动就向母亲吼叫。

在波伏娃的回忆里，“耳光、抱怨、吵架，不仅是在家人面前，甚至有客来访时也是如此。”不仅如此，还有背叛，她知道父亲与其他女人有染，而母亲只能忍气吞声。

这种恐怖的场景在小波伏娃心里投射下了难以磨灭的阴影，导致她对婚姻的终身恐惧，在她看来，是婚姻让女人失去了独立和自由，在婚姻中，女人付出了一切，得到的待遇却连佣人都不如。

她知道，唯有相当优秀、相当出色，才能摆脱做一个家庭妇女的厄运。所以她从小就勤奋好学，在大学求学期间，她连梳妆打扮的时间都一概压缩，整天坐在图书馆里读书，用餐时利用吃饭的空隙在草稿纸上解方程式。如此刻苦用功，让她一举拿到了文学、哲学和数学三个学位。

尽管如此，父亲还是告诫她：“这对你嫁人毫无帮助。人们不会对女性除了美貌和财产之外的东西感兴趣。”

对于父亲的提醒，波伏娃不屑一顾。父亲不知道，她对未来的规划中，根本就没有嫁人这两个字。她早已决定，将来要凭学识和智慧吃饭，绝不依傍他人。

大学期间，波伏娃认识了一位女友扎扎。扎扎很有天分，但最终在母亲的压迫下，不得不辍学早早嫁人，结果在如花的年龄就因婚姻不幸而夭亡。扎扎的死更加坚定了波伏娃对婚姻的反感，她暗自下定决心，要走一条全新的路，一条母亲和扎扎都没有走过的路，一条绝不受他人掌控的路。

要实现这一切，她首先得拥有一份工作，于是，她报名参加了法国的大中学校教师资格证书考试，以备在毕业后能成为一名老师，这已经是那个年代知识女性能够拥有的最体面的职业了。

◆

就是在那场考试上，波伏娃遇到了改变她一生的男人——萨特。

萨特其貌不扬，身材矮小得出奇，一只眼睛还斜视。对比起来，年轻时的波伏娃身材高挑匀称，面容姣好，称得上美貌迷人。在萨特眼中，“我一直觉得她（波伏娃）很美。”

在考试间隙，萨特被年轻美丽的波伏娃所吸引，主动找她攀谈。只要一开口，他身上那些外表上的缺点就一下子消失了，她的眼里只看得到他闪闪发光的智慧。在准备考试的 15 天里，他们整日交谈，只在睡觉时才分开。他们如痴如醉地谈论着共同爱好的文学、哲学，火花在两颗同样聪慧的头脑间咝咝作响。当时波伏娃觉得，“即使谈话进行到世界末日，我还是觉得时间太短了。”

考试成绩公布后，萨特第一，波伏娃紧随其后名列第二，同时获得了法国大中学校哲学教师的资格。也有人说波伏娃本来是第一，只因她是女性才被列为第二，但终其一生，她本人没有这样说过。她虽然好强，却从来无意于与萨特一较高低。从开始到最后，她都乐于自己的名字居于萨特之后。

根据她的回忆，“那个夏季，我好像被闪电所击，一见钟情那句成语突然有了特别罗曼蒂克的意义。”当她在利比赞度假时，萨特提着简单的行李追随她而去。他就栖居在田野之中，清晨，她穿过田野去找他。在旷野之中，在清风晓露之间，他们有了第一次亲密的肉体接触。灵肉合一之后，波伏娃由衷地觉得，这个男人再也无法离开自己了。

他们和普通男女一样陷入了热恋之中，一起工作，一起游玩，以他们为核心，组成了一个小团体。小团体的人包括萨特在内，都亲昵地称波伏娃为“海狸”，因为在萨特看来，她就像海狸一样敏捷而充满灵性，他对她的这个爱称持续了一生。

如果他们真的是一对普通男女，很可能就会由此结婚生子，步入婚姻的堡垒。可他们毕竟不一样，他们离不开彼此，又不愿意受传统婚姻的约束。萨特深知自己生性风流，他绝不愿受一夫一妻制的约束。作为一个作家，他需要源源不断的新鲜外遇，来维持自己的创作灵感。

在卡鲁塞尔公园的长椅上，他向波伏娃提出了一个建议，建议他们可以拥有不同的情人，但同时维持和对方之间的关系。对于这种开放式爱情，他给出了一个定义：“我们之间存在着无可取代的必然爱情，我们各自也会有些偶然发生的爱情。”

如果是其他女人，多半会一口拒绝，认为他只不过是在为自己的花心寻找借口。可波伏娃没做过多考虑，就一口答应了，因为他的提议正中她的下怀：她爱萨特，可她同时又拒绝婚姻，认为婚姻必然会伴随着谎言、欺骗和婚外情。

经过协商，他们约定彼此将拥有一种新型的关系，他们之间的关系将持续终生，但不妨碍他们找其他情人。他们还约定如果有其他情人的话，

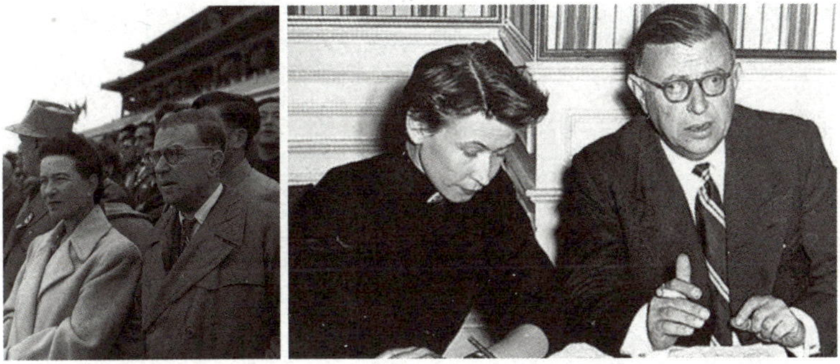

1955 年，萨特和波伏娃在北京

一定会向对方坦白。

许下约定的这一年，他 24 岁，她 21 岁，那时他们还不知道，16 年后，他们的名字将响彻整个城市的上空。

萨特和波伏娃，拥有着那个年代最酷的爱情模式，他们的肉体可以向他人开放，但灵魂永远只对彼此忠贞。

萨特一生艳遇不断，大概是在和波伏娃同居几年后，他就开始了对其他女人的猎艳。这个小个子的男人，从来都不掩饰自己对美丽女人的欲望。他选择女人的标准也数十年如一日，除了波伏娃外，围绕在他身边的那些女人，总是一个比一个美丽，一个比一个年轻。

照现在的观点来看，萨特很可能是个“萝莉控”。在巴黎的文艺圈内，他以和女学生之间的绯闻而一度臭名昭著，甚至涉嫌与未成年少女有过不轨行为。奥尔加、娜塔莉、阿莱特，这些少女的鲜嫩肉体，对他有着不可抗拒的吸引力。

而波伏娃恰好担任老师，为他和女学生接触提供了天然的便利。令人大跌眼镜的是，她如其所约，不仅没有阻挠萨特的艳遇，反而利用职务上的方便，将教过的女学生介绍给他。波伏娃是个双性恋，这些女学生，大多是为她的魅力所吸引来的，结果却成了她和萨特共同的性伙伴。一个女学生在撰写自传时，提到了这种三角关系，她说："对于自己班上的年轻姑娘，波伏娃总是先尝一口，然后送到萨特的床上。"

将其他女人送上爱人的床，这样的事情，如果是中国明清时代的封建女性来做并不奇怪，芸娘就一心想为沈复娶个美妾，可放在波伏娃头上就有点奇怪了，她毕竟是女权先锋，自诩独立自由，怎么会干这样的事?

唯一的解释是，她实在太爱萨特了。她所做的一切，都只不过是为了奠定她和萨特之间所谓"不可取代的爱情"。

波伏娃也有过其他情人，而且男女都有，但她的风流不是出自天性，而更像是对萨特的报复和示威。萨特迷恋女学生，于是她也和女学生们纠缠，萨特热恋美国女星多洛莱丝，于是她也接受了美国作家纳尔逊·艾格林的追求。纳尔逊曾送她一枚银戒指，并向她求婚，她却逃也似的跑回了

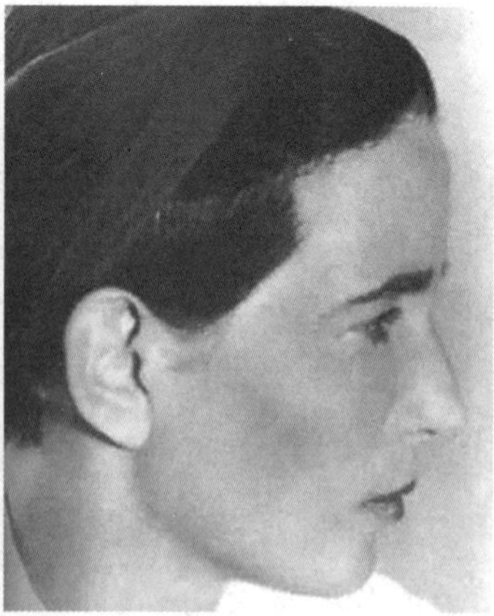

巴黎。

她总是这样，爱任何人都无法超过爱萨特。所以她只有两个选择，要么忍受萨特的花心，要么选择一个不如他的平庸男人。

她选择了前者，并因此承受了巨大的痛苦。嫉妒像一条毒蛇一样噬咬着她的心，当她和其他女人分享萨特时，她承认："我试图在这种关系中得到满足，但我白费了力气，我在其中从未感到自在。"

她力图克制自己的嫉妒心和独占欲，在写给萨特的信里，她冷静而深情地写道："我渴望能见你一面，但请你记得，我不会开口要求要见你。这不是因为骄傲，你知道我在你面前毫无骄傲可言，而是因为，唯有你也想见我的时候，我们的见面才有意义。"

到最后，她终于醒悟，剥去开放式关系的外衣，她和萨特之间的关系其实是不对等的。这种不对等源于双方情感上的不对等，萨特像大多数男人一样，只是把爱情看成一种消遣，而她和大多数女人一样，把爱情看成了生活的全部。她之所以和他之间有互不干涉的约定，就是为了摆脱婚姻的枷锁，结果却逃不掉爱的桎梏。

人生而自由，却无处不在枷锁中。生为女人，不管她结不结婚，只要她渴望爱，需要爱，可能就逃脱不了这种桎梏。

◆

正是因为这些痛苦的思索，才有了那本震惊世人的《第二性》。

可以说，《第二性》是一本痛苦催生出来的书。波伏娃以手术刀一样精准的文字，直面自己，剖析自己，将生为女性所受到的压抑和屈辱赤裸裸地展现出来。

在这本书里，她大胆地提出：女人作为妻子和母亲的命运，是男性硬安在她们头上的，是用来限制她们自由的。

“女人不是天生的，而是被塑造成的。”

“男人的极大幸运在于，他，不论在成年还是在小时候，必须踏上一条极为艰苦的道路，不过这是一条最可靠的道路；女人的不幸则在于被几乎不可抗拒的诱惑包围着，她不被要求奋发向上，只被鼓励滑下去到达极乐。”

“当她发觉自己被海市蜃楼愚弄时，已经为时太晚，她的力量在失败的冒险中已被耗尽。”

“人们将女人关闭在厨房里或者闺房内，却惊奇于她的视野有限；人们折断了她的翅膀，却哀叹她不会飞翔。但愿人们给她开放未来，她就再也不会被迫待在目前。”

……

此书一出，用“石破天惊”来形容都不过分。保守的人们指责她，说这本书已达到下流的极限，说她把自己的阴道展示给大家看。梵蒂冈直接将此书列为禁书。

可这些指责，都无法阻挡《第二性》飓风般的影响力。1949 年 6 月，法国伽利玛出版社出版了《第二性》第一卷，2.2 万本在一个星期内被抢购一空。10 月份第二卷出版，依然畅销。

无数女性将这本书奉为圣经，走在路上，波伏娃接受了冰火两重天的双重待遇，男人向她吐口水，骂她是堕落无耻的婊子，女人则眼含热泪，狂热地表白说是她叫醒了自己。

凭着这本书，波伏娃终于得以和萨特并驾齐驱，在美国，她的影响力甚至超过了萨特。而在此之前，她一直被视为萨特的附庸。

不过也有挑剔的女性读者认为，波伏娃对萨特的过分追随，背叛了她在《第二性》中主张的独立平等。

事实上，对于自身的局限，波伏娃早已认识到，不然她也不会在书中写道："我和所有人一样，一半是同谋，一半是受害者。"正是这种"受害者"的身份，让她写出了为千千万万女性欢欣鼓舞的杰作。她们都处于同样的处境中，都是一样的受害者。

一个作家在书中推崇的理念，她本人在现实生活中未必能一一做到，但这无损于她作品的魅力，只要那部作品是真正杰出的。

《第二性》的成功让波伏娃实现了成为一名伟大作家的夙愿，也让萨特对她再次刮目相看。波伏娃用自己的智慧和才华，证明了她对于他来说确实是不可取代的。毕竟，萨特爱过那么多拥有娇嫩容颜的女孩子，却只有波伏娃才能写得出《第二性》和《名士风流》来，只有她在智识、声望、地位各方面能与他匹配。

他们一起接受访问，一起登上杂志封面，在世时就成了人们口中所说的哲学界的“神仙眷属”。这一次，波伏娃终于用智慧的头脑战胜了那些鲜嫩的肉体，成了萨特身边不可或缺的另一半。一旦离开她，神仙眷属的神话将被粉碎，萨特的名望也将受到影响，他冒不起这个险。

严格来说，他们之间像工作伙伴多过像亲密情侣。大概在相爱十年之后，他们就很少再有肉体上的关系。在人生的后半段，他们不住在一起，但坚持每天中午一起外出用餐，交换彼此对工作、时事的看法。

他们是对方作品的第一个读者和最忠实的批评者，波伏娃总是直言不讳地批评萨特的作品，而萨特也像一个督工一样，在她陷入琐事时，毫不客气地提醒她：“当心，你可不要变成一个只会干家务活的女人！”正是这种毫不黏附的关系保持了他们各自的独立性，让他们没有像其他情侣那样早早陷入厌倦。

在某种程度上，事业才是他们的共同情侣。他们都不约而同地视事业优于爱情，事业路上，他们永远是彼此最合拍的伙伴。

不管是在世人眼里还是他们自己心目中，他们已被牢牢捆绑在一起，成了众所周知的最佳情侣。波伏娃说：“我们俩就是一个人。”萨特的诠释则是：“存在一种深入的关系，它不时成功地创造出一种个体——我们，这个我们不是两个你，而是真真切切的一个我们。我的一生中，和波伏娃共同形成了这个我们。”

我们——这是一个多么美好的词语，我们的意义永远大于我和你，就像一加一的作用往往大于二。

在成为“我们”51年之后，萨特病逝，波伏娃伤心欲绝，悲伤地说：“我想钻进被窝，躺在他的身边。”6年后，她追随萨特而去，两人被合葬在巴黎蒙帕纳斯公墓。

不是每个女人都会成为“我”，更不是每个女人都有缘和另一个男人成为“我们”。而波伏娃做到了，她既成为了独立的“我”，也和萨特形成了“我们”。

她没有结婚，也没有生孩子，却留下了一本足以传世的《第二性》，启蒙着千千万万后来的女性，走出狭小的空间，走向广阔的天地。

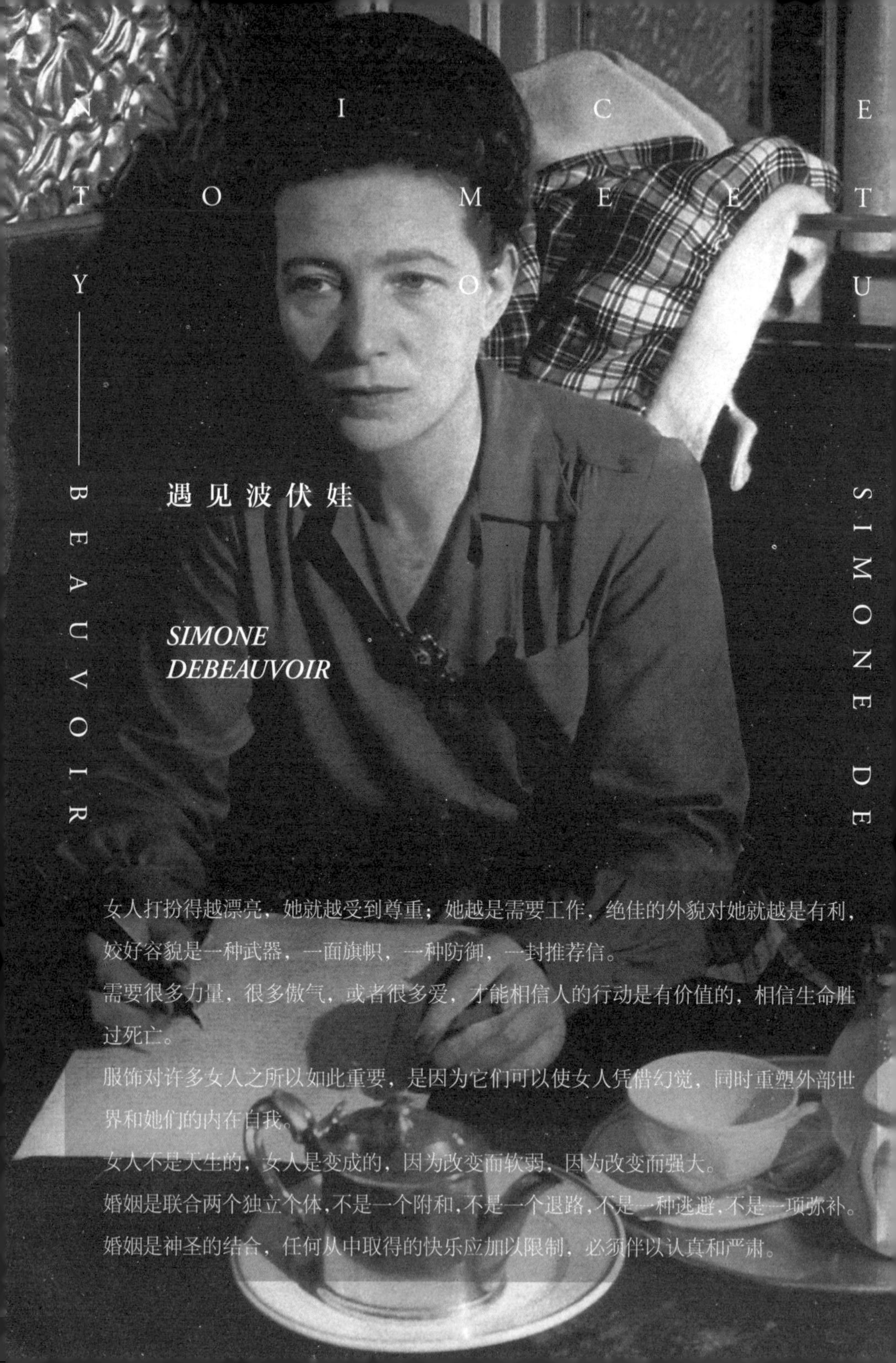

遇见波伏娃

SIMONE DEBEAUVOIR

女人打扮得越漂亮，她就越受到尊重；她越是需要工作，绝佳的外貌对她就越是有利，姣好容貌是一种武器，一面旗帜，一种防御，一封推荐信。

需要很多力量，很多傲气，或者很多爱，才能相信人的行动是有价值的，相信生命胜过死亡。

服饰对许多女人之所以如此重要，是因为它们可以使女人凭借幻觉，同时重塑外部世界和她们的内在自我。

女人不是天生的，女人是变成的，因为改变而软弱，因为改变而强大。

婚姻是联合两个独立个体，不是一个附和，不是一个退路，不是一种逃避，不是一项弥补。

婚姻是神圣的结合，任何从中取得的快乐应加以限制，必须伴以认真和严肃。

西蒙娜·德·波伏娃
SIMONE DE BEAUVOIR

- 西蒙娜·德·波伏娃，又译作西蒙娜·德·波伏娃
  （1908 年 1 月 9 日—1986 年 4 月 14 日）。
- 法国存在主义作家。女权运动的创始人之一。
- 毕业于巴黎高等师范学院。
- 波伏娃 1908 年生于巴黎，1929 年获巴黎大学哲学学位，
  并通过法国哲学教师资格考试。
- 1945 年与让 - 保罗·萨特、莫里斯·梅洛 - 庞蒂共同创办《现代》杂志，
  致力于推介存在主义观点。
- 1949 年出版《第二性》，在思想界引起极大反响，成为女性主义经典。
- 1954 年凭小说《名士风流》获龚古尔文学奖。

N

卡米耶·克洛岱尔：在大师的阴影之下

如果你没有足够坚强的内心，不要轻易爱上别人。

她有一双蓝色而忧郁的眼睛，湛蓝如湖水，用她弟弟保尔的话来说："从来不曾见到一双这样美丽的眼睛。"

她还是个天才，是唯一一位能在奥赛博物馆中占有一席之地的女雕塑家，雕塑因为她的参与，融入了属于女性的敏感特质。

可长久以来，她的名字都被笼罩在另一个光彩熠熠的名字——罗丹之下。她是罗丹的学生，罗丹的助手，罗丹的情人。无论生前还是死后，她都没有摆脱来自大师的阴影，可她竭尽半生，发出了属于自己的光芒，尽管微弱，却独一无二。

她不仅仅是罗丹的情人，还是罗丹之外的另一个雕塑大师，她的名字叫作卡米耶·克洛岱尔。

◆

世上有两种天才，一种对自己的天赋浑然不觉，另一种则深信自己具有某种过人的禀赋。

卡米耶无疑属于后者，从6岁那年用泥土捏出人生中第一件雕塑作品时，她就已经确认了自己的才华。和其他有觉悟的天才一样，她深信自己是带着使命来到这个世上的，她将注定以雕塑为生。

这样的想法在一百多年前称得上离经叛道，从米开朗琪罗到罗丹，雕塑这块领域只有男人涉足，对于女人来说是块禁地。要知道，那时候公立的美术学校，甚至都不招收女学生。可卡米耶却宣称她的使命是雕塑，这相当于一个女子的身体内，住进了一个男人的灵魂。

一个女孩子，整天和脏兮兮的泥巴、石膏为伍，为了挖到合适的黏土不惜在雨夜跑到城郊去，这样的行为，难免会遭到世人的非议和亲人的指责。她的母亲就很不理解她这种举动，骂她是个不孝女，为了一个虚无缥缈的梦想，花光了父亲的钱。妹妹妒忌她夺走了父亲全部的宠爱，弟弟保尔则默默地崇拜和爱慕着这个姐姐。

幸运的是，她有一个深爱她的父亲，他是第一个发现并肯定卡米耶天赋的人。在他的默许和纵容下，卡米耶在泥巴团中自由自在地长大了，长成了一个美丽桀骜的叛逆姑娘。为了让卡米耶更好地施展自己的才华，父亲不惜花重金让她进私立的美术学校深造，又让她拜阿尔弗雷德·布歇为师。

他相信女儿一定会有所成就，卡米耶也没有辜负父亲的期待，她很早就崭露了雕塑的天分，6 岁开始用泥团捏像，12 岁师从雕塑家布歇，17 岁就完成了弟弟保尔的头像。

这样的起点，对于一个以未来雕塑家自许的女孩子来说，可以说是很高了。如果顺着这条路走下去，她没准很快就能实现自己的梦想，可是这时候，她遇到了罗丹，她最重要的贵人，也是她命中注定的劫难。

◆

和罗丹相识那年，她年仅 19 岁。

19 岁的卡米耶美得惊人，在弟弟保尔眼里，姐姐身上具有大理石般的质感，他形容她："无与伦比的绝代佳人般的漂亮前额，碧空般幽深的蓝眼珠，有着天鹅绒般的高贵，却又分明有冰气；偶或泛起涟漪，那来自心灵深处的惊悸；唇线分明的嘴从来不缺乏表达内心的感情，随时飞溅起快乐的浪花或令人战栗的愤怒；闪着亮光的栗色头发直垂到腰际，不掺一丝杂色。"

美貌和才华为卡米耶插上了一双翅膀，她很早就意识到了自己并非凡人，这种以天才自居的心态让她年纪轻轻就睥睨众生，不可一世。

什么样的男人才能够入得了一个天才美女的法眼呢？那只能是另一个天才。天才从来都只被高于自己的同类折服。

卡米耶遇见罗丹时，后者43岁，正是如日中天的年龄。那时候的罗丹，被公认是继米开朗琪罗之后最伟大的雕塑家，在卡米耶的眼里，他是天神一般的存在，如果把他比作太阳，那她只是颗小行星，并且是颗还没来得及闪耀的星星。

行星注定要被太阳吸引，在还没有遇到罗丹之前，巴黎美术学院院长保尔·杜勃瓦第一次看见卡米耶的作品，就惊讶地问她："您是不是向罗丹学过雕塑？"那时她甚至没有见过罗丹，艺术上的风格却如此相似，她像是命中注定要成为他的学生。

对这颗闯入自己世界的小星星，罗丹也抵挡不住她的魅力。身为艺术界的领军人物，他的身边从来不缺美女，但像卡米耶这样野性十足而又才华横溢的女子，他还是头一次遇见。他惊艳于她的美貌，更惊艳于她的才华。

认识后没多久，卡米耶向他讨要了一块大理石，以此为原料雕出了一只青筋微露的脚，将此献给了心中偶像。仅仅凭着这只大理石脚，罗丹就看出了卡米耶的潜力，他在上面签下了自己的名字，并很快招纳她进工作室。

从此，他们在一起纠缠不休长达15年。

◆

和那些从情热似火渐渐走向分离的情侣一样，罗丹和卡米耶的15年也可以划分为三个阶段：热恋、复合和决裂。

一开始，罗丹完全被卡米耶迷住了。她和他以往接触的女性是如此不同，以往的那些女模特、女学生无不是作为他的附属物出现的，他像摆弄一件设备那样，摆弄着女模特们脱光了的身体。她们对于他来说与其说是人，倒不如说是一件器物。

卡米耶却截然不同，她骄傲得像个公主，任性得像个孩子。在罗丹的工作室里，她是以协作者的身份出现的，并且很快以作品获得了整个工作室的认可。罗丹为她独立不羁的气质和出众的才华深深着迷，生平头一次，他将一个女人视为对等的伙伴，而不是一件有生命的器皿。

他向艺术界热烈地推荐这位灵气四溢的学生，不惜纡尊降贵去她乡间的家里做客，带着她参加上流社会的酒会，让她参与自己最看重的作品。在给她的信里，他忘情地表白说："你带给我如此高贵、如此强烈的喜悦……我注定要认识你，重过一种全然陌生的生活，我那暗淡的存在才能在喜悦的火中燃烧。谢谢你。因为你，我的生命得到了属于神性的一部分。"他称赞她是美之神，是会说会爱的花儿，智慧的花儿，而他的落款则是"你忠实的仆人"。

年轻的她给他注入了全新的活力，他以充满爱恋的手，一个接一个雕琢出她的头像，不管是《沉思》《黎明》，还是《永恒的偶像》，都将她最美的样子凝固了下来。她使他战栗、臣服甚至害怕，所以他称她是"邪恶的女神"。

而卡米耶呢，曾经不可一世的卡米耶，在罗丹的工作室里，心甘情愿地做他的粗雕工人。据说，她才是罗丹《地狱之门》和《加莱义民》背后的创作者，这种说法虽不无夸张之处，但这两部作品的确包含了她的心血。

在和罗丹同居期间，原本灵感源源不断的她完全中止了自己的创作，几乎将全部精力都用于协助罗丹。连一贯纵容她的父亲都看不下去，忍不

住抱怨说："孩子，你的人生并不仅仅是为了罗丹而存在的。"

被恋爱冲昏了头脑的卡米耶根本听不进去，那段时间，她将自己整个儿都奉献给了罗丹，她曾先后四次怀上他的孩子，又频频流产。在他不在她身边时，她凭着记忆塑造出了他的头像，只为了能够裸身抱着它睡觉，就像罗丹仍在身旁。

"我光着身子睡觉，好让自己感觉你就在身旁。可醒来的时候，一切就都不同了。"这样冒着傻气的情话，只有全身心陷入热恋中的人才能说出来。

卡米耶的爱如同一杯烈酒，让罗丹沉醉的同时，也眩晕不已。

正如弟弟保尔所说，卡米耶的天性中有种骇人的暴戾。在和罗丹相爱时，她处处表现得像个小暴君，温柔时很温柔，暴烈时也很暴烈。她专横地要求他不许再收女学生，和其他女人保持距离，只许喜欢她一个人。

难以置信的是，素来风流多情的罗丹居然答应了她的要求，在给她的一封信里，他郑重地许下了爱的承诺，说永远不再接收别的学生，并将竭尽全力保护她，为此发动他所有的朋友。他甚至说出这样的承诺："从此以后，我们之间的关系将是不可分离的，卡米耶小姐即是我的妻子。"

只可惜，在卡米耶之前，他已经遇到了一个类似妻子的女人，那就是罗丝。她是缝衣女工出身，视罗丹为偶像和支柱，陪他度过了一贫如洗的岁月，还为他育有一个儿子。罗丹对她可能谈不上爱，但长久的厮守让他对这个女人产生了深深的依赖，他爱吃她做的菜，深信自己对她有一份责任。

他依赖罗丝，同时深爱着卡米耶，他希望这两个女人能够共处于不同的空间。这岂是骄傲的卡米耶所能够忍受的。

她一言不发地离开了他，结果又克制不住对他的思念，当重返他身边时，她向他提出，必须在她和罗丝之间做出选择。

罗丹石膏雕塑组合《卡米耶·克洛岱尔的面具以及皮埃尔·德维桑的左手》

只能说，卡米耶真是太过低估习惯的力量，以及太过高估罗丹对她的爱了。

罗丹的确爱她，但他最爱的永远是自己，当他意识到卡米耶暴风骤雨一般的感情给他造成了困扰时，他不禁犹豫了。

当年一代京剧名旦梅兰芳也曾陷入过这样两难的抉择，他必须在妻子福芝芳和情人孟小冬之间做出选择，朋友们劝他保福而弃孟，理由是“福芝芳能够服侍人，孟小冬却要人服侍”，他最终听从了朋友们的劝告。

罗丹、卡米耶和罗丝之间的处境和这一幕多么相似，结果他发现自己也无法放弃罗丝。没办法，作为一个艺术家，他需要的是一个能够全心为他奉献，且不为他带来任何困扰的女人。

尽管如此，他还是做出了种种努力，希望能够挽留卡米耶。可卡米耶去意已决，哪怕罗丹在她住所外苦苦哀求，她也决定离他而去。他们分分合合，藕断丝连，最终还是走向决裂。以她的骄傲，是决计不会允许自己和另一个女人分享一个男人的。哪怕这个男人是万人仰慕的罗丹。

离开了罗丹之后的卡米耶，致力于摆脱他的影子。她厌恶被称为“罗丹的情人”“罗丹的学生”，拒绝来自罗丹的任何示好与帮助。罗丹对她来说不再是情人，而是一个终生的敌人。

在卡米耶的同名传记片中，她视罗丹为一个艺术上的投机者，一个创意上的剽窃者。她固执地认为他妒忌她，只因为害怕她与生俱来的天赋，害怕她在雕塑方面的成就将最终超过他。

事实上，罗丹真的如此卑劣吗？恐怕未必如此。他也许并不是一个伟大的人，却绝对是一个伟大的雕塑家。即便是在人品上，他也许自私，却并不卑鄙。他确实曾让卡米耶参与过他的创作，但并没有存心剽窃她的创意，一个真正的大师是不屑于也不需要这样做的。

只需看看他在卡米耶离开之后的一系列作品，就会明白，他并不依赖她为他提供灵感，即使失去了她，他的作品也并未失色。

他之所以一次次对她伸出援手，不是出于妒忌，也不是想剽窃她的创意，而是出于一种才华上的惺惺相惜。在芸芸众生中，他最能识别她的才华，也最能爱惜她的才华。在她公开和他翻脸之后，他还是一次次向美术部的官员引荐她。有一次，他甚至来到她的门外，苦苦哀求，请她“为了自己的前程”，接受他的帮助。

而卡米耶呢，决绝地只想活成罗丹的反面。他在作品中歌颂生命和热情，她就在作品中展现痛苦和丑陋。他醉心于和艺术界的名流们周旋，她则离群索居，一心只想以作品来折服世人。

只可惜，“太高人愈妒，过洁世同嫌”，她的傲慢和她的作品一样不为世人接受。没有人对她的呕心沥血之作感兴趣，她曾经举办过个人作品展览，但没有卖出一件雕塑。她能够卖钱的作品，只有一件罗丹的头像。多么讽刺，她毕生视他为敌人，结果却不得不靠塑造敌人的头像来维持生计！

罗丹的雕塑作品《思想者》

她过早地衰老了，还不到40岁，就已经又胖又老，住在塞纳河畔老旧的房子里，塞纳河一涨，房子就会进水。她更加孤僻了，为了躲避世人的目光，她把窗子封死，守在屋子里没日没夜地做着塑像，心情烦躁时，就用斧头把雕像统统毁掉。

从6岁开始，她就确定自己会成为一个出色的雕塑家，这信念从未更改。可现实是，周围的人都成功了，连弟弟保尔都成了知名的外交家和诗人，她和她的作品却无人问津。她明明知道自己有才华，却无法向世人证明她的才华，这也许是一个艺术家最悲哀的事。她还是那么骄傲，因为除了她的骄傲，她已经一无所有。

她总是觉得罗丹妒忌她，可看上去更像是她在妒忌罗丹，因为他成功了，她却

罗丹与卡米耶热恋期，罗丹的雕塑作品《吻》

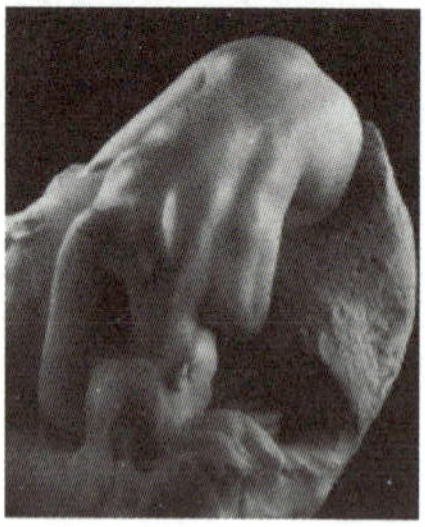

卡米耶与罗丹热恋期，罗丹的雕塑作品《永恒的偶像》

没有。

这种比海还深的绝望最终摧毁了她，让她逐渐陷入疯狂。

更悲惨的事情还在后面。

随着父亲的离世，卡米耶失去了最后的保护伞。母亲和妹妹素来讨厌她，在一次潦草的家庭会议之后，她被送往精神病院。这时候，离她父亲去世之日仅仅只有 8 天。

她在精神病院里度过了整整 30 年，和一群神经错乱的疯子为伴，再也没有碰过雕塑。重返人间成了她再也无法实现的心愿，在那里，她曾一次次地写信给她的母亲，她的弟弟，求他们发发慈悲，将她从疯人院里带出去。她骄傲了一辈子，这时却不得不低下高贵的头，向这个她瞧不上的世界苦苦哀告。

没有人理会她的哀告。世界对她彻底关上了大门。她把这一切，都归结于罗丹和他的朋友（她称为罗丹帮）对她的迫害。这个时候的她，很可能已经患上了一种叫作“被害妄想症”的病。

其实，罗丹在她关进精神病院后的第四年就去世了，一直到生命的终点，他也从未忘记过她。若干年后，66 岁的卡米耶收到了故友来信，在信中，老朋友欧仁·布洛提及了一桩往事：有一天，罗丹造访他的画廊，忽然，他在一尊雕像前停下了脚步，他长久地端详着这尊名为《哀告的女子》的雕像，轻轻抚摩着手下的青铜女子，然后他像个孩子一样地哭了。而这尊雕像，正是出自卡米耶之手。

《哀告的女子》

回忆往事，布洛不禁唏嘘地表示：他（罗丹）这一生，只爱过你一人。

的确，只有她才能在才华上与他相匹敌，在精神境界上与他相颉颃，唯有她，才能唤起他识英雄重英雄的惺惺相惜之感。

这泪，是悔恨的泪，也是惋惜的泪，愧疚的泪。

他曾想带着她一起飞翔，她却宁愿折断翅膀，也要和他所代表的那个世界相对抗。

◆

卡米耶一直在精神病院活到了79岁才去世，高寿对于她来说不是馈赠，而是一种折磨。

她这一生都在反抗，反抗权威，反抗虚名，反抗大众审美，反抗她身处的时代，虽然最终的结局，就像她对革命者布朗基的评价一样：他的反抗只是徒劳，最终只有毁灭。

这个血管里流淌着烈酒的女子，活得太过绝对，也太过纯粹。她终生都在追求一种绝对纯粹的爱情，绝对纯粹的艺术，容不下一丝一毫的杂质。她不知道，这个世界从来就不是黑白分明的，而是暧昧的、含混的，人性从来都如此复杂，正如她爱了半生也恨了半生的那个男人罗丹一样，从他的身上，可以看到人神性的一面，同时也能看到人动物性的一面。

到了人生的最后，她在疯人堆里咽下了最后一口气，临终前，只留下一句话："余下的只有缄默而已。"

一切爱恨情仇都随风而逝，唯有那些不朽的作品证明她曾经来过，爱过，创造过，证明她的反抗并不只是徒劳，而是留下了些许痕迹。不管是《哀告的女子》，还是《成年》《华尔兹》，她在罗丹提倡的力与美之外，为雕塑注入了女性独有的细腻与敏感，有人将她的雕塑看成是现代雕塑的宣言。

那尊令罗丹落泪的《哀告的女子》，也深深打动了卡米耶的弟弟保尔，他动容地评价说："这个赤裸的女孩子，就是我姐姐！我姐姐卡米耶。她哀告着，受着屈辱，跪在那里，那么美好，那么骄傲。她便是如此表白自己呀。哀求、屈辱、跪着、赤裸！一切都完了！她永远如此地呈现在我们眼前……我姐姐的创作，她对创作的唯一兴趣，就在于，创作是对她的人生的完整记录。"

如果说艺术是一场献祭，她则是祭坛上那件美好的祭品，艺术才是她终生的情人，她将一生都献祭给了雕塑。

别再叫她"罗丹的情人"，她有自己的名字，她叫卡米耶·克洛岱尔。

卡米耶·克洛岱尔
CAMILLE CLAUDEL

- 卡米耶·克洛岱尔 (1864 年 12 月 8 日—1943 年 10 月 19 日)，是法国雕塑大师奥古斯特·罗丹的学生，也是他的情人和艺术的竞争者。
- 19 世纪末 20 世纪初最优秀的雕塑家之一。1864 年 12 月 8 日出生于法国维勒讷沃，是一名普通税务官的长女，著名作家保尔·克洛岱尔之姊。
- 据说卡米耶曾数次怀上罗丹的孩子，在 1892 年的一次流产之后，两人的关系逐渐转淡，但他们仍定期见对方，直到 1898 年，卡米耶彻底与罗丹决裂，结束了长达 15 年的恋情。
- 卡米耶贫穷孤寂的生活，加上世人对其作品的冷漠使她濒临绝望。她打碎了自己心爱的作品，最后被送进了疯人院，在那儿度过了 30 年的光阴。

勃朗特姐妹：愿你没有辜负自己所受的苦难

可以将我碾碎，却不能使我屈服。

天才往往是不世出的，一个家庭能够诞生一个文学天才已属稀有，而像勃朗特姐妹这样的，一家子出了三个女作家，而且谁的才华都不可忽视，不仅在英国文学史，在世界文学史上都是极其少有的。

她们被形容为“三日并出”，既互相辉映，又各自闪耀。她们的一生相当短暂，安妮·勃朗特只活了 29 岁，艾米莉·勃朗特也仅活了 30 岁，夏洛蒂·勃朗特活得稍微长些，可也年仅 38 岁就去世了。

命运对她们实在不算是友好，她们在本就不长的一生里，遭受了难以计数的苦难。可她们不约而同地把痛苦吞下去，化成传世杰作。

三姐妹虽个性各异，可她们的人生就像她们笔下的女主角一样，勇往直前。

勃朗特三姐妹遭受的第一重苦难，是母亲的过早离世。

她们出生在英国的一个牧师家庭，父亲帕特里克·勃朗特聪慧而不甘平庸，从一个农民的儿子一路奋斗进剑桥大学，并获得了一个牧师的体面职位。母亲玛利亚出生在中产家庭，她在嫁人后的十年间连续生了六个孩子，包括五个女儿和一个儿子。

母亲生性活泼，在她的照料下，孩子们得以在约克郡的乡下无忧无虑地成长着。后来夏洛蒂回忆起那段甜美的岁月，写下了这样的诗句："我们为童年编织了一张网，空气中倒映着温煦的阳光。"

可惜母亲过早地去世了，她离世时，最小的孩子安妮还只有 2 岁。对于幼小的孩子来说，失去母亲的庇护为她们即将展开的人生投下了一道浓重的阴影。当她们开始写作之后，仍然笼罩在这道阴影之下——她们书中的女主角无一不是在儿时就失去了母亲。

作为六个孩子的父亲，失去妻子的帕特里克一个人根本照顾不了这么多儿女，于是他做出了一个决定，将稍大的四个女儿送到了当地的一所学校。那是一所专为贫困牧师的女儿提供教育的学校，在当时来说，不失为一个明智的选择。但帕特里克没想到，他将很快为这个决定遗憾终生。

那所学校条件极差，孩子们根本得不到很好的看管，《简·爱》中的洛伍德学校原型就是脱胎于此，寄读于此的简·爱长期饥寒交迫，连难以下咽的馊粥都吃不饱，还要在冬天的寒风里穿着单薄的衣服到室外散步。

不少抵抗力差的孩子染上了时疫,两个年长的姐姐玛利亚和伊丽莎白，就先后染上了肺结核，并死在了学校里。8岁的夏洛蒂和6岁的艾米莉奇迹般地幸存了下来，她们很快被后悔莫及的父亲接回了家。

那时夏洛蒂已经懂事了，两位姐姐的死在她幼小的心灵画下了一道难以愈合的伤痕。在她的小说中，简·爱遇到了一位患上肺病的同学海伦。海伦临终前一晚，她们相拥而眠，第二天，人们发现，海伦已经悄悄死掉了。这悲惨的一幕正是为了纪念她的长姐玛利亚。

在被接回霍沃斯后，她们几乎是在无人照管的情况下长大的。父亲帕特里克是一名文学爱好者，所以他鼓励自己的儿女们广泛阅读。为了保护仅存的四个孩子，他想尽一切办法让他们变得坚强，为此不惜立下了一些古怪的规矩，比如不准他们吃肉，他觉得吃肉会让人脆弱。

除了读书之外，三姐妹大多数时候都是独自玩耍，她们沉迷于一种角色扮演游戏，以扮演历史上的知名人物如拿破仑和惠灵顿公爵为乐，这让她们养成了耽于幻想的习惯。

三姐妹居住的房子坐落在荒原之上，开门即可见无边无垠的原野，旷野上的风扑面而来，夹杂着连绵不绝的阴雨。三姐妹经常在这旷野上散步，她们就像荒原上最常见的那种石楠花一样，平常、不美，却具有顽强的生命力。

三姐妹就是在这种类似于蛮荒的环境中长大的，这让她们的气质中具有一种野蛮生长的力量。父亲的放养和与世隔绝的环境并没有让她们被驯化成淑女，而是自由自在地长大了，天性并没有受到太多束缚，才华也获得了良好的发展。

◆

上天给予勃朗特姐妹的第二重磨难，是事业上的艰辛。

三姐妹个性各不相同，姐姐夏洛蒂富有主见，积极进取。排在中间的艾米莉外表沉默寡言，内心激情澎湃。小妹妹安妮性格则相对温柔恬静。

虽然个性差异很大，但在某些方面她们是相似的，她们都很早就展露了文学方面的天分，少女时代最为爱好的就是写作。她们写诗，写剧本，并将自己的习作装订成册。夏洛蒂曾留下一份个人作品目录，这份目录成型于她 14 岁那年，收入了多达 22 卷的作品。

传记作家克莱尔·哈曼在其 2015 年出版的作品《夏洛蒂·勃朗特的一生》中写道："这三位姐妹从来没有想过结婚。她们都对战争、统计学和地理学感兴趣，而按当时的传统，并不是很鼓励女孩子关注这些。她们三个都觉得自己必须要工作，但没有一个人认为'我必须要成为一个家庭女教师，我也要结婚'。"

勃朗特姐妹的影视剧形象

姐妹中最有野心的夏洛蒂从小就树立了当一名作家的理想，她认为世上没有比作家更理想的职业了。两个妹妹没有姐姐那样雄心勃勃，但她们也对做家庭教师毫无兴趣，可等她们长大之后才发现，那个时代可供女性选择的职业是如此之少，做一名家庭女教师几乎是她们唯一的出路。

为了生计，她们不得不离家去外面当家庭教师。这份职业对于勃朗特姐妹们来说，可以说是世界上最糟糕的工作了。她们发现，所谓家庭教师，处境竟然和仆人无异。除了教导那些被惯坏了的孩子外，她们还被要求去帮小姐们缝补洋娃娃，哄小姐们睡觉，还要承受主人的颐指气使和冷嘲热讽。

生性孤傲的夏洛蒂受不了这份气，她决定和两个妹妹共同创办一所学校，为此她和艾米莉在姨妈的资助下，特意赴比利时布鲁塞尔学习法语和德语。结果呢，印了招生广告之后，却没有一个学生来报名，轰轰烈烈的办学计划只能就此告终。

换了别人，也许就偃旗息鼓了，可夏洛蒂却不甘就此向命运屈服。一次，她读到了妹妹艾米莉的诗，深受感动，于是不惜动用姨妈留给她们的遗产，将三姐妹的诗作合印了一本诗集。诗集出版之后，仅仅卖出两本。又是一次严重挫败。

诗集的滞销不仅没有浇灭她们写作的热情，反而增加了她们投身写作的斗志。三姐妹想到，现在的人都不读诗歌了，那就写他们爱看的小说吧。她们很快完成了各自的长篇处女作，夏洛蒂的《教师》，艾米莉的《呼啸山庄》以及安妮的《艾格妮丝·格雷》。在夏洛蒂的主张下，她们将书稿寄给了一家出版商，结果妹妹们的著作都被出版商接受了，唯有她的作品被退稿了。

夏洛蒂没有灰心，她以越挫越勇的激情再一次投入到创作中，夜以继日地修改扩充着她的处女作，一年后，《教师》的升级版——《简·爱》

顺利完成了。这一次，稿件寄出才两个月后就迅速出版，比《呼啸山庄》和《艾格妮丝·格雷》更早面世。

从6岁就树立了作家梦的夏洛蒂生平第一次品尝到了成功的甜美，为了品尝到这种滋味，她已咽下了多少苦水。如果她中间有过一丝一毫动摇和放弃的念头，那么世界文学史上将缺少一本激励人心的著作。那么多相貌平平而又灵魂高洁的姑娘，也将失去她们共鸣和效仿的对象。

上天给予勃朗特姐妹的第三重苦难，是爱情上的坎坷。

姐姐夏洛蒂就像她笔下的简·爱一样，身材矮小，面色苍白，貌不惊人。这样一个相貌平平、家世普通的姑娘，却拥有对心灵相通的爱情的强烈渴望，这注定了她的求而不得。

在布鲁塞尔学习时，她迷上了自己的老师康斯坦丁·黑格。这位老师的谈吐、举止都让她深深着迷。她沉醉其中，给他写了相当炽热的情书。可黑格收到她的信后，为了避免麻烦，就撕碎了扔进纸篓里。他那位多疑成性的夫人从纸篓中将碎纸片捡了出来，重新拼凑成信，并一直保存了下来。托赖于她的疑心病，我们才知道，《简·爱》的作者曾如何痴狂地爱慕着某个人。

可这只不过是一厢情愿的单相思罢了。在遭到黑格夫人的阻拦后，夏洛蒂回到家乡，给黑格先生写了一些近于恳求的信，信中说渴望得到他的回信，这“对我来说，生命攸关，你最后的信支持着我——6个月的营养”。还说“给我写信就是你做件好事。只要我觉得你相当喜欢我，只要我有希望收到你的信，我就能安静下来，不太悲伤”。

这是一场注定无望的爱情。与夏洛蒂热情洋溢的情书相比，黑格先生的回信显得太过冷静和漫不经心。他只不过把这矮小平凡的女子当成了一件消遣的小玩意，当她动了真格时，他自然退缩了。这绝望的爱情将夏洛蒂折磨得形销骨立，意志消沉，后来有 4 个人向她求过婚，她却迟迟未嫁，很有可能是还没从这场伤筋动骨的单恋中恢复过来。

和姐姐夏洛蒂相比，两个妹妹的感情生活更加乏善可陈。对于一个情感丰富的女子来说，爱情经历乏善可陈也许比情路多舛更让人心碎。

安妮和艾米莉从来没有真正地恋爱过，更没有结过婚。温柔内敛的小妹妹安妮曾对父亲的助手维特曼有过朦胧的好感，他们相识不久，维特曼曾给从未收到过情人节赞歌的三姐妹各写了一首诗。

安妮同期的诗歌中出现了朝阳般的男子以及大海边多愁善感的女性。可在她外出任家庭教师期间，维特曼因霍乱去世，得知这个噩耗后，安妮写了一首挽歌，献给心中那位“不为人知的男子”。

中间的艾米莉是姐妹中长相最漂亮的，也被不少人认为是最有才华的。她身材高挑，性格孤僻封闭，常常带着一条大狗在霍沃斯荒原上漫步，她的个性和小说，都被看成是一个难懂的谜。

除了《呼啸山庄》外，艾米莉还写诗，留下来的诗有 193 首。她被看成是继拜伦后英国最优秀的诗人，她的诗和《呼啸山庄》一样，都充溢着暴风雨般的热情和一种野性的浪漫。

这样一个才华出众的女作家，却从来没有明确地恋慕过某个人。可能是她太高傲了，又过于自闭，根本就没有认识与她对等的男人的机会。

那个年代的男人择偶，标准相当浅薄，看重的无非是家世、财产、相貌这几样。显然，勃朗特姐妹在这些方面并不具有优势。简·爱那段台词说出了她们的心声：“你以为我贫穷，低微，不美，矮小，我就没有灵魂没有心吗？你想错了，我有和你一样多的灵魂，一样充实的心。”

可那些肤浅的男人们，没有兴趣透过她们平凡的外表来发掘她们灵魂的美丽。尽管她们远比简·爱更有才华，却无法遇到她们的罗切斯特。年轻女子哪有不怀春的呢，何况是像她们这样情感热烈的姑娘。她们满腔的热望在现实中找不到一个出口，只有全数倾注在作品之中。唯有在构建的虚拟国度里，她们才会得到向往的爱情。

勃朗特姐妹遭遇的第四重苦难，来自于整个社会对于女性的偏见。

那时的女性地位很低，在她们的家庭里，父亲几乎把所有的偏爱都给了唯一的儿子勃兰威尔。勃朗特姐妹也将这个弟弟看成是家中的希望。可这个被寄予了厚望的男孩子却在做家庭教师时，和女主人闹出了绯闻，被辞退后一蹶不振，终日消磨在小酒馆，还染上了毒瘾。

勃兰威尔不管是在品行还是才学方面，都无法和三个姐妹媲美。可他却一直占据家庭的中心位置，三姐妹努力写作辛苦工作，某种程度上是为了供养这个无法自立的弟弟。他却在自暴自弃的路上越走越远。

夏洛蒂算是三姐妹的主心骨，若不是她的雄心和进取，她们的作品也许根本不可能面世。可她个人在写作路上遭遇的挫折最多，受到的歧视也最多。最开始，她将自己写的几首诗寄给了当时的桂冠诗人骚塞，希望能得到他的鼓励。谁知道骚塞居然在给她的回信中说：“文学——不是妇女的事业，也不应该是妇女的事业。”并说她没有写诗的天赋。

兜头一盆冷水浇下来，并没有使夏洛蒂放弃。聪慧的她意识到要以女性身份敲开文坛的大门实在是太难了，于是在她的主张下，三姐妹在寄出

| 勃朗特四姐弟肖像

小说时都采用了男性的化名。夏洛蒂化名为柯勒·贝尔，艾米莉是埃利斯·贝尔，安妮则化名为阿克顿·贝尔。

随着《简·爱》等作品的问世，神秘的贝尔兄弟一下子成了文坛的新闻人物。在伦敦，人人都想见识一下他们的真面目。大胆的夏洛蒂决定去伦敦见出版商，可艾米莉不愿意抛头露面。和姐姐不一样，她创作作品，并不是为了征服世人，而是为了娱乐自己，出版也是姐妹们再三劝说，才勉强同意。

夏洛蒂只得和安妮同赴伦敦，此行如愿引起了轰动。当人们得知创作出《简·爱》和《呼啸山庄》这样杰出作品的作者居然是女人时，第一反应是不敢相信。接下来，整个英国文学界都臣服于她们的才华之下。据说在一次宴会上，夏洛蒂见到了骚塞，后者为他对她曾有的评价而羞愧不已。

在家里，夏洛蒂为了安慰对弟弟失望透顶的父亲，也将这一事实透露给了他。三姐妹在文学上取得的巨大成功，给这个家庭带来了巨大的欢乐。

可死亡的阴影从来就没有离开过这个不幸的家庭。就在短短 9 个月后，勃兰威尔由于长期酗酒吸毒而染病死去。艾米莉对这个弟弟一向抱有特殊的感情，因为悲痛，她的身体急剧变坏，不过三个月后就与世长辞，年仅 30 岁。小妹妹安妮在次年染上了和艾米莉一样的肺结核，拖了几个月后

勃朗特三姐妹的故居

就早逝了，她临终前的遗言是：“勇敢些，夏洛蒂！”

不到一年接连失去了三位手足，夏洛蒂的悲伤可以想象。也许是意识到人生苦短，她愈发以百倍的激情投入到创作中，先后完成了长篇小说《雪莉》和《维莱特》。爱情方面，她也不想再无望地等候下去了，因此在 38 岁时不顾父亲的反对，嫁给了一名牧师。

迟来的爱情给了她最后的慰藉，可惜太迟了。她结婚六个月后，怀着孕和丈夫到家附近的山涧观看瀑布，归途中淋了雨，回来后便一病不起，带着未出世的孩子一同离开了人间。这时，离她 39 岁生日还有不到一个月。

◆

勃朗特姐妹可以说是生而不幸，在那么短的一生里，却经历了那么多的磨难。亲人离世、爱情受挫、事业不顺、经济困窘，这些挫折可以打倒很多脆弱的人，她们却咽下了悲伤，将苦难酝酿发酵，酿造成不朽的作品。

只有了解她们的人生，才会明白，为何她们的小说对自由、平等的理念如此推崇。她们的一生，是不幸的一生，同时也是抗争的一生。她们从未放弃过抵抗，向命运，向人们，向世俗的偏见。在她们不为人注意的外表下，隐藏着的是一颗倔强的心，这颗心从不屈服，这颗心如此顽固。恰如安妮在诗中所写：“（他们）可以将我碾碎，却不能使我屈服。”

人生实苦，活在世上，谁都要承受不同程度的苦难。而艺术家的过人之处就在于，创作可以帮助他们从苦难中超脱出来，并以他们的作品，给予千千万万同样受苦的人以安慰。

陀思妥耶夫斯基说：“我只担心一件事，就是怕我配不上我所受的苦难。”所幸，勃朗特姐妹们没有辜负她们所受的苦难，那些苦水凝结成的作品，将照亮后来者的路。

勃朗特三姐妹的铜像

勃朗特三姐妹 NIGHT

夏洛蒂·勃朗特
CHARLOTTE BRONTË

- 夏洛蒂·勃朗特（1816 年 4 月 21 日—1855 年 3 月 31 日），生于英国北部约克郡的霍沃斯的一个乡村牧师家庭。
- 1847 年，夏洛蒂·勃朗特出版长篇小说《简·爱》，轰动文坛。
- 1848 年秋到 1849 年，她的弟弟和两个妹妹相继去世。在死亡的阴影和困惑下，她坚持完成了《雪莉》一书，寄托了她对妹妹艾米莉的哀思，并描写了英国早期自发的工人运动。她另有作品《维莱特》（1853）和《教师》（1857），这两部作品均根据其本人生活经历写成。

艾米莉·勃朗特
EMILY BRONTË

- 艾米莉·勃朗特（1818 年 7 月 30 日—1848 年 12 月 19 日）。
- 19 世纪英国作家与诗人，著名的勃朗特三姐妹之一，《呼啸山庄》的作者。这部作品是艾米莉·勃朗特一生中唯一一部小说，奠定了她在英国文学史以及世界文学史上的地位。此外，她还创作了 193 首诗，被认为是英国天才型的女作家。

安妮·勃朗特
ANNE BRONTË

- 安妮·勃朗特（1820 年 1 月 17 日—1849 年 5 月 28 日）。
- 19 世纪英国小说家、诗人，是英国文学史上著名的勃朗特三姐妹之一。
- 由于各种原因，她在后世的名气远不如创作《简·爱》的夏洛蒂·勃朗特和创作《呼啸山庄》的艾米莉·勃朗特，几乎被人遗忘。当今的研究者认为不应只把安妮视作夏洛蒂和艾米莉的小妹妹，安妮在文学史上占据自己独有的地位。

勃朗特三姐妹作品一览

《呼啸山庄》 艾米莉·勃朗特

19 世纪，在英国约克郡一个阴沉的荒原边上，一个名叫希斯克利夫的吉卜赛男孩被带到了呼啸山庄。他与山庄主人的女儿凯西互相钦慕，希斯克利夫因无法满足凯西想要的优越生活而离开，凯西也嫁给了邻居林顿。

几年以后，希斯克利夫归来，买下山庄并与林顿的妹妹伊莎贝拉结婚。但希斯克利夫并不爱伊莎贝拉，并冷漠地对待她，让伊莎贝拉对他死心。凯西也因身患重病，即将逝去。希斯克利夫在凯西弥留之际回到她身边。凯西死后，心神错乱的希斯克利夫在哀悼凯西、期待死亡中挨过了 20 年。

《艾格妮丝·格雷》 安妮·勃朗特

《艾格妮丝·格雷》以第一人称的写法，以女主人公的经历为主线，以她的痛苦体验、幸福追求为表现内容——作品前半部分，描写了格雷小姐两度做家庭教师的辛酸感受；后半部分，表现了她的爱情追求，并以她终于获得了爱情和幸福作结，表达了她渴求真诚的道德与幸福生活的强烈渴望，这些也正是作者安妮在现实中艰难为生和在理想中渴望幸福的真实写照。

《简·爱》 夏洛蒂·勃朗特

简·爱是个孤女，她出生于一个穷牧师家庭。不久父母相继去世。幼小的简·爱被寄养在舅父母家里。舅父里德先生去世后，简·爱最终被舅母送进了洛伍德孤儿院。

简·爱在孤儿院接受了六年的教育，并在这所学校任教两年。简·爱渐渐厌倦了孤儿院里的生活，登广告谋求家庭教师的职业。充满诡异的桑菲尔德庄园聘用了她，她的学生是一个不到10岁的女孩阿黛拉·瓦朗，而庄园的男主人罗切斯特是女孩的保护人。

在与罗切斯特相处后，简·爱爱上了个性忧郁、喜怒无常的罗切斯特。而罗切斯特也爱上了简·爱，在一番试探之后，罗切斯特向简·爱求婚成功。

而在婚礼上，有人指证罗切斯特15年前已经结婚。他的妻子被关在三楼密室里。法律阻碍了他们的爱情，简·爱选择离开了罗切斯特。多年之后，简·爱回到桑菲尔德庄园，那座庄园已成废墟，疯女人放火后坠楼身亡，罗切斯特也受伤致残。简·爱大受震动，最终和罗切斯特结婚，得到了自己理想的幸福生活。

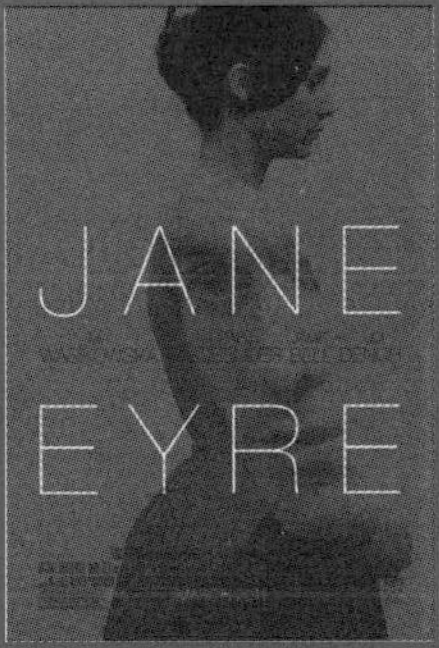

奥黛丽·赫本

P

看不见自己光芒的星星

上帝给了你两只手，一只用来帮助自己，一只用来帮助别人。

上帝害怕人们不相信世上真有天使，于是创造了奥黛丽·赫本。

天使是什么模样我不知道，但我想，一定要像赫本这样才能人见人爱。

这世上，人们的喜恶千奇百怪，性感如梦露，也有人嫌她太肤浅，艳光四射如伊丽莎白·泰勒，也有人说她太木讷。但我猜想，世界上应该没有人不喜欢奥黛丽·赫本，就像没有人不爱天使。别的姑娘再美，也不过是美的化身，只有她，就是美的本身，美的同义词。

只有她，纵使身材纤瘦到像孩子，纵使满面皱纹，仍然能令大众倾倒。

她就是降落在凡间的天使。

◆

美而不自知可能是身为美女的最高境界，奥黛丽·赫本就是此中典范。

对于自己的容貌，她一直不太自信，觉得自己脸太方，腿太粗，脚太大，胸太平。客观来说，她的确不是人们熟知的那种金发碧眼的欧洲美女，也没有令人销魂的前凸后翘的身材。可她树立了一种独属于自己的美的典范，一种赫本式的优雅。

在《罗马假日》里，她将头发剪成短短的童花头，穿着白裙子，眼睛纯净得没有一点杂质。对着镜头展颜一笑时，全世界都爱上了她，不管男人还是女人。在大家心目中，她就是公主的化身，真实的公主也不如她本人那样美丽。当她圆睁着一双黑眼睛时，有人形容她“就像瞪羚一样”，也有人说她像误入凡间的精灵。

清纯、高雅这些词语已经不足以形

容她的容颜，她令人想起盛放在山谷里的白色百合，那样美丽，那样洁净，洁净到一尘不染。

这是一种神圣而不可侵犯的美感，她浑身都散发着禁欲的气息，即使是在那些爱情片里，她看上去也是疏离的，不可亵渎的。

同时代的女星中，她和梦露形成了鲜明的对比。梦露是性感系女神，金发碧眼，丰满、撩人、热情似火。赫本则是禁欲系女神，黑发黑眼，纤瘦、清冷、温柔似水。梦露能激起男人们的占有欲，赫本则会激起男人的保护欲。一看见电影中的梦露，全世界的男人都不禁想入非非，而一见到赫本，他们只敢跪在她的膝下，做她忠实的膜拜者。

梦露是尤物，生来就是颠倒众生的，而赫本则是佳人，尤物是天生的，佳人却需要后天的修炼。

佳人难再得。

赫本的美而不自知大概是因为不自信，而这种不自信来源于她的成长期。

看上去通身都是公主范儿的赫本童年时并没有享受过公主般的待遇，她的母亲是一名荷兰女爵，名叫艾拉，父亲是个银行家，在她 6 岁那年就离家出走，再也没有回过这个家。

父亲的不告而别让小赫本陷入了自责和恐慌之中，小小的她总觉得是自己不够好，或者做错了什么，才导致了父亲的离开。这是她一生中最伤痛的事，也是一道难以愈合的伤口。

| 婴儿时期的赫本与母亲

关于这件事，母亲不愿意多谈，这位女爵生性严肃冷淡，对待儿女们极为严苛。从赫本很小时开始，母亲就用上流社会培养一名贵族小姐的标准来培养她，送她去读私立女校，督促她学芭蕾，教导她如何举止得体。这位单亲母亲尽了自己最大的力量来培养女儿。为了让女儿读得起昂贵的女校，她工作得十分辛苦，却没有考虑到，对于刚失去父亲的女儿来说，6 岁就开始住校是否太早了一点。

童年的赫本毫无疑问是缺爱的，她努力地做一个乖女儿，一个好学生，想以此来博取母亲的认可，可这实在太难了。艾拉女爵从不夸奖女儿，总是告诉她，“永远不要出洋相”“记得要想想别人”或者“不要老是谈你自己，你没什么了不起，这世上还有别人”。

在这样的教导下，赫本从小就力图让自己的一言一行都符合大家闺秀的规范，她待人温文尔雅，从不高声说话。9 岁那年，她随母亲到外公在荷兰的白色华宅定居，那里有宁静的风光、美丽的喷泉和瀑布，尽管失去了父亲，小赫本还是在富裕优越的环境中长大的，直到战争爆发。

德国攻打荷兰之后，这个世外桃源顿时成了修罗场，原本家境优裕的艾拉女爵一家一夜之间沦为赤贫，赫本目睹她唯一的舅舅被德国军人抵在墙上，当着她们的面被射杀，两个同母异父的哥哥也在战火中不知所踪。

战争让人们陷入了饥饿和恐慌，由于入侵的军队限制供应食品，赫本

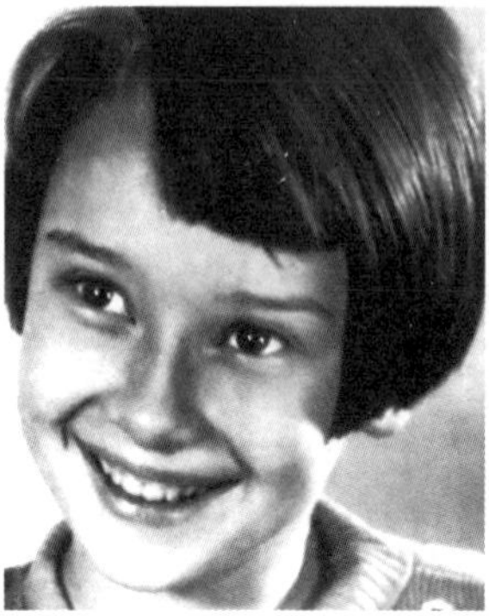

和母亲无法找到东西来填饱肚子，只能以郁金香的根茎充饥，有时甚至只有清水可喝。这严重损害了赫本的健康，正在发育中的她变得瘦骨伶仃，1.7 米的身高却仅有 50 公斤。

唯一支撑她活下去的希望是她的芭蕾梦，她将自己的所有精神和心力，完全投注于这项足尖上的艺术。成为一名一流的芭蕾演员是赫本最初的梦想，可战争耽误了她。等到战火平息时，她已经 19 岁了，被老师告知，她的年龄已不适合投身芭蕾，还有，她太高了，很难找到和她配对的男演员。

得知这个宣判后赫本大哭了一场，当时甚至痛苦得想要自杀。她一度找不到自己人生的方向，她曾做过模特儿，教过芭蕾舞，演过舞台剧，还在几部电影里跑过龙套。那时候她母亲艾拉失业了，她做这些工作，绝大部分原因只是为了养活自己和母亲。

天生丽质难自弃，即使赫本最先并没有进军好莱坞的雄心壮志，机会却自动找上了门。一个制片人偶尔看到了一本杂志，封面上的女星清新脱俗，看上去和流行的金发美女们截然不同。就是这张封面照，让赫本获得了一个试镜的机会，她试镜的电影，正是日后让她扬名四海的《罗马假日》。

在试镜的过程中，赫本的一个笑容打动了导演威廉·惠勒，他当即拍板，在数十个试镜者中定下了这个名不见经传的女孩。事实证明他的选择无比正确，在《罗马假日》中，赫本贡献了她此生最本色的演出，没有比

电影罗马假日剧照

她更适合扮演安妮公主的人选了，她与生俱来的优雅和后天习得的良好礼仪，让她在银幕上和公主融为一体，永远在世人的记忆中闪烁发光。

《罗马假日》一上映，就轰动了整个好莱坞，赫本的笑容照亮了全世界。凭借此作，她一举获得了奥斯卡最佳女主角，年仅 25 岁。从那以后，片约伴随着名气蜂拥而至，她又拍了《蒂凡尼的早餐》《窈窕淑女》《战争与和平》等多部经典电影，成为 20 世纪最为闪亮的女星，风头盖过了梦露等人。

◆

尽管赫本如今在人们心目中已经是绝代佳人的典范，可她刚出道时，并不是美得毫无争议。当年好莱坞流行的是梦露式的金发碧眼的美人，比较起来，赫本未免太瘦了，头发也是棕色的，不是金色。

可赫本的聪明之处在于，她深知自己的优势所在。她知道自己有双动人至极的黑眼睛，于是在化妆时就会刻意突出眉眼，画黑色的粗眉，化浓重的眼妆。这为她的美丽至少增加了十分。她知道自己有一副优雅修长的天鹅颈，于是就常常将长发盘起，或者剪短发，以露出优美的颈项。

她更知道如何利用服装来凸显自己的与众不同，她曾说过："我偏爱黑、白，或乳白、淡粉、绿色等淡色系，这些颜色让我的眼睛和头发看起来比较黑；鲜艳的色彩会压过我，让我失色。"

一个设计师朋友回忆，初次见到赫本时，她穿着一套深色套装，领子和袖口是白色的，扣洞上插着一枝白铃兰，并戴着白手套，"这女孩领先时尚，她刻意标榜自己和其他女人的不同，把她的纤瘦化为最主要的资产"。

过于纤瘦在他人眼里或许是一个缺点，赫本却把它化成了自己的特点。她不跟随流行垫肩，也不肯垫胸。在拍戏的过程中，她绝不会穿任何未经她同意就改动的服装。在拍摄《龙凤配》时，导演让赫本挑选戏服，她亲自赶往巴黎，敲开了服装大师纪梵希的门，从此开启了他们长达四十余年的合作，以及一生的友谊。

再没有比这更珠联璧合的合作了，简洁和优雅是他们对时尚和服装的共同追求。纪梵希为赫本设计了80%的戏服，《滑稽面孔》《甜姐儿》《蒂凡尼的早餐》《谜中谜》《巴黎假期》《偷龙转凤》……纪梵希成了赫本的首选。尤其是在《蒂凡尼的早餐》中，赫本一身黑色小礼服，拿着烟枪，挽着高高的发髻，成为她屏幕上最经典的造型之一。而这套完美小黑裙，就是出自纪梵希之手。

托赖于纪梵希的加持，赫本成了演艺界的时尚风标，她穿过的衣服、剪过的发型总是会迅速流行。她展现了一种新的美：方脸、大嘴、粗眉、眼睛化浓妆、椰子式的发型、纤瘦的身材，以及天鹅般的长颈。

赫本头、赫本妆风靡至今，女星们最爱模仿的就是赫本了。她们将头发高高盘起，化着浓重的眼妆，却没有一个人能及得上赫本的风韵。

这可能是因为她们无一不深知自己的美貌，赫本却自始至终都保持着一种深刻的不安全感。在她的儿子西恩眼里，“她基本上是个不安全感很重的人，而这种不安全感却使人人都爱上她……她是看不见自己光芒的星星。”

她对自己的演技和容貌都没什么信心，认为自己：“不过是由宣传塑造出来的明星，是由记者造就的。但他们塑造的我只不过是个影子，除非观众认同我，否则就不是真的。”

正是这样的清醒和自省，才促使她在演艺道路上不断精进，演技日臻成熟。

尽管全世界都爱慕赫本，她个人情感生活却并不幸福。

父亲抛弃了她，母亲在得知她获得奥斯卡奖之后，对她的评价仍然是：“亲爱的，对毫无才华的你来说，你表现得很好。”

她的两次婚姻也并不如意。第一次婚姻是和圈内人梅尔·费勒，他们曾在阿尔卑斯山举行盛大的婚礼，并在瑞士买下了一处有着花园的别墅。对于这段婚姻，朋友们并不看好，在他们眼里，她和梅尔的婚姻并不幸福，她爱他似乎甚于他爱她，而她因为自己的爱得不到回报，而备感挫折。

梅尔是一名在事业上颇有雄心的导演，与之相反，赫本将家庭看得比事业重得多。讽刺的是，毫无野心的赫本在演艺路上一帆风顺，很快就如日中天，雄心勃勃的梅尔的导演事业却举步维艰，两人之间的差距越来越大。

赫本为了这段婚姻付出了诸多努力，一向接片谨慎的她为了帮助丈夫，不惜降低片酬出演了梅尔导演的《翠谷香魂》，可惜这部片子从票房到口碑都惨败。尽管有了儿子西恩，他们的婚姻还是不可挽回地走向了破裂。

由于天性里的不安全感，赫本很快就走进了第二段婚姻。这任丈夫叫多蒂，是一位拥有意大利伯爵头衔的心理医生。他比赫本小 9 岁，14 岁那年头一次看《罗马假日》，就发誓要娶赫本为妻，后来居然美梦成真了。

赫本穿着纪梵希为她设计的粉色小礼服，嫁给了心目中的意大利王子。她学习做意大利主妇，为了给多蒂生孩子不惜息影。多蒂以有这样的明星妻子为荣，却并不懂得珍惜。生性多情的他很快有了外遇，赫本得知后为此感到羞耻。多蒂却不以为然地为自己辩护：“我又不是天使。意大利丈夫向来以不忠闻名。”

谈及过往，赫本表示：“为了孩子，我的两段婚姻都撑到最长的时间。你总希望若你爱某人爱得够多，一切都会改变——但这不一定会成真。”

◆

婚姻的失败曾让赫本沮丧不已，可她最终发现，工作和爱是最有效的治疗药物。她没法因为遭遇过背叛和冷漠就停止去爱，她对别人的关怀远远超越了对自己的关心。

爱人是赫本与生俱来的天性，当她还是个小女孩的时候，她就希望能拥有自己的孩子，这一切都归于同一个原因——她不只希望得到爱，也极为渴望爱别人。荷兰被攻陷后，为了给义军筹备款项，她不惜冒着被逮捕的风险，也要参加芭蕾舞演出来筹款。

成年之后，她善待身边的每一个人，给抛弃了她的父亲写信，独自承担起照顾母亲的责任，有了孩子之后，更是恨不能将所有时间都用来陪伴他们。

她的善良让她赢得了众口一词的称赞，在《罗马假日》中和她合作过的格利高里·派克评价说：“她没有这一行常见的笑里藏刀、飞短流长那种个性，我很喜欢她，其实我爱她，要爱上她实在太容易了。”

晚年的赫本，受邀加入了联合国儿童基金会，成为一名“空中飞人”，飞赴世界各地去探望难民和儿童。她注定会做这样的事，大战期间她在被侵略的荷兰长大，她比谁都了解饥饿和匮乏的滋味，这使她对那些难民所承受的苦难感同身受。

和演戏相比，这才是她命中注定的使命，仿佛她所经历过的一切，都是为了这最后的使命。没有人想象过她会如此投入，如此无私。她一次次飞赴非洲，甚至在她查出患有癌症后，还飞到索马里探望儿童们，她与难民接触，搂抱瘦得皮包骨的小宝宝，喂他们吃饭，尽管那些孩子已吃不下任何食物。她为他们所遭受的苦难而哭泣，只有对他们的不幸抱着最深切同情的人，才会流下那样真切的泪水。

这时候的她，已经疾病缠身，形销骨立，满脸都是皱纹。那些奄奄一息的难民并不知道她是巨星奥黛丽·赫本，对于他们来说，她就是天使的化身，以她的温柔和善良，抚慰了他们所经历的苦痛。

人们为她的牺牲动容，她却辩解说："这不是牺牲！牺牲意味着你因为自己不想要的事物，而放弃某些想要的事物，但这件事并非如此，这是我获得的礼物。"

生命的最后阶段，她因疼痛和虚弱不得不中止工作。老友纪梵希动用他的私人飞机，将她送回瑞士的花园小屋。在那里，她度过了人生中最后一个圣诞节，儿子、朋友以及爱人沃尔德斯一齐陪伴着她，她说这是自己一生中最好的圣诞节，因为她被浓浓的爱包围着。

她许下的最后一个愿望是世界和平，儿子西恩问她这辈子可有遗憾，她回答说:"我没有什么遗憾了，只是不明白为什么有那么多儿童在受苦。"

当所有深爱的人离开她的卧室后，她默默地离开了这个世界，眼角还有一滴泪珠。西恩说，母亲选择在爱人不在的时候离开，她总是这样，不愿意让爱她的人难过。

我们也不必为她的离开遗憾，她已经用她的笑容和善意，证明这个世界上确实有天使存在。

如何才能成为天使？她早已在不经意间给出了答案，那就是"施予就是生活。爱比被爱有福"。

这是她奉行了一辈子的座右铭，我相信，通往天堂的密码，就藏在这句爱的箴言之中。

若要优雅的姿态，走路时要记住行人不止你一个。

我相信快乐的女孩就是最美的女孩；我相信明天会是全新的开始，而奇迹终会发生。

女人的魅力不在于外表,真正的美丽折射于一个女人灵魂深处，在于亲切的给予和热情。一个女人的美丽随着岁月而增长。

人人之优势所在，是必须充满精力、自我悔改、自我反省、自我成长，并非一味地向人抱怨。

生活就像匆匆在博物馆绕一圈，要过一阵子你才开始吸收你的所见，然后思考它们，看书了解它们，再记住它们——因为你不能一下子全部消化。

奥黛丽·赫本
AUDREY HEPBURN

- 奥黛丽·赫本（1929 年 5 月 4 日—1993 年 1 月 20 日），出生于比利时布鲁塞尔。
- 英国电影、舞台剧女演员。
- 晚年时，奥黛丽·赫本投身慈善事业，是联合国儿童基金会亲善大使的代表人物，为第三世界妇女与儿童争取权益。1992 年被授予美国“总统自由勋章”，1993 年获奥斯卡人道主义奖。1993 年 1 月 20 日，奥黛丽·赫本因患癌，病逝于瑞士，享年 63 岁。
- 赫本一生中共获得五次奥斯卡最佳女主角提名。1999 年，她被美国电影学会评为“百年来最伟大的女演员”第三名。2002 年 5 月，联合国儿童基金会在其纽约总部为一尊 7 英尺高的青铜雕像揭幕，雕像名字为奥黛丽精神（The Spirit of Audrey），以表彰赫本为联合国所做的贡献。

弗里达：开在伤口上的花朵

Q

我从不描画梦境，我描画的都是我自己的现实。

我的人生中有两次重大事故，一次是路上的电车（车祸），一次是里维拉。

说这话的女人叫弗里达·卡罗，墨西哥的著名女画家。电影《寻梦环游记》，曾对她有过惊鸿一瞥的刻画。光凭弗里达这个名字，她就可以在亡灵的国度自由来去，无须任何凭证。

去世之后，她被奉为墨西哥的国宝，一位用生命作画的灵魂画家，一个足以和毕加索等人齐名的传奇人物。人们为她的画作惊叹不已，却浑然不知她生前经历了怎样的疼痛和绝望。

车祸和爱情，这两件事几乎可以说掌控了弗里达人生的全部，也是她所有画作的基底。这两桩事故中的任何一件都足以毁掉一个女人，除了弗里达。她不但没有被毁掉，反而将苦痛化成了艺术的养料。

她的身体无一处不疼痛，身心内外布满了血淋淋的伤口。那些举世闻名的画作，她璀璨而短暂的人生，都是开在她伤口之上的花朵。

弗里达的一生，似乎注定摆脱不了疼痛。

1907 年，她出生于墨西哥城一座叫作“蓝屋”的房子里，是家中的第三个女儿。父亲是一位有犹太血统的摄影师，母亲则是西班牙与美国印第安人的后裔。她生来天不怕地不怕，满足了父亲想要一个儿子的心愿，从小就备受宠爱。

6 岁时，她罹患小儿麻痹症，右腿开始萎缩，明显比左腿要细弱得多。小伙伴们笑她是“木腿”，命运从此将她和身体上的残缺绑在了一起，并且从来没有让它们分开过。小弗里达却表现得像个假小子，在伙伴们的嘲笑声中，她学会了游泳、踢足球甚至骑自行车。

15 岁时，她考上了墨西哥最好的中学，成为全校 2000 多名学生中仅有的 35 名女生之一，

电影《弗里达》剧照，穿着钢架背心作画的弗里达

她玩乐、恋爱，立志要学医，尽情地享受着青春的飞扬和快乐。

18岁那年，她和男友乘公共汽车上街，所坐的车和一辆有轨电车相撞，结局几乎是毁灭性的。她的脊柱、锁骨、盆骨和肋骨都断了，右腿十一处骨折，脚也被压碎了。更不幸的是，一根金属杆穿透了她的子宫和阴道。当时的男友目睹了这一切，事后心有余悸地回忆说：“剧烈的冲撞撕开了她的衣服，车上有人带着一包金粉，那金粉撒满了她血肉模糊的身体。”

在电影《弗里达》里，这一幕拍得惨烈而唯美，漫天飘散的金粉像是一个隐喻，象征着弗里达的流金岁月将一去不复返，她的身体就像金粉一样破碎。谈到这场车祸，她的描述是“自己碎了”，即使电影中飘洒开来的金粉对那场灾难性的车祸起到了些许美化的效果，我们仍能感受到弗里达之痛，不光是那根刺穿了她的身体的金属杆带来的肉体之痛，更是一个年轻少女深重的毁灭之感。当她用苦中作乐的口吻开玩笑说：“这起事故让我失去了童贞。”不要以为她真的不痛，那只是一个少女为了掩饰痛苦而展露出来的黑色幽默。

从那以后，破碎和疼痛就成了弗里达人生中的两个关键词。整整一个月，她浑身打满了石膏，躺在一个棺材一样的盒子里，没有人相信她会活

下来。当她终于活过来后，整个人都碎了，后遗症让她接受了多达 32 次的矫形手术。

不得不说她创造了一个又一个奇迹，医生本来断定她难以活下来，她却活了过来。医生本来说她肯定走不了路，结果她依靠义肢慢慢走了起来，尽管走得有些跌跌撞撞。她唯一无法克服的，是如影随形的疼痛，浸泡在痛苦中的她已经忘了不疼的滋味。

为了抵御痛苦，她开始在石膏上作画。当男朋友弃她而去时，她在石膏上画满了蝴蝶——带着翅膀、轻盈飞翔的蝴蝶。家人见此为她拿来画板，病中，弗里达画出了生平第一张自画像，可以说，是疼痛激发了她的生命能量，是肉体上的束缚激发了她想飞的欲望，她想用手中的画笔证明：即使肉身支离破碎，灵魂也能自由飞翔。

尽管整个人都碎了，弗里达还是没有放弃对美的追求。当她能站起来后，她穿上色彩斑斓的特旺特佩克风长裙来掩饰她粗细不均的双腿，她沉迷于艳丽的色彩，喜欢红配绿这样鲜明的对比。一字眉、印第安式盘发、大红大绿的民族服装，这些都成了她的独特标识。

哪怕是后来由于病痛不得不截肢，她也不愿意装上那种毫无美感的木腿，而是精心设计了靴子式样的假肢，非常漂亮的红色厚底靴，缀有丝带和铃铛，鞋面上还有着精致的中国刺绣。

她以自己的方式，一点一点修复着曾有的美丽。可以说，她重新定义了女人的美，这种美是如此独特，独特得让人过目不忘，以至于她成了墨西哥的一个时尚 Icon（偶像）。

◆

大病初愈之后，弗里达加入了墨西哥艺术团队，她拿着自己的画去找迭戈·里维拉，里维拉是墨西哥三大壁画家之一，她曾在学校的礼堂见过他的壁画，震撼不已。

“喂，里维拉，下来看看我的画！”当 21 岁的弗里达对着 42 岁的里维拉喊出这句话时，她还不知道，让她仰视的这个男人，将成为她一生的浩劫。

那时，里维拉正在作画，他已是闻名墨西哥的壁画家，却在这个名不见经传的女孩的邀请下，从壁画架上爬了下来，只为了去看看她所作的画。她的画让他一见钟情，他从来没见过哪个女孩子会像她这样作画。他在她的画中看到了痛苦，赤裸裸毫不掩饰的痛苦。

他爱上了她的画，连同她的人。他带着她去参加艺术家们的派对，在派对上，她作风大胆，敢于和男人斗酒，也敢于和女人一同跳热辣的双人探戈。有过两次婚姻的他深深地被她迷上了。

她同样也为他倾倒，尽管他不帅，尽管他比她大那么多，但她还是义无反顾地爱上了他，这个从来不属于任何女人的男人，他的多情就像他的才华一样让她无法抵挡。

他们的婚姻，被称为“大象”和“鸽子”的结合。他身材高大魁梧如大象，她则娇小玲珑若白鸽。他们是真正的 Soulmate（灵魂伴侣），有着共同的爱好和信仰，他们都是绘画的爱好者，也都是共产主义的忠实追随者，对政治理想的狂热贯穿了他们的一生。出访美国时，里维拉甚至在壁画上加入了列宁的肖像，这幅画后来被洛克菲勒家族毁掉。

里维拉最初让女人动心的是那份风流，最后让女人死心的还是那份风流。他虽深爱着弗里达，却无法对她忠诚。他们的婚姻，伴随着无数次的背叛和出轨。

里维拉的名言是：“性爱就像握手，没什么别的意思。”他几乎和认识的女模特都睡了一遍，风流韵事从墨西哥一直持续到了对岸的美国。一开始，弗里达竭力容忍他，她跟与里维拉偷情的女人说：“你不是第一个，

也绝不会是最后一个。”

当里维拉与弗里达的亲姐姐（一说妹妹）苟合在一起时，弗里达的忍耐达到了极限。就是在撞破他们偷情之后，弗里达剪去了长发，并说出了那句令人心碎的话：“我的人生中有两次重大事故，一次是路上的电车（车祸），一次是你里维拉，你是最严重的那个。”

此事成为他们关系的转折点，她报复地宣称：“我要做墨西哥城最知名的荡妇。”她把手伸进了丈夫一夜风流对象的裙子底下，挑逗对方。这种疯狂的事儿大概只有弗里达干得出来，因为据说她是个双性恋。不知道是为了报复还是出于本性，只要是漂亮而出名的人，不管男人女人，她都要去勾引。

列宁的战友托洛茨基到墨西哥避难时，住进了弗里达家的蓝屋里，在他妻子的眼皮底下，她和托洛茨基发生了炽烈的婚外情。由于里维拉视托洛茨基为亲密战友，这段艳遇对他打击很大。

电影《弗里达》里，里维拉知道了弗里达和托洛茨基的事，跑来质问她：

“你为什么要这么做？”

“因为我们想这么做。”

“这太让我伤心了。”

弗里达转过身来，脸上展露出一个心碎的微笑，她说：“现在你终于知道伤心的滋味了，你从来没有尽过一个丈夫的责任。”

她这些疯狂的外遇，只不过是为了让深爱着的人也尝尝伤心的滋味，而她，早已经熟知心疼是一种什么样的滋味，那是世界上强度最大的痛楚，远远比肉体上的疼痛更加强烈。

电影中的一首西班牙风味的插曲，将弗里达的这种痛楚刻画得淋漓尽致：

魔鬼和灾难

选中我的身

木制的腿 空气画板

悲泣的泪 调成颜料

满腔的血 描述我的一生

他们破碎

他们炙烈

他们却可以拼凑一具完整的我

里维拉在我的思想里

里维拉在别人的床头间

重生的流产 梦中的幻影

焚烧的枝叶 偏是我的裙

结束了 便不再回来

结束了 便永不回来

◆

男女之间如果单纯是依靠爱情为纽带的话，一旦断裂就无法修复，可里维拉和弗里达不一样，他们之间，有比爱情更为牢固的纽带，那就是相同的艺术趣味与政治立场。里维拉对于弗里达来说，不仅是生活上的伴侣，更是精神上的导师，绘画上的引领者。

在结婚之前，弗里达已经独自在艺术的荒野上摸索了一段时间，茫然找不到自己的方向。婚后，出于对里维拉的崇拜，她开始模仿他的绘画风格，他却严肃地提醒她："你必须专注于自己的表达方式，技巧的不足并不算什么，纯净而浓烈才是你的本质。"

他们在一起的二十几年里，弗里达一边被里维拉的惯性背叛所折磨，一边将所有的痛苦都画入了画中。

她曾经非常想为里维拉生一个孩子，可她打碎又重组的骨盆根本无法承受一个婴儿的成长，她三次怀孕，又三次流产，失去了孩子的她把自己画成一个病床上的女人，腹腔鲜血淋漓，一个胎儿正在离她而去。

当得知里维拉和她姐姐有染时，她画了一幅画：一个女人倒在血泊里，旁边站着一个手里拿着刀的男人。当朋友惊诧地问她这是什么时，她只是轻描淡写地说：你没看报纸上的新闻吗？一个男人杀死了他的妻子，20多刀，当警察问起他，他却说，这不过是些小小的刺痛。这幅画其实是在暗喻现实，她的风流丈夫每一次背叛都是在向她捅刀，而他却觉得那些是无所谓的小小的刺痛。

她画得最多的还是自画像，在一幅画里，她把自己画成一只受伤的小鹿，她把小鹿的面孔替换成了自己的，并在小鹿身上画了无数根利箭。

"我的画中的信息就是痛苦，彻底地画出我的生活，我相信这是最好

的作品。”正因为痛苦是没有办法分担的，她唯有借助画笔宣泄出来。但弗里达的过人之处,在于她将痛苦表现得深沉而克制，画中人总是一幅严肃庄重的面容，不肯轻易泄露她的悲哀。弗里达就是这样，即使是痛得要哭，她也不愿意大声哭泣，宁愿无声地流泪。

这种隐忍之痛更能打动人，弗里达生前就获得了广泛的认可，她曾受邀到巴黎去开画展，登上了时尚杂志封面，和杜尚、毕加索成了好朋友。派对上，打扮入时的她唱着黄色歌曲，讲着色情笑话，让人们的视线无法从她身上移开。可是对于美术界把她当作超现实主义画家的看法，她的回答是：“这是不正确的，我从来没有画过梦境，我画的都是我的现实。”

即便如此，她还是发现，对里维拉的思念压倒了一切。从巴黎回来后，她的婚姻却走向了尽头。

离婚后，她画了那幅著名的《两个弗里达》，其中一个弗里达身着墨西哥传统服装，是里维拉所恋慕的她，另一个弗里达则穿着欧洲的洋装，失去了爱人的她只剩下一半心脏，血管刚刚被剪掉，半颗心还在滴着血。

弗里达的自画像为时尚摄影师们提供了源源不断的灵感，她还登上过全球首屈一指的《VOGUE》杂志。

这样令人伤心欲绝的爱情，真的只可以用惨烈二字来形容。和里维拉分开的那段日子里，她酗酒，狂欢，全然不顾身体的病痛，她只想用这种方式，来忘记那个人，忘记他曾给予她的伤害。

可这样的挣扎只不过是徒劳，命运早已将他们绑在一起，他们是彼此的劫数，谁也离不开谁。

不到一年后，里维拉向弗里达重新求婚。

复婚的原因可能是弗里达的健康状况日渐恶化，里维拉觉得有责任照顾她。疾病成了一根牢固的绳索，绊住了他。

电影里，弗里达说："我失去了一根脚趾，背也瘫了，肾脏被感染；我抽烟、喝酒、骂脏话；我无法生育，没钱，还欠着医药费……"

里维拉却带着温柔的笑幽默地说：“这是很棒的推荐信。”

这个男人，放荡起来要命，温柔起来更要命。没有谁，比他更适合弗里达狂野的灵魂。在他们共同的精神世界里，只容纳得下彼此。也许是害怕再受伤害，弗里达向里维拉提出，结婚后彼此经济独立，也不能再有性生活。这是一个饱受伤害的女人为了自保，启动的应激反应。

再婚后不久，弗里达的身体就又一次摇摇欲坠了，随着病情不断恶化，她的自画像也一张比一张凝重，蓄满了无望的哀伤。那是 1944 年，她的健康糟得不能再糟，医生已经用上了钢制的矫正衣来替代她无力的脊椎，她肉体所承受的痛已达到顶点，她形容自己的身体已经被疼痛割裂了。

《折断的圆柱》正是画于此时，画中的弗里达穿着钢制的矫正衣，她的身体已经不再是身体，而只是盛放痛苦的容器，由于承受的分量太大，那痛苦几乎都要溢出画面了。

里维拉的温柔都已经无法抚平她的痛楚。痛到极点时，她一天喝下一瓶白兰地止痛，“我喝酒是想把痛苦淹没，谁知道这该死的痛苦会游泳。”当酒精无法起效时，她转而依赖吗啡。

病痛让她脾气越来越坏，她有时暴躁得让里维拉无法忍受，有一次他甚至掏出了手枪，说要和她一起去死，可直到她生命的最后一刻，他仍然陪在她身旁。

唯一给她安慰的是画画，即使躺在床上，即使一动不动，她也没有放下过手中的画笔。她一直渴望能在墨西哥开一次画展，在她去世前一年，终于梦想成真。当晚，医生劝告她最好不要去现场。但她还是躺在担架上被抬去了。她说："请注意，这具尸体还有呼吸。"这就是弗里达，承受了那么多苦难后，她仍然没有丧失苦中作乐的作风。

画展十分成功，人们把欢呼和掌声送给了这位在油布上挥洒痛苦的女画家。里维拉饱含深情地向观展者介绍说："我想从艺术家的角度去评述她，而不是从丈夫的角度，我钦佩她。她的作品讽刺而柔和，像钢铁一样坚硬，像蝴蝶翅膀一样自由，像微笑一样动人，却也残忍得如同生活的苦难。"

一年后，由于软组织坏死，弗里达不得不截去右腿膝盖以下的部分。

她变得极度忧郁，不久后，她在蓝屋中去世了，生命像一个圆环，她又回到了出世的地方。

饱受病痛折磨的她对这个世界早已没有任何留恋，在她最后的日记里，她写道："我希望离世是快乐的，我不愿意再来。"

她终于摆脱了那具破碎的肉身，获得了从未有过的自由和解脱。墨西哥人相信人死后有一个亡灵的国度，她的灵魂在那里自由翱翔，不会再有灾难，也不会再有疼痛。

Aquí me pinté yo, Frida Kahlo, con
la imágen del espejo. Tengo 37
y es el mes de Julio de mil
cuarenta y siete en Coyoacán,
lugar donde nací.

弗里达有太多身份，她的画就是她的自传，展示了一生中跌宕起伏的情感，痛苦、坚韧、悲哀、怀疑、激情、孤独和梦想。

弗里达·卡罗去世时年仅47岁，短暂的一生中与病痛相伴。但就像她自己说的，她没病，她只是坏掉了。

只要她在画画时是快乐的，就好！她留给我们的，是不朽的精神和永恒的艺术。

生活太美，同时也太痛。

女性不只有美丽，还有强大，惊人，野心勃勃。

艺术和时尚可互相借鉴，同样，艺术和生活也是不可分的。弗里达大部分作品描述的都是她自己的故事：

无论是被钢丝石膏支撑着的奄奄一息的病体、被谋杀的女人、与死神为伴的冷酷，还是家族的血缘传承、“生”在“死”中诞生、血脉相通的爱情……弗里达把想象中存在的意象冷静地组接在画面中，这些形象因其细节的真实性给人以强大的冲击力和紧张感。在如此强烈的观感中还有一种原生的特质，蕴含着“文明人”所不可能具有的力量和勇气。

我画自画像，因为我经常是孤独的，因为我是最了解自己的人。

我画我自己的现实。我知道的唯一一件事是，我画画是因为我需要这样做，我画所有出现在我脑海中的东西，不加任何考虑。

我没病，我只是坏掉了，但只要我能画，我就是快乐的。

我的画中的信息就是痛苦……彻底地画出我的生活……我相信这是最好的作品。

我留给你我的肖像，在我不在的日子，你依然会有我的陪伴。

是别人告诉我，我是一个超现实主义者的。

弗里达·卡罗
FRIDA KAHLO

- 弗里达·卡罗（1907 年 7 月 6 日—1954 年 7 月 13 日）出生于墨西哥。
- 艺术家、女权主义者、共产党人。
- 墨西哥最受欢迎的女画家之一。
- 弗里达的死至今众说纷纭，最普通的说法是她在 1954 年 7 月 13 日自杀，方式是在一场社会运动当中自焚而死，而后被葬在科摇坎。目前弗里达的家“蓝屋”已成为博物馆。

R

玛丽莲·梦露：天真的人能够爱

浓妆艳抹之下，笑容的背后，我只是个渴望得到世界的小女孩。

有两个玛丽莲·梦露，一个是作为明星的玛丽莲·梦露，一个是作为女人的玛丽莲·梦露。

作为明星的玛丽莲·梦露，妖娆，自信，美艳不可方物，走到哪里都能艳压群芳。

作为女人的玛丽莲·梦露，则敏感、多疑、神经质，完全没有安全感，脆弱得像个孩子。

人们更为熟悉的，显然是那个作为明星的玛丽莲·梦露。出现在人前的她，总是那么光鲜亮丽，金发、碧眼、娇艳欲滴的红唇，嘴边一颗美人痣，这些都是属于她的标识。波普艺术大师安迪·沃霍尔以她为原型创作的版画，代表了人们对她的典型印象——在大众心目中，她早已被简化成一个性感 Icon。

隐藏在这个 Icon 之下的玛丽莲·梦露，远远更复杂，也更为丰富。她是多变的，也是矛盾的，她可以脆弱，也可以坚强，可以纯真，也可以世故，可以叛逆不羁，也可以温柔甜美。

从来没有一个女人，可以像她这样集天真与性感，无邪与魅惑于一身，一半是天使，一半是魔鬼。人们迷恋她作为天使的一面，却忽视了她与生俱来的阴郁天性。她一生都在追求光明，最终却被黑暗无情吞没。

◆

“浓妆艳抹之下，笑容的背后，我只是个渴望得到世界的小女孩。”

这是梦露常常挂在嘴边的一句话，也是她一生的写照。

在没有成为玛丽莲·梦露之前，她只是一个叫作诺玛·简的小女孩，1926 年儿童节那天出生在一个破碎的家庭，身世极为不幸。

她的童年是在贫困和屈辱中度过的，即使用悲惨来形容也毫不为过。她的外公、外婆以及母亲都患有严重的精神疾病，母亲格兰戴丝私生活混乱，同时和多个男人交往。小诺玛其实是个私生女，一辈子都没有和自己的亲生父亲相认过。

格兰戴丝生下女儿后无力抚养，小诺玛生下仅两周后，就被送给人寄养。从那以后，她就在各类寄养家庭中漂泊，收养过她的家庭多达十一个。

颠沛流离的生活对于这个小女孩来说简直像个噩梦，她就像一个隐形人，没有人注意她，更没有人关心她的感受。在人口众多的寄养家庭，她总是被安排在最后一个洗澡，视为伙伴的小狗被邻居活活打死，母亲格兰戴丝只会偶尔来看看她，从来没对她笑过。

她渴望能拥有一个家，能和母亲住在一起。

格兰戴丝曾贷款盖了一座房子，刷成漂亮的白色，买了白色的沙发、椅子、床，甚至还买了一架旧钢琴。母亲告诉她，那是买给她的，还准备买两个爱心座椅。她弹钢琴时，母亲就可以和好友格蕾丝一起坐在旁边欣赏。

可爱心座椅还没来得及买，母亲就被送进了精神病院。

所有的家具都消失了。白色的桌子、椅子、床和白色的窗帘都消失了，那架大钢琴也消失了。

9 岁那年，由于无人看管，她被送进了洛杉矶的孤儿院。成年后，她总是把孤儿院的日子描绘成她人生中最黑暗的时期：在那里，她总是穿着蓝裙子、白外罩，得刷上百只的盘子，一口气洗几个钟头的脏衣服。

她一次次哭着对来访者说：她不是孤儿，她有妈妈，她想回家。可没有人听她的哭诉。她在那里住了整整一年才被监护人格蕾丝带走。

长期的寄人篱下，让她形成了讨好型的人格，她从小就学会了看别人的脸色行事，住在寄养家庭时，会拼命地刷盘子洗碗，小心翼翼地讨养父母的欢心。她想讨好周围的一切人，对他们的一切要求几乎有求必应，包括她的母亲。尽管格兰戴丝几乎没有尽过当母亲的责任，她在成年后却不遗余力地照顾母亲。

不管后来的玛丽莲·梦露是如何倾倒众生，她的内心深处，依然住着一个叫诺玛·简的小女孩，这个小女孩害怕被抛弃，害怕孤身一人，渴望得到所有人的爱。

“我对金钱毫无兴趣，我只想光芒四射。”

一个贫穷而美貌的女孩在这世上会经历什么，梦露就曾经历过什么。

八九岁时，当她慢慢出落成一个美人胚子的时候，她被寄宿的叔叔性侵，这导致了她对性的极度恐惧。

16 岁那年，监护人格蕾丝一家为了工作搬迁，为了避免被再次送入孤儿院，她匆匆将自己嫁给了大她五岁的詹姆斯，她随夫成为一名基督教徒，并且展现出惊人的厨艺天分，最拿手的是烹饪豌豆和胡萝卜。

这段婚姻给过她难得的家庭温暖，但是和爱情无关，不想去孤儿院是她嫁给詹姆斯的唯一理由。詹姆斯后来表示：“我不认识梦露，我对她一无所知，我只是了解并爱过诺玛·简。”

詹姆斯去海外参军后，她进了一家飞机厂工作，负责给飞机喷上油漆。

为了配合工厂给军队拍摄宣传照，她被选中，其间遇见了伯乐摄影师戴维·科诺万。

在镜头下，她展现出最美好和自然的一面，她的照片被刊登出来，以鼓舞美军士兵。

母亲和格蕾丝阿姨都在电影厂工作，受此影响，她很早就有了明星梦。那些孤苦无依的岁月里，她总是沉溺在虚幻的世界里，幻想着自己忽然变得光彩夺目，走在街上成为所有人羡慕的对象。她想要的从来不是财富，而是成为万众瞩目的焦点。

现在机会来了，她当然不会放过。为了追逐自己的明星梦，她和詹姆斯结束了四年的婚姻，开启了封面女郎生涯。在一张早期的照片里，她未着寸缕，仅仅“穿”着以她为封面的众多杂志。她不是那种保守的传统女孩，她说过：“如果我循规蹈矩的话，那么我将一事无成。”

美貌是上天赐给她的礼物，带着这份礼物，她孤身一人闯进了好莱坞。

可即使天生丽质如她，也不是那么一帆风顺的。她跑过好几年的龙套，饰演一些只有一两句台词的小角色，合约期一满就被签约的电影公司扫地出门。

为了维持生计，她甚至拍过裸照，报酬仅 50 美元。她和不同的制作人睡觉，只为谋到一个小角色，直到她遇到著名经纪人约翰尼·海德，在后者的全力提携下，才时来运转。

20 岁签约福克斯公司时，她拥有了一个全新的名字——玛丽莲·梦露。这次改名真是神来之笔，诺玛·简这个原名太普通也太孩子气了。玛丽莲·梦露这个名字像是为她量身定做的，它是如此特别，如此风情万种，唯有这个名字，才配得上她的绝代芳华。

◆

“在好莱坞，人们愿意花 1000 美元买你的吻，却不愿意花 50 美分买你的灵魂。”

二十世纪五六十年代，是属于玛丽莲·梦露的时代。她相当聪明，知道怎样才能赢得人们的喜爱，可以说，是她自己一手塑造了玛丽莲·梦露:

这种塑造首先是外形上的，她在经济人和造型师的建议下，将棕黄的头发染成金黄，巧妙地微调了鼻子和下巴，并忍痛抽去了两根肋骨。自那以后，她就凭着金发、红唇和魔鬼身材成了无数男人的梦中情人。

她在电影中出演的一系列角色，则加深了人们对于她作为性感芭比的印象。在《飞瀑欲潮》里，尽管只是个出场不到十分钟的小角色，她足足花了一周时间来练习穿高跟鞋走路，最终出现在电影中的她纤腰款摆、摇曳生姿，这种独特的走法被命名为“梦露步态”。

在《绅士爱美人》中，她穿着一身粉红色晚礼服，唱了一首《钻石是女孩最好的朋友》，其造型和唱法一直被众多女星模仿，包括麦当娜。

在《七年之痒》中，她按着飞扬的白色裙裾，那一幕已经成为电影史上最经典的画面之一。

当时正好是二战后，美国大兵们为她神魂颠倒，梦露式的娇憨、妩媚恰到好处地抚慰了千千万万颗在战争中受伤的心。

可梦露并不像人们想象中的那样胸大无脑，事实上她终身都保持着学习和阅读的习惯，她的手提包里总是放着《尤利西斯》。在摄影师阿尔弗雷德·艾森斯塔特为《生活》拍摄的梦露家居照中，有一张拍到她蜷缩在沙发里看书，身后有满架的书——那是她的私人图书馆，其中包括福楼拜、海明威、加缪等人的著作。

她对表演的学习更是痴迷，曾花费一半的薪水聘请娜塔莎来指导她演戏，后期更是师从李·斯特拉斯伯格学习表演，遗嘱中将百分之七十五的现金都留给了这位导师。她在表演上以苛刻闻名，一句对白可以反复拍几个小时。

1954 年梦露在韩国慰问劳军照片

梦露的喜剧天分很高，但她一直想拍点更严肃的电影。作家杜鲁门·卡波特是她的好友，并以她为原型创作出了《蒂凡尼的早餐》，可惜电影公司最终选择了由赫本来出演。

没有办法，人们对她的印象早已固定为无脑娇娃，人们根本不在乎那具美好肉体下隐藏着一个什么样的灵魂，或者有没有灵魂。

◆

"我只是这个大世界里的一个小女人，寻找那个值得我去爱的人。"

对于爱和家庭的渴望，贯穿了梦露的一生。

她有过三次婚姻，1954 年，她嫁给了棒球手乔·迪马吉奥。他们一个是风靡全球的性感女神，一个是美国棒球史上的传奇人物，在外人看来可谓是天作之合。婚礼上，梦露忽然提出，如果自己先死的话，希望乔能够每个星期都带着鲜花去看她，乔答应了她。

乔深爱着梦露，但他的爱伴随着强烈的嫉妒和控制。新婚后不久，他和梦露一起到韩国慰问美国士兵，结果梦露抢走了所有风头，士兵们纷纷拜倒在她的石榴裙下，还有人为她哭泣。

1952年梦露第一次为《生活》杂志拍摄封面照

电影《飞瀑欲潮》剧照

在拍摄《七年之痒》时，梦露站在地铁风口，一次次娇笑着捂住飞扬的白裙，有将近两千人驻足旁观。摄影师们疯狂地喊叫："再来一个，再来一个！"拍摄一直持续到深夜两点半。

目睹了这一幕的乔嫉妒得发狂，回到酒店后，他当着众人的面追在梦露后面打她。梦露觉得再也无法承受这样浓烈的爱，不顾他的苦苦挽留，在婚后九个月就离开了乔，可他们的纠葛却持续了一生。

和乔离婚之后，出于对文学的热爱，对知识分子的倾慕，梦露嫁给了剧作家、普利策奖获得者阿瑟·米勒，外界称他们的婚姻为"美国最漂亮的女人与最聪明的男人的结合"。她在结婚照上反复写下一个词：希望、希望、希望，可结果得到的却是无穷的失望。

米勒原本以为梦露像银幕上那样机敏可爱，却发现银幕下的她浑身都是缺点。在拍摄《让我们相爱吧》，梦露缺席28天，给剧组造成了100万美元的损失。米勒对她日渐反感，在日记里写道"这不是爱情"，还出语讽刺说："她是一名站在街角的诗人，试图向争着想拉下她衣服的人群朗诵诗句。"

梦露竭力想维持这段婚姻，竭力想做一个母亲，可惜多次流产毁了她的梦想，最终也导致她的第三次婚姻走向崩溃。

◆

“我自私，缺乏耐心，没有安全感。我经常犯错，甚至野性难驯，但如果你不能包容我最差的一面，那么你也不配拥有我最好的一面。”

梦露生平最大的恐惧，是害怕像母亲、外婆那样精神崩溃，被关进精神病院里。她一直情绪不稳定，脑子里总是有人声在回荡，发作起来容易陷入歇斯底里。为了控制自己的情绪，她长期酗酒、滥用各类药物，拍片时如果抑郁缠身，就会迟到、缺席，甚至无故哭泣。

梦露的古怪和神经质，在片场也是出了名的。在一场戏中，梦露老是说不对一句台词：“Whereisthebourbon?”导演不得不在每个抽屉里放上一个提示的小纸条。另外一场特简单的戏，她足足拍了 47 次。

不少导演和演员视与梦露合作为梦魇，在拍摄《乱点鸳鸯谱》时，她因头脑昏沉无法进入状态，使得与她演对手戏的克拉克·盖博大受折磨。戏杀青后两周，盖博劳累过度，突然罹患严重心脏病去世。梦露认为是自

己的原因造成偶像的死亡，陷入极大的愧疚，整整哭了两天。

这么多年里，她脑子里一直紧紧绷着一根弦。和米勒离婚后，这根弦终于撑不住，断了。她被心理医生送进了精神病院，步了母亲的后尘。她向导师李求助，后者却不予理睬。这时候她想起了乔，他可能是这世上唯一能救她的人了，于是她给乔打了个电话。

乔闻讯后乘最早那班飞机赶到，威胁医院的人说："谁要是不放她离开这儿，我就把这座医院砸个稀巴烂！"

尽管被解救出来了，可梦露的精神已走向了崩溃边缘。她越来越依赖于药物，在男女关系上也越来越混乱。

在生命的最后一年，她和肯尼迪家族的人传出了绯闻，据说她曾同时和肯尼迪兄弟交往。在肯尼迪总统 45 岁生日宴会上，她以暧昧而娇柔的嗓音，献唱了一首《生日快乐》。

宴会上，她穿着一身薄如蝉翼的肉色礼服，镶了 2500 颗水钻，没有里衬，也没有穿内衣，相当于把整个人都"缝"进了礼服中。这件衣服被誉为只有玛丽莲才能穿的衣服，她自豪地称之为"肯尼迪装"，这件衣服后来被拍卖出了 130 万美元的天价。

在她献唱之后，肯尼迪总统笑着说："献给我的这首歌，嗓音非常甜美，令人心旷神怡。听了这样的歌，我退出政坛都值。"

梦露一生听过无数次赞美，可没有哪一次比得上肯尼迪的肯定，因为他是总统，这个国家最有权力的男人。濒于崩溃的梦露，已经将这个富有权势的男人看成了她生命中的最后一根稻草。

她又一次陷入了幻想之中，幻想能和这个男人双宿双飞，幻想着能取代杰奎琳成为第一夫人。她曾假扮他的秘书到白宫和他幽会，也曾向理发

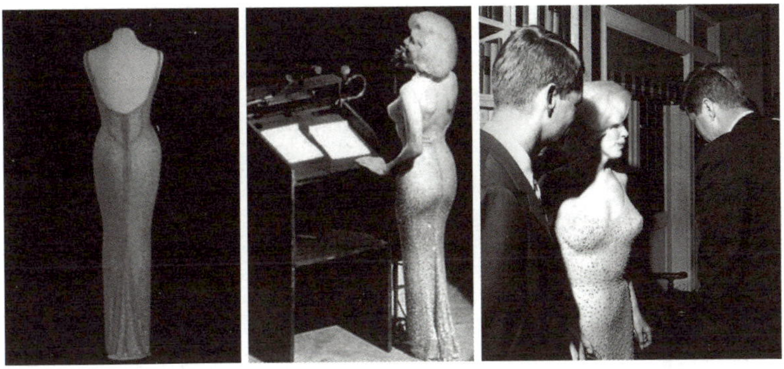

| 梦露为肯尼迪总统献唱《生日快乐》

师透露肯尼迪与黑手党有关。

事实证明她还是太天真了，对于肯尼迪来说，她只不过是一个性感的象征物，一次猎艳的战利品。在她越陷越深的时候，他已经迅速地厌弃了她，而她的口无遮拦和纠缠不休，更让他视为一大麻烦。

◆

“我从来不愚弄别人，我只是让他们自己哄骗自己。他们根本不在意真实的我，相反，他们只是爱一个他们幻想出来的玛丽莲·梦露。”

1962 年 8 月 5 日，就在肯尼迪生日宴后不到三个月的这个深夜，梦露被发现裸身死在住所内，手里还紧握着电话，年仅 36 岁。她还是没有熬过自己的本命年。

她的死因成了一个谜，官方给出的结论是服用过量的安眠药自杀身亡，可梦露的朋友和影迷们都倾向于相信她死于谋杀，矛头直接指向肯尼迪兄弟。据说她去世之后，柜子里的日记、书信不翼而飞。

她死时，银行账户不到一万美元，仅够付清丧葬费，她死之后，却连穿过的衣服、用过的假发都拍卖出了天价。

她的一生让人想起唐朝的杨玉环，她们都是传说中那种倾国倾城的尤物，都是那种丰腴肉感的美人，都有一份难得的天真，都死于非命，连死亡的年龄都接近（杨玉环死时 37 岁）。正是这份天真，让她们终生都保持着一种无邪的性感，让她们赢得男人宠爱的是这份天真，最终毁了她们的仍然是这份天真。

可惜她们都不幸与君王（总统也是君王）发生了纠葛，女人与君王之间的关系最为危险。伴君如伴虎，她们对于君王来说，就像锦上的花，一旦发生变故，最先被摘下的就是这朵花。

她们最大的错误，是在一个不可能的男人身上寻找着不可能的真爱。这样的行为，在人们看来未免太过天真了，可只有天真的人才愿意相信爱，才能够在倍受伤害后，仍然投入地去爱。比起那些冷酷无情的人来，能保存这样的天真何尝不是一种幸运？

梦露去世之后，乔遵守承诺，在此后二十年，每周将三束红玫瑰插入墓碑前花瓶，还宣称死后要葬在梦露身边。“她是我唯一的妻子”，他自此终生没有再娶。1999 年，乔因肺癌去世前，给世间留下最后一句话：“我终于要去见玛丽莲了。”

总算有一个人，爱着她的全部，这份爱甚至不因死亡而停止。她付出一生苦苦寻觅的东西，终于在离世之后得到了。

拥有一双合适的鞋子，女孩就可以驾驭这世界。

我们每一个人都是闪耀的星，而我们都该为自己发光。

男人愚蠢地认为女人过去的爱情会浇熄她们对感情世界的渴望！但，女人对真心喜爱的男人，依旧可以带来一段轰轰烈烈的爱情。

人们喜欢目不转睛地盯着我看，就像我是一面镜子般；他们其实看不见真正的我，反而看到自己内心淫秽的一面，但人们又会反过来说我轻浮淫荡。

关于梦露的冷知识：

1 她穿过的裙子现在非常昂贵。她对肯尼迪唱生日快乐歌时穿的紧身裙在 1999 年前以超过一百万美元的售价售出，而电影《七年之痒》中她穿过的白色裙子则在 2011 年以五百六十万美元售出。

2 玛丽莲喜欢贝多芬、莫扎特和路易斯·阿姆斯特朗。而在文学方面，她则喜欢陀思妥耶夫斯基、萧伯纳、塞林格、海明威、托马斯·沃尔夫、托尔斯泰和马克·吐温等。这位金发女郎不是文盲。

3 玛丽莲·梦露是有演技的，她一直都想转型，可惜大众认定了她是个双商低下的美女，并不买账。

4 玛丽莲·梦露从来没有获得过奥斯卡奖的提名，她获得的唯一一个奖项是金球奖，在《热情似火》中扮演 SugarKane。

玛丽莲·梦露
MARILYN MONROE

- 玛丽莲·梦露（1926 年 6 月 1 日—1962 年 8 月 5 日），1926 年 6 月 1 日出生在加利福尼亚州洛杉矶市，美国女演员。
- 1946 年 7 月 19 日，玛丽莲·梦露第一次到 20 世纪福克斯，开始出演电影。1949 年，梦露参与拍摄影片《夜阑人未静》。1950 年，梦露出演了《火球》和《彗星美人》。
- 1952 年 5 月 7 日，梦露首次成为《生活》杂志的封面人物，并于同年 10 月 4 日成为影片《如何嫁给一个百万富翁》一片的女主角。1960 年，梦露凭借《热情似火》获得金球奖音乐喜剧类最佳女演员。1962 年 5 月 19 日，梦露在麦迪逊公园广场上为约翰·肯尼迪总统演唱《生日快乐》。
- 1962 年 8 月 5 日，梦露在洛杉矶布莱登木寓所的卧室内被发现已经去世，终年 36 岁。
- 1999 年，她被美国电影学会评为“百年来最伟大的女演员”第六位。

简·奥斯汀：嫁给爱情，还是嫁给金钱？

S

尽管结婚并不一定会叫人幸福，但总算给她安排了一个最可靠的储藏室。

“有钱的单身汉总得娶个太太，这是一条举世公认的真理。”

你也许没读过《傲慢与偏见》，可一定听过很多来自里面的名言，比如上面这一句，这是全书的第一句话，喜欢该书的读者总能从打开这本书开始，就禁不住会心一笑，被作者的机智和调皮打动。

写出这些俏皮话的人叫简·奥斯汀，如今她的名字享誉全球，光是《傲慢与偏见》就卖出了两千万本，可生前却几近默默无闻。她小说中的女主角都嫁给了如意郎君，可自己却终身未婚。她将对爱情的热情倾注到创作

电影《成为简·奥斯汀》剧照

里，为此付出了贫穷和孤单的代价，她究竟有没有为自己的选择后悔过？

这要从她的真实人生说起。

◆

如果简·奥斯汀能够长得像安妮·海瑟薇（电影《成为简·奥斯汀》中奥斯汀的扮演者）一样漂亮出众的话，也许她的人生和爱情都会顺遂得多。

美貌而富有的女子在嫁人时总有更多选择，这也是一条举世公认的真理。可惜简并不是这样的幸运儿，她家境平平，出生于英国汉普郡一个普通家庭，父亲是个收入不多的牧师，有一大群儿女要养（简的兄弟姐妹多达八人），这样的家庭虽然体面，却绝不富有。从简的教育情况就可以看出这个家庭的经济状况，她从来没有进过正规学校，也没办法像贵族女子那样请家庭教师，能有后来的成就，全靠自学以及家庭的熏陶。

她的容貌也并不出挑，从传世的画像来看，她的脸颊太过丰润，鼻子又太尖，如果用不那么苛刻的标准来评判，她可以算是个五官标致的美女，但绝没有美到让男人为她发狂的地步。

也就是说，当简·奥斯汀在世的时候，她的各方面条件都算不上出众。那时候如果在乡间舞会上遇到她，你只不过会觉得她就是一个普通的乡下姑娘，和一般的乡下姑娘相比，她也许性格活泼些，会说些机灵的俏皮话，舞跳得很好，还会弹钢琴，可这一切，都还不足以让她脱颖而出。

她唯一的独特之处，在于她与生俱来的聪慧和才华。她有一双慧眼，可以透过人们浮华的外表看透他们的内心。她有一张巧嘴，据她的侄子侄女们回忆，“简姑姑”总是妙语连珠，有她在的地方从来不会沉闷。更重要的是，她还有一支妙笔，从十来岁开始就笔耕不辍，家里人都爱听她讲故事，再平常的故事，她都能讲得绘声绘色。

简是那种早慧的天才型作家，她最广为人知的两部作品，即《傲慢与偏见》和《理智与情感》，都写于她二十出头。在她动手创作《最初的印象》（即《傲慢与偏见》的初稿）时，还只有 21 岁。这种一出手就是成熟作品的范例，文学史上并不多见，除了简之外，只有萨冈、张爱玲等寥寥几人能够做到。

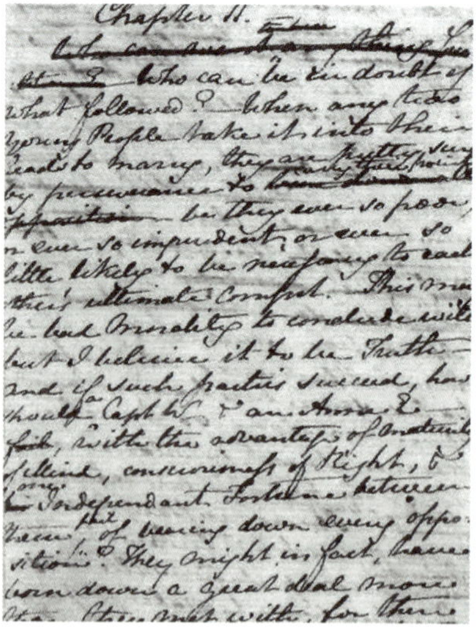

简·奥斯汀的亲笔信

萨冈和张爱玲都是一举成名，年少得志，简却没有这样走运，她的作品直到其去世后才获得广泛认可。当她青春年少时，她的才华还没有显山露水，男人们判断一个女人是否值得追求，往往都是凭第一印象，鲜少有人愿意透过她平平的外表，来探究她的灵魂是否可爱。

这是简·奥斯汀的遗憾，也是千千万万外貌普通而又才华出众的女子的共同遗憾。

◆

是嫁给爱情，还是嫁给金钱，这是所有奥斯汀小说中一直在探讨的问题，至今还有无数女孩被这样的选择难住。

可对于简来说，这根本就不能构成一个问题。她的态度自始至终都很明确，对于幸福的婚姻来说，爱情和金钱缺一不可。

电影《傲慢与偏见》剧照

很多读者在看她的小说时，往往会产生这样的错觉，觉得作者一定是爱情至上的，因为她再三在书中强调："没有爱情可千万不能结婚。"却忘了简不止一次地提过，婚姻必须有一定的经济基础。在她的书中，一个女人再爱一个男人，也不至于爱到愿意去忍受一年只有400镑收入生活的地步。简的可爱之处，在于她从不讳言钱，她喜欢谈论男人一年能挣多少钱，是400

英镑还是10000英镑，就像男人们喜欢谈论女人的三围和脸蛋一样。

人人都向往她笔下的爱情，因为小说里的男主人公，不仅有爱，而且有钱，不管是达西先生，还是布兰登上校，都收入丰厚，性情慷慨。金钱几乎构成了一个男人是否值得爱的必要条件，连《傲慢与偏见》中的女主角伊丽莎白，也是在参观了达西先生富丽堂皇的庄园之后，才发觉自己爱上了他。当然，作为一个克己奉礼的基督教徒，简·奥斯汀并不向往奢华，她对金钱的态度是能够维持舒适的生活就行，穷奢极欲就过分了。

考虑到简生活的时代，就不会奇怪她为何会对婚姻有这样的设想。她生活在18世纪末至19世纪初，在那个年代，社会普遍不允许也不提倡女人出去工作，对于受过良好教育但却没有多少财产的青年女子来说，嫁人是唯一的一条体面出路。尽管出嫁不一定会叫人幸福，但总归是女人最适意的保险箱，能确保她们不致挨冻忍饥。

电影《理智与情感》剧照

可简显然不满足于找一个保险箱，她对婚姻有更高的要求，希望在拥有经济基础的同时，还能拥有爱情。这在我们现代女性看来再正常不过，可对于简的同时代女性来说，却是一种奢望，一种过分的要求。

简仅有的几段情史，都是因

为爱情和金钱无法兼得而最终放弃。她的初恋大概是在 20 岁。那一年，在邻居家的舞会上，她遇上了一个叫汤姆·勒夫罗伊的男子，他们在一起共舞，放肆地互相凝视，毫不避讳周围的人。简热爱跳舞，被兄弟亨利誉为家族中的舞后，而在闭塞的乡下，舞会往往是年轻女子结识男性的唯一机会，恰如她在小说中所写的那样："爱上跳舞是走向爱情的必经步骤。"

简和汤姆之间一度擦出了火花，她在给姐姐的信中写道："我几乎不敢告诉你我的爱尔兰朋友和我做了什么，你自己想象一下在跳舞和坐下来时能做出来的最不检点和令人震惊的事情就可以了。"

她以为汤姆会向她求婚，可他却因为自己太穷，不敢向她表白。后来他娶了一个家境优渥的女子为妻，直到老去之后，才敢于承认曾和简有过一段少年之恋。

《成为简·奥斯汀》中将汤姆描绘成简的一生挚爱，事实上这段感情如昙花一现，对当事人双方都没造成太大的影响。在另一部关于奥斯汀的传记片中，40 岁的简在回忆起这段往事时对侄女说："我只为他难过了 5 分钟，马上就烟消云散了。"也许这才是她的真实想法。

后来简又有过一两次罗曼史。有一次她在海滨度假时，遇见了一见倾心的男人，两人许下承诺后，不久却传来了对方突然去世的消息。

还有一次，她被求婚了。求婚者叫哈里斯，比她小 5 岁半，两人第一次见面时，简才 14 岁，虽然不算青梅竹马，至少也算发小，彼此都很熟悉。哈里斯自小便有点口吃，而且十分羞涩。在他 21 岁时，两人重遇，他鼓足勇气向当时 27 岁的简求婚。简当时答应了他，经过一夜的思索之后，可能是在姐姐卡塞德拉的劝告下，她心生悔意，第二天便和哈里斯解除了婚约。

哈里斯年少富有，据说家里还有一座城堡，如果嫁给了他，等于嫁给了一个最舒适最方便的保险箱，足以让简的后半生过上光鲜稳定的体面生活。可她还是拒绝了他，理由是她对他没有爱意。在电影《简·奥斯汀的遗憾》中，简的母亲多年后提起此事来还大发雷霆，谴责简自私自利，只顾着自己，牺牲了她和家人的经济保障。

简的回应是："我绝不会为了钱把自己卖了！"

在小说里，伊丽莎白遇到了她的达西先生，在现实中，简却一辈子也没有遇到真命天子，她遇上的男人，要么没钱，要么没法让她产生爱意。

她自己也知道，现实中并不存在达西那样完美的爱人，当侄女范妮问她怎样才能找到自己的达西先生时，她自嘲地回答说："如果想遇到达西先生那样的绅士，你只有自己编造一个。"

◆

哈里斯的求婚，是简一生中的唯一一次被求婚。

在那个视男人为饭票的年代，有钱有势的适婚男人比什么都抢手，看过《傲慢与偏见》的人就知道，姑娘们为了嫁个所谓的好男人是怎样抢破了头，在成功出嫁后又是怎样扬眉吐气。

对于简这样既无财产又无过人美貌的姑娘来说，能够供她选择的男人本来就很少，为数不多的几个，又未必能入得了她的法眼。从来就没有成群的追求者供她挑选，如果她还要保持自己金钱和爱情必须兼得的择偶观，那可以拥有的选择誓必就更微乎其微了。

果然，在拒绝了哈里斯之后，再也没有男人对她表示过热烈的爱意。那年她已经27岁了，对其所处的年代来说，已经是个不折不扣的老姑娘了。难怪她的母亲如此愤怒，她拒绝哈里斯，等于拒绝了最后结婚的可能性，也等于撕掉了可供一家人衣食无忧的长期饭票。

在简的小说中，伊丽莎白正是凭着过人的聪慧赢得了达西对她的爱慕，可在现实生活中，女人的聪慧不仅无助于其嫁人，反而会构成一种障碍。简自视甚高，在给姐姐的信中，她骄傲地宣称："我从不为蠢人写作。"当然，她更不愿意嫁给蠢人。可她当时所处的社会环境中，根本就没有什么集智慧与有钱于一体的达西，有的只是头脑平平的庸人们。

简的悲哀在于，她根本找不到一个瞧得上眼的男人。比这更悲哀的是，那群不怎么样的男人也未必瞧得上她。他们宁愿去和一个平庸乏味的美貌姑娘调情，也不愿意走入简的内心世界，那意味着，他们将接受一个女子的挑剔和审视，这是他们所无法忍受的。

所有眼高于顶的姑娘都将面临着一个选择：要么降低自己的要求，在可选择的范围内找个人嫁了；要么毫不将就，哪怕面临着孤独终老的结局。

简选择了后者。在面对为数不多的追求者时，她从来没有放任过自己对他们的爱意。当考量这些男人时，她的理性总是毫无疑问地占了上风。所以电影《成为简·奥斯汀》中，她和汤姆私奔的故事是不可能发生的，像简这样的女人，不太可能做出如此冲动的行为来，她在小说中明确反对私奔，认为为了情欲去私奔的女人浅薄轻佻。

如果她真的如此容易为爱发狂的话，也许早就把自己嫁出去了。可她太理性了，理性抑制了她的情感，当一个女人将男人看得太透的话，就很难不顾一切地爱上他们中的任何一个了。夏洛蒂·勃朗特曾评价说："简·奥斯汀一定从来没有真正恋爱过。"

不得不承认，夏洛蒂说对了。简最喜欢的侄女范妮回忆这位姑姑，说她"不够优雅，家境不够富裕，交往的人大多是泛泛之辈"。

简为女孩子们编织了那么多罗曼史，可她自己的人生，却是一部罗曼蒂克消亡史，没有玫瑰色的故事，更没有对灰姑娘情有独钟的翩翩绅士从天而降。

◆

范妮曾经问简：“姑姑，嫁给一个不喜欢的人和孤独终老相比，哪种更不好受？”

简诚实地回答说：“都不好受。”

作为19世纪文坛最有名的剩女，很多剩女将简·奥斯汀奉为励志典型，认为正是因为她的不将就，才成就了她那些名垂千古的作品。

其实只要她们对简的后半生有一个基本的了解，就会发现她活得并没有人们想象中那么励志，而是心比天高，命比纸薄。

简这一生，是很寂寞的，尤其是生命的后期，基本上是在孤独和疾病中度过的。在那个时代，女人写作并不是件特别正当的事，除非她像伍尔夫那样写出了名堂。简在文学上也并无扬名立万的野心，她一开始写作是当娱人娱己的消遣，后期则是为了生计而写。

她连一个独立的书房也没有，只能在嘈杂的起居室里写，那里人来人往，为了不让人发觉她在写作，她总是在碎纸片上写，当有人闯进起居室时，就赶紧用其他东西盖住。长达十年的时间她由于生活环

境变迁，一个字也写不出来。生命的最后几年，仿佛是意识到时间不多，她又恢复了一年一部作品的创作频率。那些被广大读者奉为爱情圣经的作品，正是她在烦琐的家事、单调冗杂的事务中挤时间写出来的。

她作品的出版也很不顺利。《傲慢与偏见》完稿后，她父亲将它寄给了一个出版商，却遭到了无情的拒绝。她出版的第一部作品是《理智与情感》，仅仅获得了 140 镑的稿费，她生前出版的四部作品，累计所得的稿费也不过是 700 英镑。简在一生中都没能看到自己的名字被印在出版小说的封面上。在《傲慢与偏见》出版之时，小说的扉页上写的仅仅只是：By The Author Of“Sense and Sensibility”（作者“理智与情感”）。

她 30 岁以后过得极为窘迫，住在哥哥提供的房子里，靠几位兄长的接济生活，和姐姐、母亲相依为命。微薄的稿费不足以改善她的窘境，她穿着过时的衣服，时常为没钱去购买茶叶和糖而发愁，舞裙和袜子都是自己缝制的，一件外衣，缝缝补补，要穿两三年。最后她在贫病交加中死去，死于姐姐的怀里，年仅 41 岁。

临终前，当姐姐痛悔不该劝她悔婚，说是因为自己，简才选择了孤独与贫穷。简却笑着对姐姐说：“因为你，我选择了自由。”嫁个还过得去的男人，由此度过平淡却安稳的一生，这也许是很多女人向往的生活，却并不是她的梦想。

这个终身未嫁的女子，至死都拥有一颗倔强的心。这颗心不肯俯就，这颗心不允许她接受还过得去的婚姻，这颗心使她无法改变自己奉行终生的信念：婚姻只能为爱情而成。

她曾经有机会走另一条路，一条当时大多数女子都会走的路，可最终，她却选择踏上了一条少有人走的路，哪怕无人做伴，哪怕铺满了荆棘。

姑娘们，还在犹豫该嫁给爱情还是嫁给金钱吗？这世上从来都没有完全正确的选择，哪种选择都会有遗憾伴随，关键在于，你是为自己的心而选，还是在随波逐流。

两百多年以前，简·奥斯汀早已用她的一生给出了答案，那就是：追随你的内心，然后为你的选择做出应有的承担。

你也许成不了简·奥斯汀，但至少，你可以成为你自己，只要你足够诚实，也足够勇敢。

简·奥斯汀
JANE AUSTEN

- 简·奥斯汀（1775 年 12 月 16 日—1817 年 7 月 18 日），英国女小说家。
- 简·奥斯汀 22 岁时写成她的第一部小说，题名《最初的印象》，她与出版商联系出版，没有结果。就在这一年，她又开始写《埃莉诺与玛丽安》，以后她又写了《诺桑觉寺》，于 1799 年写完。十几年后，《最初的印象》经过改写，换名为《傲慢与偏见》，《埃莉诺与玛丽安》经过改写，换名为《理智与情感》，分别得到出版。

虚荣和傲慢尽管常被用作同义词，实际上却是两回事。一个人可能傲慢但不虚荣，傲慢是我们对自己的评价，虚荣则是我们希望别人如何评价我们自己。

婚姻生活是否能幸福，完全是个机会问题。一对爱人婚前脾气摸得非常透，或者脾气非常相同，这并不能保证他们俩就会幸福。他们总是弄到后来距离越来越远，彼此烦恼。既然你得和这个人过一辈子，你最好尽量少了解他的缺点。

青春美貌通常赋予人表面上的善气迎人。

海莲·汉芙：见字如面

T

这是个堕落颓废的年代，他们居然把漂亮的旧书页撕下来当包装纸。

知道《查令十字街 84 号》，还是从吴秀波和汤唯主演的《不二情书》开始的。电影拍得乏善可陈，唯一的好处可能是勾起了人们对那个书信年代的怀念，以及知道了这本被奉为“爱书人圣经”的小书。

查令十字街 84 号，这个对于普通人来说略微有些拗口的地方，却是全世界爱书之人的向往之地。查令十字街，得名并不是因为它坐落于十字路口，而是来源于英王爱德华一世为悼念爱妻所设的十字架。在它鼎盛之时，“人类生活的潮流尽在查令十字”，这里散落着难以计数的书店、出版社，加上附近的剧院，堪称伦敦的文化重镇。

而查令十字街 84 号之所以有名，完全是拜海莲·汉芙的同名书信集所赐。这本美好的小书，诞生于那个车、马、邮件都慢的年代，身在纽约的剧作家海莲写信托远在伦敦的马克斯与科恩书店买书，由此开启了和书店主管弗兰克·德尔之间长达二十年的通信时光，一段纸上奇缘也就此展开。

终其一生，海莲与弗兰克都未曾谋面，他们之间的情谊却被封存在信中，永远地流传了下来。

◆

事情开始于 1949 年 10 月，住在纽约曼哈顿的女剧作家海莲·汉芙陷入了烦恼之中。这种烦恼对一般人来说不值一提，对于嗜书如命的她来说却无比重要——她总是买不到想买的书。为此她深深地讨厌纽约，认为这是一座没有气质的城市。

因为这里的人要么不读书，要么只读最新出的所谓畅销书，她所欣赏的英国文学在这里根本无人问津，在本地书店里也难觅芳踪。当她向书店老板询问是否有此类书时，得到的回答却是：

“这年头没人要买英国人写的英文书了。”

气愤之下，这个一向有点莽撞的白羊座女子忽然突发奇想，按照《星期六文学评论》上提供的地址，给伦敦的一家古旧书店写信，这家书店正是坐落于查令十字街 84 号的马克斯与科恩书店。

这封开启一切的信只不过短短数行，或者称为“便函”更为恰当，全文如下：

先生：

你们在《星期六文学评论》的广告上说你们长于经营绝版的书籍，但你们所用的“珍本书商”一词让我有些害怕，因为我总是把“珍本”与昂贵相连的。我是位穷作家，但对书有一些“珍本”般的嗜好，我所要的书在这里很难买到。这里所有的，要么是索价奇昂的珍本，要么就是巴诺书店里头那些被小鬼们涂得乱七八糟的邋遢书。

随信附上一份清单，上面列出我目前最想读而又遍寻不着的几本书。

如果贵店有符合该书单所列，而每本又不高于五美元的话，可否径将此函视为订购单，并将书寄给我。

你忠实的海莲·汉芙小姐

向大洋彼岸的伦敦书店索要一些业已绝版的珍贵书籍，且价格须在五美元以下，这样的要求，简直可以说是异想天开。但如果你和海莲一样爱书成痴的话，应该能理解她的行为，书迷们为了寻觅到想读的书，谁没干过一两件荒唐的事呢，张爱玲后来那么讨厌胡兰成，也不惜纡尊降贵写信向他借书。

海莲寄出信那一天，是 1949 年 10 月 5 日，这时她已经 33 岁了，仍然一派天真，在杂志上看到个地址就写信去索书，而且毫不掩饰自己经济上的窘境，理直气壮地提出希望所购书籍价格能在五美元以下。

幸好回信很快就来了，连同她渴盼已久的书籍。喜出望外的海莲再一次去信，这次除了买书之外，还外加了一份小小的抗议和一点麻烦的要求。

抗议是不满于书店的回信中称她为“女士”，这位尚待字闺中的小姐，显然不愿意以女士自居，所以特意在信末加了一句：我希望你们那边，“夫人”的意思和我们这边指的是两码事。

丨电影《查令十字街84号》剧照

此外，这位以文字为生的女剧作家数学太差劲，搞不清如何把英镑换算成美元，只得要求书店店员们行行好，为了方便起见将书价先换算成美元。

换了其他任何一家书店，可能都会觉得太麻烦，他们犯不着为了海莲这样一位穷顾客而增加工作量。可是书店的主管弗兰克·德尔并没有，他充分发挥了一名英国绅士该有的风度，对海莲的要求都一一照办，不管这是否会给自己增加额外的负担。

在下一封信里，他如其所请，改称她为汉芙小姐，将按照她的嘱咐，将书款折算成美元。后来，他还贴心地为她设立了一个专属账户，以便于更好地为她服务。如果在此过程中，弗兰克有一丝一毫的怠慢，也许就会切断他们之间的联系，那么，后来的一切都将不会发生了。

人们常爱说缘分，其实缘分不仅仅是天意，也离不开人为的努力。遇见某些人，是上天的旨意，可和其中的一些人成为朋友，则是双方的共同努力。海莲和弗兰克可以说是因书结缘的，是爱书人的痴迷和卖书人的敬业，让他们很快交付了彼此的信任，并由此开始了长达20年的通信时光。

◆

如果到此为止的话，海莲和弗兰克之间就仅仅只是顾客和商人的关系了。可是不久之后，海莲以她美国式的热情和大方，一点点凿开了弗兰克英国式的矜持，他们之间的距离被迅速拉近。

20 世纪 50 年代的英国物资短缺，连鸡蛋等基本食品都实行限量供应。海莲从朋友那里获悉，可怜的英国人每一户每个星期才配给两盎司（约 57 克）肉，而每个人每个月才分得一只鸡蛋后，她一听简直吓坏了。于是她立马给弗兰克等人邮寄了一份圣诞礼物，这是一份从重量到心意都沉甸甸的礼物——一块重达六磅（约 2.7 公斤）的火腿。长期吃不到什么荤腥的书店店员们，终于在圣诞节如愿吃上了完整而大块的肉。

从那以后，海莲提供的爱心食品源源不断。隔着一个大西洋，成箱的鸡蛋、整打的牛舌罐头、数磅重的火腿以及女人穿的长筒丝袜从纽约不断地寄往伦敦，享用过这些物品的包括店员和他们的家人，弗兰克的妻子诺拉和两个女儿，甚至包括邻居家的老太太。那个时候，一枚小小的鲜鸡蛋对于他们来说已经是难得的美味。

事实上，海莲手头并不宽裕，她这一生都在与贫穷做斗争，却屡屡败北。她出生在一个制衣人家庭，19 岁时考入费城大学学她爱的英国文学，仅读了一年后就因家境贫困无力支持而辍学。辍学后她摇起笔杆谋生，靠写电视、舞台剧本为生。可在大半生里，她一直籍籍无名，辛苦写作所赚的微薄费用仅仅能糊口而已。她前半生一直住在曼哈顿一座老式公寓里，白天不供应暖气，冬天人冷得发抖。

可即便如此，她依然不改慷慨本性，手头一旦有点钱，第一时间想到的不是如何改善自己的生活质量，而是为处于困难时期的英国朋友们寄去物资。

二十年里，海莲在马克斯与科恩书店里只买了近五十本书，且多数是价钱低廉的旧书。这样一位顾客，远远称不上阔绰，但绝对是书店众多顾客中最慷慨的一位了。这种大方出手不计回报的豪情，为她赢得了包括弗兰克在内的书店店员们的真挚友谊，连弗兰克的妻子诺拉都特意去信向她致谢。

海莲自掏腰包给从未谋面的店员们寄食物丝袜等圣诞礼物，不仅不求回报，还打心眼里觉得自己占了便宜，在写于 1952 年圣诞前不久的一封信里，她写道："我打心里认为这实在是一桩挺不划算的圣诞礼物交换。我寄给你们的东西，你们顶多一个星期就吃光抹净，根本休想指望还能留着过年；而你们送给我的礼物，却能和我朝夕相处，至死方休；我甚至还能将它遗爱人间而含笑以终。"

这才是真正的慷慨，作为一个真正慷慨的人，海莲总是为自己得到的而感恩，却从来不在乎她究竟付出了多少。

◆

海莲和弗兰克之间，究竟是不是爱情呢？

很多人认为是，比如说出版人张立宪，就为《查令十字街 84 号》中译本写了一则序言，标题叫《爱情的另一种译法》。此书被搬上银幕翻拍成电影后，也着力突出海莲和弗兰克之间的情缘。

但当我读完这本书后，并没有找到有关于爱情的任何痕迹。为了怕它们隐藏得过于巧妙，我又重读了一遍，还是没有找到，连暧昧的影子都找不到。

不管别人怎么说，我坚信自己的判断，那就是：海莲和弗兰克之间的感情并不是爱情，而是一种超越了爱情的深情厚谊，这种感情的深度和力度却不比爱情逊色。

弗兰克一早就透露了自己早有妻室，并有两个孩子的状况，海莲知道这一情况后，也没有流露出哪怕一丝丝的失意。她照样和他保持通信，以几月一次的频率。二十年的通信里，他们从来没有涉及一个“爱”字。

可能有些人会觉得，男女之间，如果不谈爱的话，还能够谈什么呢？

海莲和弗兰克的数百封通信告诉我们：还可以谈些别的什么，比如书。

热爱英国文学的海莲在大都市纽约根本找不到她的同类，这里几乎没有人对这种书感兴趣。等和弗兰克逐渐熟络之后，她终于找到了一个人，可以分享她的读书心得，她对文学的见解，还有她对人们不再读书的不满。

别以为海莲是个古板的书呆子，一谈起书来，她比谁都轻松活泼。春天来了，她写信给弗兰克索书，信写得无比轻快：

“弗兰克·德尔，你在那儿究竟干什么？你什么都没干，你只是闲坐着！

我的利·亨特在哪里？我的《牛津诗集》在哪里？……

春天到来之际，我要一本情诗集，不要济慈或雪莱，请寄给我一本不太煽情的情诗集，你自己挑选吧，要一本小开本的，可以放入裤兜中带到中央公园去。”

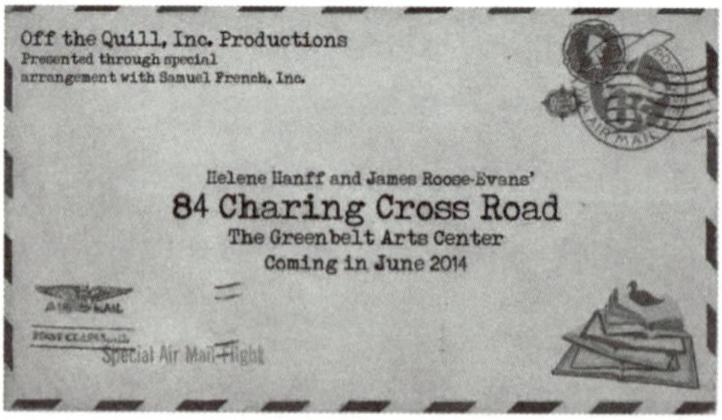

字里行间一派亲昵，像是在对着相识多年的老朋友撒娇，其实这时他们只通了五封信。

有时，海莲也会抱

怨弗兰克给她找的书不尽如人意，她对一本拉丁文版《圣经》特别瞧不上，在信中说诸公的翻译简直糟蹋了这本世界上最美的散文，这些家伙活该下十八层地狱。

海莲是一个挑剔的读者，她挑选书籍比很多女人挑选情人还要苛刻，一般的书根本入不了她的法眼。对于她不喜欢的书，比如东拼西凑的《佩皮斯日记》，她宣称将会把这本烂书碎尸万段，一页一页撕下来包东西。

她在阅读上有自己独特的品位，她不爱读虚构的故事，除了简·奥斯汀的《傲慢与偏见》，她几乎不看小说。她坚决不读新书，所谓新书，指的是同时代人写的新鲜出炉的作品，她坚信只有经过时光检验的书才配得到阅读，而对于喜欢的书，她会再三阅读。

只有弗兰克可以不厌其烦地满足她看似严苛的要求，大多数时候，他总能找到海莲爱读的书。到后来，他已经充分了解她的阅读趣味，有时无须她开口，就会将他新找到的书寄给她，而那总是她想要的。

为了帮海莲找书，他带着员工出入豪宅，终于找到了一本伊丽莎白一世时期的情诗集，海莲收到后兴奋不已，因为那天正好是她的生日，而她拥有了生平第一本镶金边的书，书中的情诗正如她要求的那样，不太煽情，恰到好处。

实际上她厌恶一切形式的煽情，这个简单明快的白羊座女人，单纯得就像一杯白开水，她的世界，绝对容不下暧昧和含混。她和弗兰克之间的情谊，也像白水般透明，平淡而隽永，正是“君子之交淡如水”的最佳注解。

爱情是酒，而友谊是水。水的滋味虽淡，却更为持久。友谊并不比爱情的分量轻，好的朋友可能比好的爱人更难寻觅，所以我们中国人有句话叫“千金易得，知己难求”。

弗兰克就是海莲在大洋彼岸的知己，他们之间的缘分是书缘而非情缘，是对英国文学和古旧书籍的共同热爱和相似品位，让他们相隔万里，却莫逆于心，他们从未谋面，却早已见信如晤，见字如面。

难怪越到后面，海莲就越忍不住发出这样的感叹：“弗兰克，你是唯一了解我的人！”

人生得一知己足矣，多少人尽管身处于人群之中，却无比寂寥。海莲终生未婚，唯一的爱人在二战中死去，可我想，有了弗兰克这样的异国知己，她这一生并不寂寞。

◆

海莲曾无数次设想去查令十字街 84 号看看，弗兰克和店员们也一次次盛情发出邀请，一向内敛的他甚至在信中说：“如果有一天你来伦敦，橡原巷 37 号（弗兰克家）会有一张床给你，你爱待多久便待多久。”

可由于经济上的问题，海莲迟迟未能成行。她在 20 世纪 60 年代尤为穷困潦倒，剧本卖不出去，书的选题也没人感兴趣。她只有托到伦敦去的朋友们，代她去看看“她的书店”。朋友们受到了书店店员们的盛情款待，他们将书店描述为“一间活脱从狄更斯书里头蹦出来的可爱铺子”，极目所见全是书架，一走进店内，喧嚣全被关在门外，一阵古书的陈旧气味扑鼻而来……当听到朋友在电话里对她说：“如果你有路费的话，是否想和我们同去？”

一向乐呵呵的海莲几乎哭了。

就在她还在为英国之行筹措路费时，一封迟来的信寄到了她的手里，写信的人告诉她，弗兰克已经在三个月前因病去世了。

哀恸的海莲无处寄托哀思，她甚至连去英国的路费都筹不到，只有写信给去往英国的朋友，拜托他们“书店还在那儿，你们若恰好路经查令十字街 84 号，请代我献上一吻，我亏欠它良多……”

迟来的幸运终于在这时眷顾了她，她和弗兰克之间的通信备受书商青睐，《查令十字街 84 号》一经出版，便大为畅销，顺势推出了英文版本。

从来没有好运临头的海莲，终于有了一个机会，搭乘飞机来到她梦萦魂牵的城市，亲眼见到马克斯与科恩书店。那是弗兰克的书店，也是她的书店，拥有他们的共同记忆。她站立的地方，正是他当年所站立过的。她凝视过的街道，正是他所凝视过的。她抚摩过的书页，正是他当年细心装裱的。

“弗兰克，我来了。”电影《查令十字街 84 号》中的结尾，海莲对着空气喃喃自语，不知天上的弗兰克是否能够听到。

查令十字街 84 号因海莲的书而天下闻名，它给予了天下爱书人那么多感动，可这并不能阻挡它被商业的洪流淹没。在勉强支撑了不到一年后，书店便关门大吉了。

至今，那里仍是爱书人的朝圣之地，多次易主的店门外镶着一块铜铸圆牌，上头刻着：“查令十字街 84 号，因海莲・汉芙的书而举世闻名的马克斯与科恩书店原址。”

亲爱的人们，若你们恰好路经查令十字街 84 号，请代我也献上一吻，我们都亏欠它良多。

NICE TO MEET YOU

—— HELENE

遇见海莲

- 书信来往之间因延迟所造成的时间差，大抵只有天然酵母的发菌时间之微妙差可比拟。一旦交流变得太有效率，不再需要翘首引颈、两两相望，某些情意也将因此迅速贬值而不被察觉。
- 我喜欢扉页上有题签、页边写满注记的旧书；我爱极了那种与心有灵犀的前人冥冥共读，时而戚戚于胸、时而耳提面命的感觉。

海莲·汉芙
HELENE HANFF

- 海莲·汉芙（1916 年 4 月 15 日—1997 年 4 月 9 日），出生于美国费城。绝大部分的岁月都在曼哈顿岛度过，一生潦倒困窘。汉芙生前从事最多的工作乃是为剧团修审剧本，并曾为若干电视剧集撰写剧本。
- 主要著作有：日记体的纽约市导览《我眼中的苹果》（Apple of my Eye）、半自传的《蹩脚混剧圈》（Underfoot in Show Business）、传记《Q 的遗产》（Q's Legacy）、《纽约来鸿》（Letter From New York）以及一系列以少年为对象的美国历史读物。
- 书信集《查令十字街 84 号》于 1970 年首版问世，旋即被爱书人奉为经典，英国版则于次年出版，同样在英伦地区引起反响。1971 年 6 月 17 日，汉芙应英国出版商之邀，终于飞抵伦敦，实现了她的夙愿。

茨维塔耶娃：

U

她说她偏爱诀别胜过相逢

我对生活中的一切，都是在诀别时才喜爱，而不是与之相逢时；都是在分离时才喜爱，而不是与之相融时；都是偏爱死，而不是生。

“我想和你一起生活
在某个小镇，
共享无尽的黄昏
和绵绵不绝的钟声。
在这个小镇的旅店里——

古老时钟敲出的

微弱响声

像时间轻轻滴落。

有时候，在黄昏，自顶楼某个房间传来笛声，

吹笛者倚着窗牖，

而窗口大朵郁金香。

此刻你若不爱我，我也不会在意……”

第一次读到这首诗时，像是陷身于海浪之中，一种巨大的温柔瞬间席卷了我。写这首诗的诗人叫茨维塔耶娃，忍不住想多了解她一点，因为想知道，到底是什么样的人，才能写出如此澎湃又如此宁静的诗句呢？

茨维塔耶娃，俄罗斯白银时代最杰出的女诗人。1992 年，诺贝尔文学奖获得者布罗茨基在一次国际研讨会上宣称：茨维塔耶娃是 20 世纪最伟大的诗人。有人问：是俄罗斯最伟大的诗人吗？他答道：是全世界最伟大的诗人。

就是这个誉为“20 世纪最伟大的诗人”的女人，生前受尽冷落，小半生都流落他乡，好不容易回归故土，却连一份洗碗的工作都找不到。她的一生，都是在刀尖上行走，这个叛逆的灵魂，蘸着自己的血和泪，写下一行行令整个俄罗斯落泪的诗句，那是来自刀尖上的吟唱。

◆

玛丽娜·茨维塔耶娃天生就注定是个诗人。

1892 年，她出生在莫斯科一个知识分子家庭，父亲是莫斯科大学的

艺术史教授，母亲是著名钢琴家鲁宾斯坦的学生，自从嫁人之后，音乐生涯半途而废，于是把自己的音乐梦想全部寄托在女儿身上。在母亲的教导下，茨维塔耶娃自牙牙学语时就开始练琴，5 岁就考入了以培养音乐神童闻名的卓格拉夫—普拉克欣学校，7 岁就能在学校音乐会上登台表演了。

母亲试图把女儿淹没在音乐里，可是茨维塔耶娃真正爱的是另一种音乐——诗歌。自从幼年开始，她就醉心于文字游戏，喜欢遣词弄句，摆弄韵脚，为普希金的诗歌深深着迷，到处搜罗这位俄国诗人的逸事。音乐和文字在她的脑子中应和了，她沉迷于诗中的韵律之美，那些字词在她的笔下如大珠小珠落玉盘，散发着音乐般的美感。

“莫非她会成为一名诗人？”对于女儿的沉醉，母亲有点将信将疑，她忍不住告诫女儿：“你只有刻苦用功才行，不然的话，无论上帝给你什么样的天赋，说葬送就葬送了，很容易的！”这成了茨维塔耶娃一生笔耕不辍的源头。

茨维塔耶娃的少女时期过得很快活，衣食无忧，顺风顺水，住在三塘大街宽敞明亮的房子里，唯一的忧愁是母亲在她 13 岁那年就过早离世了，但父亲再未续弦，将所有的爱都给了两个女儿。他很宠女儿们，对她们的要求百依百顺。这也许造成了茨维塔耶娃的任性，因为在最关键的成长期里，她的个性没有受到过任何压制。到了念中学时，她已经是个出名的野

茨维塔耶娃与妹妹阿霞

孩子，煽动同学，顶撞校长，以致被校方开除。父亲没有责怪她，而是马上给她找了另一所学校。

茨维塔耶娃才不在乎被学校开除呢，她有更重要的事要干。作为一名少女，她长得不够美，脸太圆，身躯太胖，头发也太粗硬了，她唯一能够倚仗的是自己的诗才。6 岁就开始写诗的她一心想跻身于伟大诗人之列，于是在 18 岁那年就出版了人生第一部诗集《黄昏纪念册》，印了五百册，费用是她自己掏的腰包。这无所谓，反正父亲有钱。

诗集一印出来，她就抛之脑后了，连报纸上的评论也懒得去看。直到诗坛前辈沃伦克亲自登门拜访时，她才知道，原来这本自费出版的诗集，已经赢得了业内人士的一致好评。头炮打响了，茨维塔耶娃的名字开始为人所知，恰好她在这时又找到了心上人，他叫谢尔盖·艾伏隆，是个身体瘦弱、脸色苍白的民粹派后代。也许是艾伏隆身上那种孱弱的气质激发了茨维塔耶娃的保护欲，她素来偏爱弱者胜过强者，所以她不惜从学校退学，也执意要嫁给他。

20 岁那年，茨维塔耶娃迎来了人生中的黄金时代，感情上十分顺遂，和谢尔盖举行了婚礼。不久后就生下了女儿阿利娅，事业上也一片光明。每当她在文学晚会上当众朗诵诗歌时，听众们总是报以如雷的掌声。父亲在她结婚一年后去世，给她们姐妹俩留下了不菲的遗产。她把钱存进银行里，每个月能拿到 500 卢布的利息，而那时一个工人的月薪才不过 22 卢布。

见过她的后辈回忆说，那时候的茨维塔耶娃相当意

茨维塔耶娃夫妇和友人

气风发，走起路来头昂得高高的，十只手指上都戴满了戒指，念起诗来语调高扬，看上去那么骄傲。

当茨维塔耶娃以为金色的前程就此展开时，却不知道，她已经提前透支了一生的快乐，未来迎接她的，将会是无穷无尽的磨难。

如果没有战争，茨维塔耶娃可能还会一直做诗人，过着象牙塔内平静美好的生活。可随着一战的爆发，这种生活正式画下了句号。

1917 年，丈夫谢尔盖不顾自己体弱有病，毅然应征当兵，加入了白俄的队伍，这个貌似孱弱的男人生来就对保家卫国有着一腔热血。他这一走就杳无音信，茨维塔耶娃不知道他是死是活，莫斯科陷入了大乱，当局出面强制征用市民们的空房。茨维塔耶娃家的房子被征用，只给她留下三间，供她和两个女儿住。

破旧的火炉没什么热气，冷得她们瑟瑟发抖。物资匮乏，缺衣少食，万般无奈之下，她只得把小女儿伊莲娜送去了儿童收容所，听说那里的孩子可以吃得饱些，结果伊莲娜却不幸饿死在收容所里，才 3 岁。她为此自责不已，可没有办法，两个孩子，她只能救一个。

无助的日子里，她唯有借写诗来抒发对谢尔盖的满腹思念，她写道：

我曾经写在石板上，
写在旧扇子的桌面上，
写在河边和海滨的沙滩上，
我用冰刀写在冰面上，
我用戒指写在杯盏上，
写在百年大树的树皮上，
最后，为了让所有的人都知道。
我把这几个字用彩虹挂在天上：
有人爱你，爱你，爱你，爱你！

可是谢尔盖完全听不到她的呼喊，他消失在战争中，就像死了一样，完全失去了音信。

好不容易熬到战争告一段落，茨维塔耶娃获知谢尔盖还在世，赶紧带着女儿阿利娅出国和他团聚。

在柏林，这对分别多年的夫妻终于见面了，阿利娅后来如此描述父母重逢的一幕："爸爸向我们跑来，脸上绽放着幸福，紧紧拥抱妈妈……他们紧紧拥抱在一起，拥抱了很久，然后，用手心互相擦着眼泪。他们俩都泪流满面。"

夫妻团聚，照说应该无比幸福才对，可茨维塔耶娃对谢尔盖反而没有那样柔情蜜意了，她就是这样，需要一点距离才能成全自己的情深义重，就如她众所周知的那首诗中所说的那样："我对生活中的一切，都是在诀别时才喜爱，而不是与之相逢时；都是在分离时才喜爱，而不是与之相融时；都是偏爱死，而不是生。”

重逢的惊喜还没过多久，很快就被现实的黯淡冲走了。毕竟，他们来到异国他乡，不是旅游，不是做客，而是流亡。

意识流的鼻祖乔伊斯曾有一句名言：“流亡，就是我的美学。”可真实的流亡生活一点都不美，不但不美，还辛酸极了。茨维塔耶娃随着丈夫在欧洲各地一共流亡了整整 17 年，先后辗转于德国、捷克、法国各国，不管身在何处，身为流亡者的飘零感一直跟随着她，贫穷和孤独也从未离开过她。

漂泊在异国的茨维塔耶娃一家穷极了，谢尔盖靠做哑剧演员挣几个小钱，她则靠在杂志上发表诗歌挣点微不足道的稿费。大部分时候，是靠朋友们的接济和政府的救助才能活下去。

钱总是不够花，她又生了个儿子，一家四口不是挤在郊外破旧的小木屋里，就是寄居在朋友家的房子里。很少有人穷到她那个地步，她有时几个月都洗不上澡，买不起衣服。终日穿着条破破烂烂的裙子，唯一不变的是十只手指仍然戴满了戒指，那是她无声的宣告，宣告着她终究还是与众不同的。

比穷困更难忍受的，是如影随形的孤独。热爱俄罗斯文化的茨维塔耶娃，在异国他乡无时无刻不被孤独咬啮着。满眼都是陌生的风景，满耳都是陌生的语言，她拒绝融入当地，仍然坚持只说俄语，只用俄文写作，也只去俄国人聚集的餐厅用餐。

可即使是身处在同样飘零他乡的流亡者中，她还是找不到同盟。很多时候，她孤独得像一颗星球，满腔热情无处安放，“独自一人，对自己的灵魂，满怀着巨大的爱情”。

茨维塔耶娃用来抵挡贫穷和孤独的，是爱和诗。

她是那种时刻都需要爱情的人，她总得爱上个什么人，否则满腔的柔情蜜意就没地方放。她把丈夫谢尔盖当成孩子一样去照顾和疼爱，可这并不妨碍她爱其他的人。

专栏作家洁尘理出茨维塔耶娃的一份桃色名单，有诗人、公爵、红军战士、作家、评论家、演员、学者，男人、女人，共 18 名。她过于浓烈的爱常常让人战栗，据说她年轻时爱过一个叫尼伦德尔的大学生，在遭受对方的拒绝之后，她拿着一把手枪到剧院自杀。所幸枪内装的是哑弹，她才没有为爱而死。

谢尔盖深知妻子的多情，他在一封给老友的信中写道："茨是极易动情的人，比先前，我离开时，变本加厉。没头没脑地投入感情风暴，成为她的绝对需要，她生活的空气。由谁煽起感情风暴此时并不重要。几乎永远（不管现在还是先前）建筑在自我欺骗上。情人一经虚构出，立即刮起感情风暴。如果煽起感情风暴的那人是微不足道的人，目光短浅的人，很快便会现出原形，茨便又陷入绝望的风暴。直到新的煽动者出现，绝望才有所减弱。"从信的内容来看，谢尔盖堪称茨维塔耶娃的知己，这个男人尽管孱弱，却愿意去容忍她、理解她，所以他们才相伴走过了一生。

茨维塔耶娃迷恋精神恋爱远胜过肉体出轨，她的爱情一般都只停留在纸上，很多时候，她需要的是一个相隔遥远的对象，用来

成全她的眺望和深情。比如那段举世闻名的“三角恋”，她和诗人帕斯捷尔纳克、里尔克一同保持着通信，她同时爱慕着他们，他们也同时爱慕着她，而且彼此之间并不嫉妒。

里尔克这时已重病缠身，风烛残年，她却一点都不在乎，她给他写信，说自己追求的是“无手之抚，无唇之吻”，她写道：“我不是活在自己的嘴上，吻我的人将错过我。”通信进行到高潮时，她也曾炽热地写道：“我想和你一起睡觉，光睡觉，没别的……我会这样吻你：会吻到你的灵魂深处，吻到你的喉咙深处……”

可事实上她和里尔克都并不期待见面，他们宁愿把亲吻和爱抚停留在字面上，直到里尔克去世，他们都未曾谋面。茨维塔耶娃设想的见面，如同她在写给里尔克的信中所说的那样：“我们终将重逢，倘若我们被人一同梦见。”

爱情总是昙花一现，真正伴随着她走过颠沛一生的是诗。茨维塔耶娃是那种最纯粹的诗人，她只为自己的内心而写，与政治保持距离，也无意拉帮结派。

在诗坛，她是有名的“独行侠”，早在俄罗斯时就不加入任何诗歌流派，流亡国外后更是独来独往。她有意远离政治势力和诗歌流派，只为了守护诗歌的纯粹。

她的诗铿锵有力，掷地有声，经常故意采用不和谐的音节，当时并不为大众所激赏。那时大家欣赏的是安娜·阿赫玛托娃那样的女诗人。在俄罗斯诗坛，阿赫玛托娃是公主，而茨维塔耶娃是叛逆的假小子，阿赫玛托娃的诗是温柔的吟唱，茨维塔耶娃的诗则是狂暴的喊叫。这叫声如此有力地冲击着人们的耳膜，以至于他们觉得未免太刺耳了。

漂流在外的日子里，茨维塔耶娃渴望的只不过是一张安静的书桌，可以坐下来写诗。即使烦琐的家务压得她喘不过气来，她还是没有放弃写诗，哪怕写下的只有短短一行。可懂得欣赏她的人越来越少，她本人也越来越被边缘化，祖国和异乡，都没有她的容身之地。

在给朋友的信里，她悲哀地写道："在俄罗斯，我是出不了书的诗人。在法国，我是没有读者的诗人。"

即便如此，她还是坚持着自己的诗作风格："我不知道我还能活多久，我不知道我是否还能返回俄国，但我知道，我直到最后一行诗也要写得有力，软绵绵的诗歌，我是不会写的。"她在诗中骄傲地宣称："我是凤凰，我只在火里歌唱；我是冰的篝火，火的喷泉。"

她深深怀念着祖国俄罗斯，却不愿意回到那里去，因为担心在政治高压下，她的诗稿将无法保存下来。可丈夫艾伏隆和女儿阿利娅率先回国，她割舍不下亲人们，只得带着儿子穆尔回国。

◆

流亡 17 年后，茨维塔耶娃终于回家了，回到了她梦萦魂牵的祖国。可她很快就发现，祖国早已面目全非，在这块熟悉的土地上，根本找不到一个地方来安置她漂泊的灵魂。

她在莫斯科度过了最后两年，这两年正逢莫斯科"大清洗"运动，她的妹妹失去了自由，她的女儿和丈夫先后被投入监狱，她被从住的房子里赶出来，连个落脚的地方也找不到。哪怕如此，她还是没有失去求生的斗

茨维塔耶娃与女儿阿利娅

志。她不停地给当局写信，求他们网开一面放了丈夫和女儿，她托朋友找来翻译稿件的活儿，换取一点微薄的报酬。

可时间一天天过去，她就一天天濒临绝望。没有人理会她的诉求，也没有刊物愿意登她的诗，她和穆尔连饭都吃不饱，她逐渐意识到，自己已成了儿子的拖累。

傲骨铮铮的茨维塔耶娃，生平第一次低下她高傲的头，向文学扶助会的管理者求助，苦苦哀求他："请您给我一份工作，文学扶助会将来成立食堂，让我来洗碗吧。"

这最后的恳求被无视了，她终于绝望了，在寄居的破房子里，她找到了一个吊钩，于是毫无留恋地将头伸进了绳子里。

自缢之前，她还是放心不下儿子，写信给朋友，拜托他"请像爱儿子一样爱他，他不会使你失望的"。至于她自己，"请原谅，我没有撑过来。"她以这种惨烈的方式，诀别了这个世界，这个她曾深深爱着，却受尽了白眼和冷遇的世界。

死后，她被草草埋葬在郊外，连块墓碑也没有，更别提墓志铭了，这位生前享誉国际的诗人，就这样消失在荒烟蔓草之中。她去世不到两个月，她亲爱的丈夫谢尔盖就被秘密枪毙了。她挂念的儿子穆尔在几年后应征入伍，身负重伤而死。她的女儿阿利娅被流放到西伯利亚，一直到 1955 年

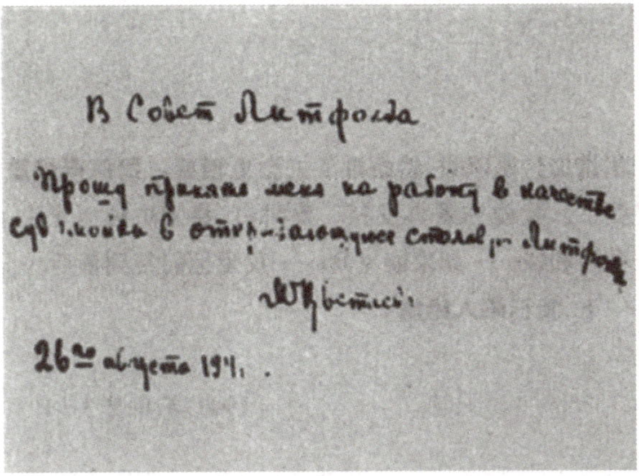

В Совет Литфонда

Прошу принять меня на работу в качестве судомойки в открывающуюся столовую Литфонда.

М. Цветаева

26го августа 1941.

这是 1941 年 8 月 26 日，也就是诗人自杀前几天，茨维塔耶娃致文学基金委员会的便条。

才被释放。

她的作品一直被封杀，直到 20 世纪 60 年代才得以重新问世，整个俄罗斯都含着眼泪开始阅读她。她的诗句，在成千上万人的嘴中流传，恰如她在名作《致一百年以后的你》中预言的那样：经历了整整一百年啊，我才最终迎来了你！我深知一百年以后，人们将会多么爱我。

一切都太迟了，这迟到的爱和荣誉，不足以抚慰她一生的苦痛。

千秋万岁名，寂寞身后事。

FOR YOU

《致一百年以后的你：茨维塔耶娃诗选》

推荐语：

夏天来了，读读茨维塔耶娃的诗吧。我一直觉得，不同的季节要读不同的诗，才能体味到诗中独特的美好。春天适合读拜伦和雪莱，跟着他们的诗一起体会春之浪漫，秋天适合读艾米莉·狄金森，她的诗里有一种宁静的热情，正好和秋天相应。冬天适合读兰波，这位号称自己“死于疲惫”的诗人，写下了许多象征主义诗歌，冬日漫长，可以细味那些谜一样的诗篇。

茨维塔耶娃的诗呢，最适合在夏天读。情感炙热浪漫，意象瑰丽奇幻，多么炽烈的夏日集曲。读她的诗，总感觉饱满的感情就要破纸而出了。你唯一要担心的，是不要过分投入，以免被她的诗句灼伤。

内容简介：

《致一百年以后的你：茨维塔耶娃诗选》是20世纪俄罗斯诗人茨维塔耶娃的诗歌选集。译者苏杭先生精选了一百来首茨维塔耶娃脍炙人口的短诗，并首次译出长诗《山之诗》。作为主要以诗歌创作名世的诗人，茨维塔耶娃在创作手法上有相当的创新，她披露感情时更热烈，更大胆，更横放杰出。

玛丽娜·伊万诺夫娜·茨维塔耶娃
МАРИНА ИВАНОВНА ЦВЕТАЕВА

- 玛丽娜·伊万诺夫娜·茨维塔耶娃（1892年10月8日—1941年8月31日）。
- 诗人、散文家、剧作家。
- 茨维塔耶娃的诗以生命和死亡、爱情和艺术、时代和祖国等大事为主题，被誉为不朽的、纪念碑式的诗篇，在20世纪世界文学史上占有重要地位，被认为是20世纪俄罗斯最伟大的诗人。

V

那些怀才不遇的小人物

薇薇安·迈尔

没有什么能一直永垂不朽，我们要给别人留出空间，就像一个轮子，你上去了，就要走到尽头，然后别人占上他的位置。

步入新世纪以后，不止一个人宣布：在网络时代，不再有怀才不遇这回事。

大致说来的确如此，网络给了普罗大众展露才华的机会，千千万万的普通人，借着网络被人们所熟知。但万事总有例外，有些人或许不善于利用网络，又或许有些人根本就不想出名。

薇薇安·迈尔就属于例外。

这个谜一样的女子，大半辈子以做保姆为生，在照顾孩子的间隙里，拍了至少十几万张照片，这些照片大多没有冲印，而是被封锁在笨重的箱子里，并不打算公之于众。她的名字，她的来历，她的性格，有关于她的一切都是谜。这些原本都会像箱子里的底片一样，被尘封在时光深处。

如果没有约翰·马卢夫的执意寻找，她应该早就被人遗忘了。拜马卢夫所赐，她的照片开始展出，她的名字逐渐为人所知。

而被世人铭记和被万众仰慕，真的是薇薇安·迈尔想要的吗？

答案永远不会有人知道了，她已于 2009 年去世，再也没有机会给出自己的回答。

◆

这一切，得从拍卖会上那只神秘的箱子说起。

那是 2007 年，29 岁的 eBay 店主约翰·马卢夫参加了一次普普通通的拍卖会，买下了一箱普普通通的资料，箱子里装着一大堆没有冲洗的黑白底片，还有一些幻灯片和老旧的胶片，售价非常便宜，只需要 380 美元，据说箱子的主人是因为没有钱交房租，才不得不把财产拿出来拍卖。他对这样的拍卖会没抱什么期待，对箱子里的内容同样没什么期待，只是他最近正在写一本关于芝加哥的书，没准能从里面找到一些可用的照片。

谁都会想，380 美元就能买下的一大堆东西里能有什么好货色呢？无疑马卢夫一开始也是这么想的，他买回这堆底片后，随便冲洗了一些。然而没想到，他被这些洗出来的照片给迷住了。这组照片大约拍摄于 20 世纪 50 年代到 70 年代，看起来相当随意，有正在哇哇大哭的小孩，有屁股上满是泥浆的工人背影，有看上去身材伟岸的普通男子……很显然，这是一组街头摄影，摄影师很可能是将相机藏在衣服下端，所以被拍摄者看上去比实际上要高，还有些拍摄者脸上明显有被打扰的惊愕感。

还是个摄影新手的马卢夫一下子被打动了，他立即上谷歌搜索箱子主人的名字——薇薇安·迈尔，结果一无所获。

激动的马卢夫想要确认一下这批照片的价值，于是他将部分照片贴到了一家摄影网站上，没多久就收到了网友们的反馈，有说酷的，有赞太棒了的，简直是好评如潮。这下马卢夫更激动了，他坚信自己发掘了一名不为人知的天才摄影家，便立刻买下了可以搜罗到的薇薇安的所有“财产”，包括逾十万张黑白底片和七百卷未冲洗的彩色胶卷，还有她穿过的衣服，戴过的帽子以及报过的税单等等。

马卢夫为薇薇安建了一个博客，用来发布她的照片，随着博客的人气不断上涨，访问者们都很好奇：拍摄出这么多照片的街头摄影家到底是谁？

最好奇的还是马卢夫，他不懈地在网上搜索，搜索到了一则和薇薇安有关的消息，那是一则讣闻，也就是说，她去世了。

马卢夫有些沮丧，但还是没有停止寻找，终于有人给他打电话说，他是薇薇安曾经照顾的小孩之一。

有关薇薇安的信息开始浮出水面，马卢夫就是用这些杂乱而零碎的信息，慢慢拼凑出薇薇安的人生轨迹。

◆

尽管我们现在都称她为薇薇安，其实她很不喜欢这个名字，她更乐意人们称呼她为迈尔小姐。

薇薇安·迈尔，1926年出生于纽约，母亲是法国人，父亲是奥地利人，这让她究竟属于哪国人有了争议。但从各种迹象来看，薇薇安是以法国人自居的，她小时候是在法国一座乡间小镇长大的，说英语时也刻意保留着法语口音，见过她的人提起她来，总是说“那个法国女人”。有人批评她的法语口音太假，是装出来的，那生活在美国的薇薇安为什么要执意保留这种口音呢？可能还是一种文化上的认同和向往吧。她虽然长期居住在美国，却不怎么瞧得起美国人，喜欢看欧洲电影，对好莱坞流行的所谓大片不屑一顾。

这只是一个细节，却能体现出薇薇安的与众不同。毫无疑问，在那群从事体力劳动的工作者中，薇薇安是与众不同的。她身材高大，至少有一米八以上，总是穿着男式衬衫、大衣，配上靴子，戴着一顶毡帽，走起路来手臂大幅度摆动，带过的孩子给她取了个外号，叫“军靴”。

薇薇安成年后就到了美国，先是在芝加哥的一家工厂做纺织女工，她觉得那里的日子辛苦得暗无天日。为了能得到更多的自由时间，她转行做了保姆，而且一做就是40年。保姆在很多人看来不是什么高尚的工作，可至少有空余的时间，有固定的报酬还有一间可以供她容身的住所。

雇用过她的人大多用“神秘”“古怪”来形容这个女人，薇薇安应该有收集癖，据雇主们回忆，她来工作的头一天，就带来了十几个笨重的大箱子，里面装得严严实实的。保姆一般被安排住在顶层的阁楼，薇薇安住的阁楼总是堆满了杂物，报纸一直堆到天花板，东西多得过道只容一个人

侧身通过。

她每到一处，第一件要做的事就是要求雇主给她一把锁，将自己住的阁楼锁起来。在雇主的印象里，她封闭又古板，相当注重隐私，不愿意谈论自己，所以尽管有一家人和她在同一屋檐下共同生活了 17 年，但也对她知之甚少。

在部分她带过的孩子看来，她不是个称职的保姆，偏执，冷淡，容易陷入歇斯底里，有时脾气发作会忍不住揍小孩。她带孩子出去散步时有些漫不经心，有个孩子成年后记得他当时是被警察带到薇薇安面前的。

和照看小孩相比，显然她有更感兴趣的事，那就是拍照。

◆

作为一个保姆，薇薇安最古怪的地方可能就是她对摄影的沉迷了。

她和她的那架禄莱相机总是形影不离，在旁人看来，她什么都拍，似乎不加挑选，只要看到东西就拍。有一次，一个雇主看见她对着个垃圾桶一顿猛拍，他觉得不可思议，那有什么好拍的呢。在二十世纪五六十年代，拥有相机的人还不多，走上街头摄影的人更少，薇薇安却随时带着她的相机上街。

很多时候，她不是孤身一人，而是得带着照看的小孩一起上街。她总是带着他们去一些稀奇古怪的地方，比如贫民区、血汗工厂或者牲畜屠宰场。有些小孩喜欢跟着她去“探险”，大部分小孩却觉得很可怕，因为“太危险了”。一个小女孩在长大后说，薇薇安拍她见过的一切人，当然未经过他人的许可，“怎么没有人揍她呢，我现在还觉得好奇怪。”

当其他摄影师还在用镜头捕捉美时，薇薇安却将相机对准了那些看上去并不那么美的人和事物，她似乎并不认同大众关于“美好生活”的理念——她的镜头聚焦垃圾桶中的报纸，悲伤的小丑，担架上垂危的男子——这些都难称为“美”。她拍下了许多边缘人，照片中的人们有的戾气横生，有的眉头紧锁，都有一张被生活摧残过的脸。

后来有评论家说她“用照片为穷人发声”，事实上薇薇安可能没想那么多，她只是生性对古怪的事物感兴趣，除了拍照，她还阅读报纸上那些离奇的新闻，比如谋杀案之类，边看边喃喃自语：“我就知道会这样的。”她留下的一卷录音带里，也说起了《传道书》中的一则箴言：“日光之下并无新事。”

二十世纪五十年代，薇薇安向雇主请了八个月的假，用来环球旅游。她去了菲律宾马尼拉、泰国曼谷、埃及、意大利，甚至还到过中国北京。在这些地方，没有人知道她是一名保姆，而从她携带的照相机猜测她可能是一名外出采风的记者。

薇薇安并不排斥出现在镜头里，她留下了大量自拍照，有单照也有和他人的合影，她照相的时候从不忸怩作态，总是坦然面对镜头，眼神坚定犀利，略微显得有点倨傲。

接触过她的人都说她为人高傲，她也从未打算掩饰自己的高傲，很显然，和周围的人相比，她有一种智力和才华上的优越感。父母双亡的她习惯了独来独往，拒绝和家族中的任何亲人联系，她一辈子没结过婚，没有亲人，没有孩子，连朋友都很少。她非常排斥男人，曾将一个好心扶她的男人打得进了医院,有孩子猜测她早年可能受到过来自男人的伤害或侵犯。

她把所有的钱都花在了购买相机和胶卷上，连医疗保险都没给自己买一份，好心的雇主太太建议她买一份，她尖刻地回答说：“穷人穷得连死都死不起的。”晚年她穷困潦倒，连房租都付不起，还是她照看过的三个男孩凑钱给她交了公寓的房租。

摄影从未给她的实质生活带来任何改善，在生前，她的照片从未公开展出，但她在给他人的信里，宣称自己“拍到了一些很棒的照片”，也曾经联系过一家冲印店，她说自己“偏爱亚光效果”，可最后她都没有拿出她的作品给别人看，究其缘由无从知晓。

等到她的照片被分享在博客上供万众浏览时，她已经走到了生命的尽头。2009年，她病逝于租住的小公寓内，身边没有任何亲人。她将微薄的遗物留给了一位朋友，因为在她眼里，为数不多的朋友们显然比家族中的远房亲戚更了解她。

人生的最后阶段，附近的人常常看到她独自一人坐在河边的长椅上，茫然地望着远方，有时嘴里还喃喃地不知说些什么，还有人见她在垃圾桶

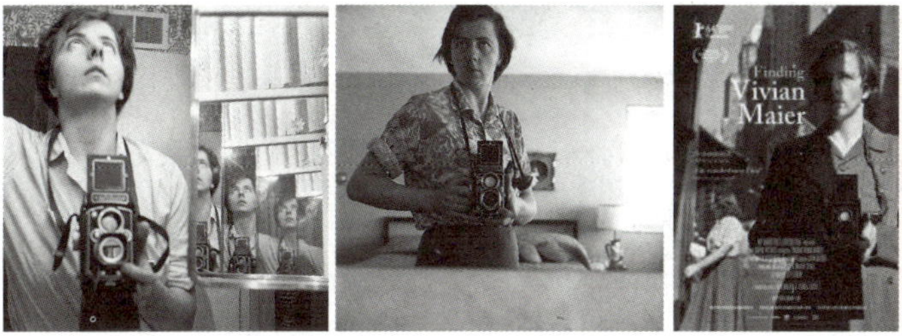

里寻找食物。没有人知道，这个看上去落魄至极的古怪老妇人，是一位才华横溢的街头摄影大师。

◆

2013年，一部名为《寻找薇薇安·迈尔》的纪录片在多伦多电影节上映，引起了大众的关注，并一举获得了第87届奥斯卡最佳纪录长片提名。

导演之一正是马卢夫，这只是他为薇薇安所做的诸多事情中的一件，为了向他心目中的天才摄影师致敬。自从被她的照片折服之后，马卢夫为推广薇薇安的摄影艺术做了太多的事，他设立了专门的摄影博客，设法集资冲洗了她留下来的所有照片，在纽约举行了大型摄影展览，并取得了前所未有的成功。

这位年轻人和薇薇安素未谋面，不排除他做这一切也有功利的想法，但我觉得他的初心很简单，那就是他坚持认为薇薇安是位天才，而天才是不应该被埋没的，不管她的身份是什么，也不管她是不是已经去世了。

薇薇安的孤独、怪僻、神经质都让人想起另一位更加有名的天才，那就是梵高，他和她一样，都是生前默默无闻，死后声名大振，他也和她一样，曾遭受过周围几乎所有人的不理解和集体排斥。梵高还有个提奥，他忠诚的弟弟，也是他的头号粉丝，无怨无悔地支持着他。薇薇安什么也没有，除了她自己。她被称为“女版梵高”，实际上她的孤独更甚。

是什么限制了她在生前就成为一名广为人知的街头摄影家呢？是她过于孤僻的个性，也是她身为保姆的身份。一个收藏了她所有底片的美术馆的馆长评价说：“有些人的个性使得他们在成功的最后一刻却总是使不上劲，你知道她没有把自己当成一位艺术家，她只是在做这项工作。总是有一种标准悬在我们头上，所以当某人出现时，总感觉她们是二流人物，但我不认为她是二流的,在我看她的照片时,我总觉得有一流的东西在里面。”

这位馆长可以说是评价得很委婉了，实际上我们这个社会充斥着对于艺术和身份的偏见，人们总是倾向于将艺术看成是精英们专有的领域，要涉足这一领域，你至少得达到小资阶层。尽管没有明确地说出口，可在很多人看来，文艺是有门槛的，穷人就不配追求艺术梦想，再苛刻一点的话，穷人连亲近艺术也不配，一个人如果连谋生都很难，那还谈什么生活呢，人穷到一定份上，就该安分守己，老老实实地做着聊以糊口的工作，挣一点小钱用来吃吃喝喝。

法国小说《刺猬的优雅》中塑造了这样一个女主人公勒妮，她是个博学多才的女门房，熟读胡塞尔和弗洛伊德，酷爱小津安二郎的电影，可她在日常生活中却将自己伪装成粗鲁、低俗、不学无术的样子，因为她知道，只有这样，她才能被人们看成是一个“安分”的女门房。

是的，热爱文艺的穷人往往被看成是不安分的。人们不相信，一个门房会拥有丰富的精神生活，就像同样不相信，一个保姆能拍出一流的摄影作品。薇薇安可能早就看透了这些，所以她才没有试图与人分享她的照片。

她知道，一旦她那么做，得到的可能是嘲笑、讽刺和打击，而不是欣赏和赞美。

她们都是带刺的刺猬，为了保护自己，不得不竖起满身尖锐的刺来。

纪录片《寻找薇薇安·迈尔》海报

◆

这让我想起 2018 年在《中国诗词大会》上夺冠的雷海为，他是一名外卖小哥，凭着多年的诗词积累，一举击败了北大硕士等对手，成功夺取了冠军。雷海为和勒妮、薇薇安一样，在他人眼里都很另类，别人打游戏的时候他在读诗，送外卖的空隙也在读诗，显得那样的格格不入。

雷海为夺冠之后，居然有人嘲讽说：“拿了冠军又怎么样？还不是在送外卖！”还有人评论说：“会背这么多诗词还是在送外卖，充分证明了读书无用。”

读这么多诗词有用吗？或者说，喜欢文学艺术有用吗？从功利的角度来看，的确没有任何用处。雷海为背了那么多诗词，还是只能做一份辛苦的外卖工作。薇薇安拍了那么多照片，还是穷得连房租都交不起。勒妮读了那么多哲学典籍，还是得做个给别人呼来唤去的门房。

但换一个角度来看，不管是背诗、摄影还是读书，都是他们用来抵抗庸常生活的一种方式，那些读过的书、背过的诗词、拍过的照片就像悄悄的一线光，照亮了他们的人生。文艺就是这道光，没有它，你也能生活，可有了它，原本乏味的生活就会镶上一道金光，变得诗意起来。正如主持人董卿在雷海为夺冠后的感言，你背过的那些诗词，在这一刻都绽放出了光彩。即使这光彩没被他人看见也不要紧，它已经足够点亮你的生命。

薇薇安也好，雷海为也好，在世俗社会中都是微不足道的小人物，他们的物质生活相对贫瘠，可他们却拥有比大多数人更为丰盛的精神生活。就像《刺猬的优雅》里所说的那样，即使是孤独的刺猬，内心深处也有着不为人知的优雅。

不是每个人都能在诗词大会上夺冠，也不是每个摄影师都像薇薇安那样才华出众。但我始终相信，再卑微、再平凡的人都应该拥有亲近文艺、热爱文艺的权利，有一颗文艺心没什么可耻的，不应该被嘲笑。文学艺术是我所知道的能够改善生活的最低成本的事物，一本书、一场电影花费不到几十元，就能给予人极大的精神满足。如果你舍不得花钱去买书看电影，不妨像雷海为那样，去书店里蹭书看。

与其为那些生前湮没无闻的天才们哀叹惋惜，不如少去嘲笑那些敢于追逐文艺梦的普通人。你捍卫了他们的尊严，就等于捍卫了每一个普通人追求诗和远方的权利。

愿有一天，每一只孤独的刺猬都能收起满身的刺，袒露出他们不为人知的优雅。

私享
电影

《刺猬的优雅》

推荐语：按照惯例，应该推荐一部和薇薇安·迈尔有关的电影，文中也提到了，马卢夫特意为她拍了部纪录长片叫《寻找薇薇安·迈尔》，身兼导演编剧主演为一身。可我看了这部片子之后，感觉如果不是对薇薇安的生平以及摄影作品有所了解的话，可能会觉得有些枯燥，所以我推荐了这部《刺猬的优雅》。

因为我觉得，要想了解到薇薇安的内心世界，不妨可以看看她的同类是怎么想的。女门房勒妮，可能就是薇薇安在法国的另一个版本。她们同样高傲，同样自负，也同样敏感，同样孤僻，和薇薇安相比，勒妮多了些生存方面的技巧。

内容简介：

一个是不安分的女孩，生在富裕家庭，父亲是国会议员，聪明得可以说是天才。即便拥有看似完美的一切，却着实厌倦生活中的所有，小小眼睛已看透人世的虚伪与空虚，被老爱大惊小怪的妈妈误认为精神异常。面对荒谬的外在世界，她为自己定了个人生目标——在 13 岁生日当天自杀，并放火烧了父母的豪宅……

一个是人见人不爱的门房，在住满达官显贵、精英分子的高级公寓，过着隐形人般的生活。耍笨、装丑、耍粗俗，这是她每天必须谨守的本分。在掩人耳目的背后，她的心灵密室塞满胡塞尔现象学、弗洛伊德、中世纪哲学……

一少一老的奇异邂逅，她们如何蜕变、重生……

MINUTE
TAVERN

薇薇安·迈尔
VIVIAN MAIER

- 薇薇安·迈尔（1926年2月1日—2009年4月21日），出生于美国纽约。
- 美国业余街头摄影师、家庭保姆。
- 薇薇安是法国人后裔，出生在纽约，但在法国长大，后回到美国，先后生活在纽约和芝加哥，她一生拍摄了超过10万张照片。2007年，一个名叫约翰·马卢夫的年轻人发现了她的大量底片并开始整理，此后她的作品登上美国乃至意大利、阿根廷和英国等地的报纸。
- 2010年，薇薇安的作品开始在芝加哥进行展出，成为摄影圈中热议的人物，并被认可为美国当代最重要的街头摄影师之一。

苏珊·桑塔格：

W

未经反思的人生不值得一过

苏珊·桑塔格长着一张思想者的脸。

那是一张有别于大多数女人的脸，在那张脸上，你看不到太多的女性色彩。诸如温柔、精致、优雅等过分女性化的词语都不适用于这张脸，但它同时具有极高的辨识度，让拥有这张脸的主人在众多美丽的面孔中脱颖而出——你只要见到这张脸，就会相信拥有它的人一定头脑出众、睿智非凡。

的确，很难用性别来给她归类。在提到其他女性写作者时，人们习以为常地在作家之前加上“女”这一前缀，连名闻天下的西蒙娜·波伏娃也不例外。唯有苏珊·桑塔格是个例外，她的写作，从一开始就没有将读者限定为女性这一范围，而是面向普罗大众。

人们崇拜她，敬仰她，关注着她的一言一行，这一切，并不因为她是个女人，而是因为她着实才智过人。

◆

当多数人都在歌颂无忧无虑的童年时光时，苏珊·桑塔格却将童年看成是服刑。没有办法，她实在太过早慧了：3 岁开始阅读，6 岁提笔写作，9 岁就办了人生第一份报纸。当其他孩子还沉迷在玩泥巴和过家家时，她已经一头扎进由莎士比亚、狄更斯、雨果、叔本华、卡夫卡等人构成的文学世界里，忘情地从中汲取着营养。

过于聪慧让她在同龄人中显得分外格格不入，她在接受访谈时表示，自己 3 岁时已经萌发对哲学的兴趣，她成年后思考的大多数事情是她 10 岁前就已经思考过了的。这样一个过分早熟的头脑，却不得不受困于孩童的身体，难怪她将童年看成是服刑。等到她 15 岁中学毕业离家去求学时，她开心极了，把这看成是刑满释放。

苏珊·桑塔格出生于纽约曼哈顿，童年时由祖父母抚养，父亲是一名犹太商人，常年在中国北方做皮货生意，在她 5 岁时就因肺结核病逝于中国。后来母亲嫁给了一个姓桑塔格的人，苏珊和妹妹跟着一起改了姓。她当时很高兴，以为这样就能抹去自己身上的犹太人痕迹，不再成为学校里同学们的嘲笑对象。尽管如此，她还是从父亲那里继承了犹太人的特质——黑头发、黑眼睛以及异于常人的机敏。

在早期的成长进程中，桑塔格一直遥遥领先于她的同龄人。由于读写能力强，她一上学就直接上了三年级，从北好莱坞高中毕业时，才仅仅15岁。17岁那年，在加州大学伯克利分校就读的她嫁给了28岁的社会学老师菲利普·里夫，19岁生下了儿子戴维，同时拿下了芝加哥大学学士学位和哈佛大学英语及哲学双硕士学位，24岁就去了巴黎攻读博士学位。

年轻时的苏珊·桑塔格

看得出来，这位视童年为服役的女人在成长中一直在拼命地按“快进”键，她希望自己能在一夜之间就长大成人。

17岁那年的闪婚，可以看成她的成人礼，她之所以会在认识只有10天后，就以闪电般的速度嫁给了自己的老师，是因为她迫不及待地想进入成人世界，想去体验成年人才能体验到的诸般人生滋味。

这段开始得过早的婚姻对于桑塔格来说，的确只能算是一种体验，如果说这段婚姻让她认识到什么，那就是也许她本人并不适合结婚。婚后没几年，她就沮丧地体会到，大部分的自我正在丧失掉。26岁那年，她坚决离开了菲利普，带着仅有的70美元、两只皮箱和7岁的儿子回到了纽约，到哥伦比亚大学任教。

对于多数女人来说，婚姻是件必需品。可对于桑塔格来说，婚姻这回事就像出水痘，出过一次就有免疫基因了。离婚之后，她就对婚姻免疫了，尽管身边不乏追求者，却再也没有结过婚。

关于婚姻，她直言不讳地批评说：“谁发明了婚姻，谁就是个很有才的折磨人的人。它是个致力于让感情麻木的体制，婚姻的全部重点就是重复。”

◆

17 岁结婚，19 岁生子，26 岁离婚，在大多数女人还在憧憬着迈入婚姻的殿堂时，桑塔格已经完成了她们要用大半辈子才能完成的人生体验。

同时，她也读过了其他女人一辈子也未必能读完的书。来看看她在日记中列的一个书单吧：

有这么多的书、剧本和故事我得看——以下只是其中一些：

《伪币制造者》——纪德

《背德者》——同上

《梵蒂冈地窖》——同上

《柯里同》——同上

《柏油》——舍伍德·安德烈

《心灵之岛》——路德维希·卢因森

《圣殿》——威廉·福克纳

《伊斯特·沃特斯》——乔治·莫尔

《地下室手记》——陀思妥耶夫斯基

《逆流》——于斯曼

《弟子》——保罗·布尔热

《萨宁》——阿尔志跋绥夫

《约翰尼上战场》——达尔顿·特朗勃

《福尔赛世家》——高尔斯华绥

《利己主义者》《彷徨中的戴安娜》《理查德·法弗尔的苦难》——乔治·梅瑞狄斯

但丁、阿里奥斯托、塔索、提布卢斯、海涅、普希金、兰波、魏尔伦、阿波利奈尔的诗歌辛格、奥尼尔、卡尔德隆、萧伯纳、海尔曼的剧本……

列这个阅读清单时，她才仅仅 15 岁。15 岁的小姑娘，阅读量已经如此庞大、如此深入。就像她的知交哈丽雅特所说，成年前的桑塔格，仿佛已经吞下了一座图书馆。依我推测，这座图书馆的规模至少有纽约市立图书馆那么大。之后，其规模还在不断地扩张，一直到她 71 岁去世时，我相信她已吞下了整整一座美国国会图书馆。

“苏，如果你读太多书，你永远嫁不出去了。”桑塔格的继父曾经如是说。桑塔格的回应是：“我忍不住大笑。这太荒唐可笑了。我从来没想过我会愿意嫁给一个不喜欢别人读书的人。”

正是如此广博的阅读量，让桑塔格的写作从一开始就绽露出惊人的光彩。她属于那种一战成名的作家，第一部论文集《反对阐释》就折服了美国的读者。在此之前，她出版过一部颇遭恶评的小说，可人们习惯性地将《反对阐释》当成她的成名作和处女作，因为这部作品一出手就已成熟。典型的桑塔格风格已经形成，人们拜倒在她的博学和敏锐之下，读惯了快餐文学的美国人为之惊叹不已，头一次发现本土还有如此具有深度的女性学者。

除了阅读和写作之外，苏珊·桑塔格感兴趣的事情还多着呢，她酷爱摄影，喜欢戏剧，她曾在伍迪·艾伦导演的电影《西力传》中客串过，甚至还亲执导筒，导演了一部文艺片。在儿子戴维的眼中，从未见过任何人像他母亲一样，对万事万物都充满了浓厚的兴趣。

这种个性决定了桑塔格绝不是那种与世隔绝的封闭型作家，她从书房里走了出来，走到大众的视野之下，成了美国人膜拜的智慧女神。她既是社会事务的参与者，又是评论者。苏珊·桑塔格从不置身于纷繁复杂的世界之外，大众也不允许她置身事外。每当有热点事件爆发的时候，公众总是期待着能够听到她的评判，而她也总是不负所望，会在第一时间发出自

己的声音。

她曾亲赴萨拉热窝，在那里导演了贝克特的名剧《等待戈多》，替饱受战火折磨的人们发出了等待和平的呼声。美国“9·11”事件以及之后的美伊反恐战争，让年近70岁的桑塔格写下了《真正的战斗与空洞的隐喻》一文，反对美国出兵伊拉克。

在她之前，似乎还从未有女性如此大胆地涉足于社会事务领域，并且发出自己清晰而有力的声音。有别于传统女作家的是，她的写作不再只关注个人的情爱，而是涉及文学、艺术、政治、社会等多个层面。那时还没有“公知”的说法，可桑塔格无疑是公知的先驱，她广为人知的身份，不是作为女作家，而是作为一名公共知识分子。

可以说，她把女性写作者从书斋中解放了出来，走向了更广阔的现实世界。

身为一名富有魅力的女性，桑塔格一生拥有过丰富的情史。她曾坦承过，自己一共恋爱过9次，其中5个女性，4个男性。比较而言，她和女性之间的恋爱更加为人们津津乐道，早年，她曾和法国女演员妮科尔有过轰轰烈烈的一段情，晚年，她和女摄影家安妮·莱博尼茨之间的浪漫情事更是广为人知。

不论男性还是女性，桑塔格选择情人都有一个共同的标准，就是必须有过人之处。她只和才智一流的人做朋友、谈恋爱，她所爱慕的人都是其所在领域的杰出者，有画家、诗人、舞蹈家、演员、摄影家等。显然，和肉体上的欢愉相比，桑塔格更醉心于智力上的交流。

值得一提的是，尽管情史不断，可情情爱爱在桑塔格生命中占有的分量并不重，至少在公众眼中是如此。以前的女性知识分子，往往是作为某位杰出男性的附庸一起出现的，波伏娃后来名动天下,人们提及她首先想起的还是萨特的情人。桑塔格却从来不是任何人的附庸，少了她的任何一位情人，她仍然是独一无二的桑塔格。

爱情在桑塔格的生命中也许占有一定分量，但绝对不会超过她对自我实现的渴望和对学识智力的追求。她早在谈论本雅明的文章中说过：“人要做完一件事情，就必须独处，或至少不能让永久性关系束缚住手脚。”这同样适用于她自己，她就是那种宁愿孤独，也不愿让永久性关系束缚住手脚的女人。再甜美的爱情，也无法让她为之驻足。

比起她的情史来，大多数人更欣赏也更在乎的是她的思想。在美国的文坛，桑塔格是作为一个思想者存在的，笛卡尔那句“我思故我在”的名言，像是为她量身定做的，她确实在用一生去思考，对于他人来说司空见惯的事都会引起她的沉思，她说，思想打破了生活的平淡无奇。

桑塔格是那种一直生活在聚光灯下的作家，从她33岁以《反对阐释》成名之后，就成了美国人追捧的文化偶像。她酷爱摄影，留下过难以计数的影像，美国人说她长着一张“全世界最上镜的脸”，也许在全世界后面加上女作家三个字更为精确。

镜头前的桑塔格确实相当迷人，她本身就懂摄影，所以深谙如何才能在镜头面前展现出自己独有的魅力。从来没有一个女作家像她，如此热衷于拍摄和被拍摄。很多女作家面对相机都会面容僵硬，桑塔格看起来却舒展大方。她比谁都懂得，照片往往比文字更有说服力，文化偶像桑塔格的铸造，那些她的肖像照居功甚伟，照片里，她的脸瘦出了棱角，黑眼睛炯炯有神，分明将智慧写在了脸上。

对摄影的热爱让她写出了皇皇巨著《论摄影》，这无疑是一部有关摄影艺术的里程碑式的作品。桑塔格敏锐地指出，摄影看似现实，其实是一种超现实的艺术。因为人们在将镜头对准拍摄对象时，已经做出了选择。她还以戏谑的口吻剖析说，人们喜欢摄影的客观性，一方面是因为照片可以展示大家真实的样子，可另一方面，人们又渴望着照片能看起来比本人更好看。（只是不知道，如果桑塔格活到今日，看到那么多过度美颜的照片，会做何感想。）

桑塔格后期的照片明显比早期多了几分硬朗，也更为中性化，这和她所患的疾病有关。桑塔格一生中患过三次癌症，1975年第一次查出癌症时还只有42岁，医生告知她已到乳腺癌晚期。在切除乳房之后，她仍然被告知自己可能活不了几年了。

那可能是她生命中最灰暗的时期了，她说：“当我患上癌症时，尤使我感到愤怒的，是看到该疾病的恶名声怎样加剧了癌症患者的痛苦。”显然，身处其中的桑塔格能够对来自患癌的各个层面的苦恼感同身受，身体的病痛、对未知死亡的恐惧，还有隐形的社会偏见笼罩下的无处躲藏的羞耻感和自卑感。

安妮·莱博尼茨曾为桑塔格拍下一组照片，照片中，桑塔格裸身躺在浴缸里，暴露出她手术后的身体，全切后的左侧乳房和完美饱满的右侧乳房形成了强烈对比——那对乳房像颠沛流离中失散的伴侣，一个人已经消失，另一个兀自存在。

可桑塔格毕竟是坚韧的，她不仅战胜了癌症，还通过病中的思索写出了《疾病的隐喻》一书。在此书中，苏珊致力于剥离疾病的隐喻，并借由癌症的例证和自己的经验大声疾呼："正视癌症，就当它不过是一种病而已——尽管是一种重病，但也不过是一种病而已。它不是上苍降下的一种灾祸，不是老天抛下的一项惩罚，不是羞于启齿的一种东西。它没有'意义'。"

她以过来者的身份指出，当疾病降临时，为生病的原因而烦恼一点意义也没有。有意义的是，尽你所能保持理性，求助于正确的治疗方案，以及一定要保持求生的意志。毫无疑问，"如果你自己不想活了，你就成了疾病的同谋。"

和所有患上重病的人一样，桑塔格也曾恐慌过，也曾抱怨过，可即便在与疾病正面缠斗的过程中，她也没有停止反思。《疾病的隐喻》就是反思的结晶，就这样，借由思考与书写，她最终获得了某种超脱，至少是思想上的超脱。

1998年，桑塔格再次罹患癌症，这一次是子宫癌。经历漫长的求医和痛苦的化疗，她又一次死里逃生。她自视甚高，认为凭其意志力可以战胜一切，甚至死亡。"我妈妈得病的时候，深信所有的规则都对她无效。"

 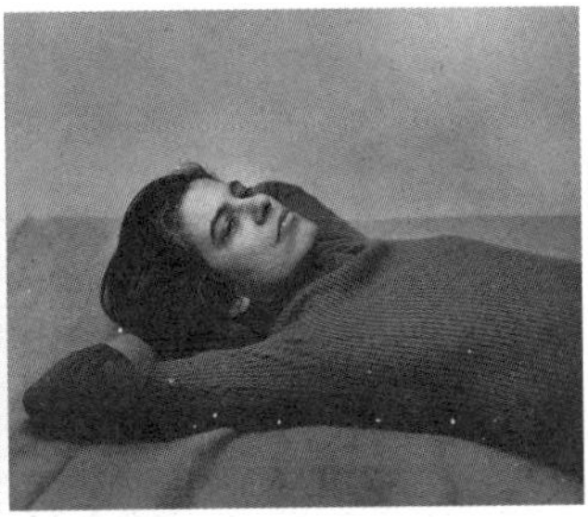

她的儿子说。

然后是 2003 年，这一年她刚过 70 岁，在接受媒体采访时还说过："70 岁听上去很精彩，尽管我得过两次癌症，但我感觉良好，感觉人生仍有很多可能性。"就在此时，她身上出现了可疑的瘀青，送往医院后发现患上了白血病，也就是人们通常所说的血癌。

血癌是最凶险的癌症之一，频繁的化疗让桑塔格极度虚弱，但她仍然觉得这场仗能够打胜，毕竟她已经胜利过两次了。在骨髓移植手术失败之后，医生的助理建议她用灵性信仰去寻求宁静，可桑塔格大喊道："我没有灵性信仰！"即使到生命的最后一刻，她仍然保持着绝对的理性，不愿意从灵性信仰中获取安慰。

数日后，桑塔格在纽约的家中去世，临终前几天，和朋友对谈的话题还是"如何克服疾病"。

她逝于 2004 年 12 月 28 日，翻译家黄灿然认为，"人们失去了评估未来美国和世界重大事件的一个清晰尺度，更少了一个如此清楚冷静并具有良知的人。"

长久以来，苏珊·桑塔格被人们看成是一个有良心的作家，一个勇于与疾病作战的斗士，一个游走于多个领域的跨界艺术家。可在我眼里，思想家才是她的内核。

不要认为思考是件容易的事。大多数人从生下来开始，就习惯了人云亦云，他们视思考为一种苦役，于是索性放弃了独立思考，只是跟在大众的潮流后面，人们说什么，他们就听什么。他们宁愿在懵懵懂懂中随波逐流地过完一世，也不愿意保持头脑的独立和清醒，因为他们觉得，那样活着太累了。

桑塔格不一样，思考对她来说不是苦役，而是一件乐事。她喜欢思考，也无法停止思考，作为一个在土星标志下的摩羯座女子，她生来就能从严肃的思考中得到乐趣，而不是苦恼。通过思考，她更能感受到自己的存在，也更能加深对生命的体验。

苏格拉底曾经说过："未经反思的人生不值得一过。"我想桑塔格一定是这句话的拥趸，思考是种多么宝贵的能力啊，普通人只能够活一次，思想者却能借由思考重活一次。即使有一天他们死去了，他们的思想也永远不会死亡。多么可惜，如此宝贵的能力，许多人毫不珍惜地放弃了，他们的身体看似自由，头脑却被牢牢禁锢。

16岁时，桑塔格在笔记本里写下："为了理解那不可理解的，死亡带来霸凌般的恐惧，产生压迫与张力……我也终将死去……但我怎么可能停止活着？……没有我，一切怎么可能存在？"

曾经强烈抗拒死亡的她，终于通过穷尽一生的思考和写作，抵挡了死亡带来的虚无。

私享推荐

《反对阐释》

推荐语：对于想了解苏珊·桑塔格的读者来说，这是一本很不错的入门读物。与她自己所写的《论摄影》和《疾病的隐喻》相比，《反对阐释》的内容更为广泛，语言也更为通俗。

内容简介：此书是苏珊·桑塔格最著名的文集之一，是奠定其美国“现有的目光最敏锐的论文家”地位的成名作，评论的锋芒遍及欧美先锋文学、戏剧、电影，集中体现了“新知识分子”“反对阐释”与以“新感受力”重估整个文学、艺术的革命性姿态和实绩。

纪录片：《关于苏珊·桑塔格》

内容简介：和其他女作家的电影不同，这是一部纪录片，从中我们可以看到苏珊·桑塔格本人的诸多真实图像以及访谈。片中说她拥有一张“全世界最上镜的脸”，呈现在我们面前的桑塔格的确魅力非凡。

即使你对桑塔格的著作不大熟悉，也不影响观影效果，影片基本是以时间为经，以桑塔格的情感经历为纬，生动展现了她的一个又一个女友，一段又一段情史，让大家了解到，原来被奉为文青偶像的她，拥有如此丰富多彩的一生。
影片的珍贵之处在于通过朋友和恋人的讲述，来还原一个真实的桑塔格。她始终拒绝死亡，也会觉得自己不够好，哪怕是在镜头面前，她还是那么诚实。

拍照是凝固现实的一种方式。你不能拥有现实，但你可以拥有影像——就像你不能拥有现在，但你可以拥有过去。

把疾病妖魔化，就不可避免地发生这样的转变，即把错误归咎于患者，而不管患者本人是否被认为是疾病的牺牲品。牺牲品意味着无知。而无知，以支配一切人际关系词汇的那种无情逻辑来看，意味着犯罪。

苏珊·桑塔格
SUSAN SONTAG

- 苏珊·桑塔格（1933 年 1 月 16 日—2004 年 12 月 28 日），美国作家、艺术评论家。1933 年生于美国纽约，毕业于芝加哥大学。著作主要有《反对阐释》《激进意志的样式》《论摄影》等。
- 桑塔格的写作领域广泛，在文学界以敏锐的洞察力和广博的知识著称。2000 年，她的历史小说《在美国》获得了美国国家图书奖（National Book Awards）。

X 伊莎多拉·邓肯：每一个不曾起舞的日子，都是对生命的辜负

“芭蕾一点儿也不美！将来的舞蹈必须是肉体与灵魂的结合，肉体动作必须发展为灵魂的自然语言。”

我一直以为，舞蹈是一门苛刻的艺术，它要求舞者必须有纤细的身材、出众的容貌和过人的技巧。读书的时候选修了舞蹈课，结果我大多数时候只敢看着其他女生翩翩起舞，因为总嫌弃自己身材不够好，又笨手笨脚的，只配做一名观众。

直到看了邓肯的自传，才发现我对舞蹈的看法完全是一种偏见。邓肯只活了 49 年，在并不太长的一生里，她一直致力于将舞蹈从僵化的技巧中解放出来，让每个普通人都能体会到与生命共舞的滋味。

在她看来，舞蹈是我们每个人与生俱来的本能，原始社会里每个人都会随着自然的节奏起舞，进入文明社会后，太多的教条束缚了这种本能，而她要做的，就是唤起这种本能，让人们释放自由起舞的天性。

所以她成了当之无愧的“现代舞之母”。

◆

有些人天生就是为了反抗陈规陋习而来到这个世界上的，比如邓肯。

邓肯全名伊莎多拉·邓肯，1878 年出生于美国旧金山，父亲是一名诗人兼梦想家，母亲则是一名音乐教师，她是家中四个孩子中最小的一个。按照当时的时代背景来看，她几乎没有可能成为一名舞蹈家，因为舞蹈在那个时候纯粹是一门精英艺术，最流行的舞蹈是芭蕾，它要求舞者经过严苛的训练，跳的人和观赏的人都是贵族，而穷人家的孩子根本没机会也没钱接受这种训练。

小邓肯就是一名典型的穷人家的孩子，出生在父母离异的家庭，长在乡村贫寒之地，因交不起房租经常被房东驱逐，不得不到处搬家。可他们一家人的快乐并未因此减少，母亲总是那么乐观，音乐和诗歌充溢在小小的出租屋内，当母亲坐下弹琴时，四个孩子就一起为她伴舞。

一家子过得很穷，可他们沉浸在艺术的海洋中，从来没有为贫穷苦恼过。母亲忙于生计，没时间管教小孩，这种放养反而让孩子们获得了自由成长的空间。邓肯小小年纪就帮母亲挣钱，一次为了推销母亲做的手工艺品，她亲自上街兜售。都说女孩要富养，可邓肯坚持认为穷养更有益于孩子，因为出身富裕会让孩子失去冒险和独立的机会。

邓肯继承了父亲的诗性和母亲对音乐的敏感，也继承了父亲的热爱梦

想和母亲的蔑视贫穷。她生来就是个舞蹈的精灵，会走路时就会跳舞了，6 岁时已开始教小朋友跳舞。她天性就喜欢自由自在，讨厌被人管束，很早就显示出了叛逆的一面。一次圣诞节时，老师说起圣诞老人，小邓肯却站起来辩驳说："没有圣诞老人，那是有钱的大人用来骗小孩子的。"老师再三呵斥，她还是坚持己见，哪怕遭受了惩罚。

学校的条条框框让邓肯很厌烦，她 10 岁就毅然辍学了，11 岁就和姐姐一起创办了自己的舞蹈培训班。当时流行的是踮起脚尖跳舞的芭蕾舞，邓肯对此深恶痛绝，认为这是在摧残肉体，过分的技巧玷污了人体的自然之美，所以她立志要开创出一种全新的舞蹈，一种将肉体动作发展成灵魂语言的舞蹈。

邓肯没有完成正规的学校教育，可终身都保持着学习和阅读的习惯，读起书来如饥似渴，不管是古希腊先贤们的哲学著作，还是同时代思想家如黑格尔、康德的著作都能让她着迷，她到德国巡演时，枕边书就是康德的《纯粹理性批判》。

保持学习是一种非常重要的能力，她能有之后的成就，全靠不断自学。

比如她自然率真的舞蹈风格，灵感源泉就来自浑然天成的希腊艺术。

◆

和所有野心勃勃的年轻人一样，邓肯十几岁就开始四处闯荡，小城市装不下她的梦想，她只有到远方去寻找远大前程。

这一路走来是如此艰辛：

在芝加哥，她好不容易谋到一个在剧院跳舞的差事，可对她的表演，观众们只顾抽着口中的雪茄，盼着她早点跳完，好让下一个节目早点登场。

在纽约，她和母亲是靠着朋友的资助才攒出来到这里的路费。她在剧团里扮演一个微不足道的小角色，巡演时连酒店都住不起，只能到处去寻找最便宜的旅馆，有次差点被一伙醉酒的人侵犯。

在伦敦，他们一家人长期挣扎在贫困线上，隔三岔五才能挣几个小钱，一下子就用光了。因无力支付房租，他们被房东赶出来过，每次表演除了他们自己，几乎就没有其他观众。

在巴黎，一家子深陷于饥饿之中，这是实实在在的饥饿，他们根本挣不到什么钱用来填饱肚子，饿了的时候只能以清水充饥，偶尔能吃上顿面包已经是无上美味。

……

看邓肯的自传，你会发现，她在成名前写得最多的就是贫穷和饥饿的滋味，如果不是真正受过穷、挨过饿的人，不可能记得那样清楚。可即使是在这样的颠沛流离中，邓肯也从来没有放弃过她对舞蹈的坚持和对未来的信心。她说自己是个革命者，在她身上，确实洋溢着一种革命的乐观主义精神。她从来不曾因贫穷而动摇过信念，也不曾因失败而失去过信心，她不屑于为谋生去跳低级的商业舞蹈，哪怕无人喝彩，她也要坚持自己独特的舞蹈风格。

如此艰辛的逐梦历程，换了其他人可能早被现实的冷水浇得透心凉了，她却依然不改初衷。美国不行就去英国，英国不行就去法国，没有什么能浇灭她的一腔热血。在英国，她没日没夜地待在不列颠博物馆，在法国，她流连于罗浮宫中，她从古希腊的雕刻、绘画中找到灵感，从那以后她穿着希腊风的白色长裙，身披薄纱，赤着双脚，像森林女神一样出现在舞台上。

真正的转折点出现在布达佩斯，当她扔掉舞鞋，赤足登上舞台时，回报她的不再是冷漠，而是雷鸣般的掌声。之后她每到一处，都会引起轰动。在德国柏林，她和朋友在餐馆用餐时，仰慕她的观众蜂拥而至，把餐馆外的玻璃窗都挤碎了。甚至在芭蕾舞的复兴地俄国，她也受到了国宝级的礼遇。

她对功名利禄并不热衷，挣到了钱后就立即大把大把地花光，为了追逐自己的艺术梦想，还带着一家人跑到希腊去朝圣，并试图在雅典自造一座圣殿。她和世界顶尖的艺术家们来往，为黑格尔安排欢迎晚宴，做罗丹的模特儿，回顾她的朋友圈，就像在回顾一部小型的欧美艺术史。

她在花园里跳舞，在草地上起舞，在朋友们的聚会上翩翩起舞，她把生活的任何一处地方都化成了她的舞台，她让人们知道，舞蹈原来可以如此解放天性，欣赏她的人，在她的舞蹈里感受到了一种纯粹的生之欢乐，她的每

一种姿势、每一个动作都如此自然而然，令人想起海浪、风和自然界一切事物的律动。她曾说大自然就是自己的舞蹈老师，她最初的舞蹈灵感，就来自于那连绵不息的海浪和那振翅欲飞的蝴蝶。

邓肯厌恶一切不自然的事物，比如她认为，女人应该遵循身材发展的自然规律，少女时纤细的身材，在成年后慢慢变得圆润，这是一件再自然不过的事，不应该再一味追求纤瘦。作为一名舞者，身高五英尺六英寸（大约 1.67 米）的她常年保持着 125 磅（约 57 公斤）的体重，这在舞蹈界未免太过丰盈，她却从来不会刻意减肥。

在她看来，传统的芭蕾舞只适合身材娇小、过分苗条的人，并不适合高大丰满的美国人，而她所开创的自由舞，才能让所有人都享受到舞蹈的快乐，不管你是高是矮，是胖是瘦。

“你无法想象自由女神跳芭蕾！”这是邓肯的原话，当她身着薄纱，脱离了紧身舞衣和尖头舞鞋的束缚，将丰满的身躯展露无遗时，人们仿佛看见，那是美国的自由女神在翩翩起舞。

作为一个“自然派”，邓肯在感情上也推崇自然，可能是受父母离异的影响，她从小就对婚姻强烈反感，认为婚姻制度本质上是对女人的奴役，女人若想自由，就得永不结婚。

奉行不婚主义的邓肯，享受着多姿多彩的感情生活。她一生中情史不断，曾经三次未婚生子，分别是与不同的情人。她的情人们不是社会名流，就是艺术先锋，都是一时俊彦。

她曾深深迷恋过戈登·克雷格，他英俊潇洒，才华横溢，是一名出众的舞台艺术设计师。两人初次相见，他就向邓肯宣称：“您是一位非常伟大的艺术家，却在如此平凡的家庭里生活，太可笑了。只有我发现了您，并且创造了您，您属于我的布景。”邓肯当时完全被他迷住了，不顾一切地跟着他“私奔”，连刚刚创办的舞蹈学校也顾不上。但她很快发现，克雷格只想让她待在家里，给他“削削铅笔”，这显然违背了她的初衷，尽管万般不舍，她还是离开了他，带着对他的怀念以及共同的女儿。

她另一个孩子的父亲是个赫赫有名的百万富翁派蒂克，拥有豪华游艇、独立庄园和几辈子也花不完的钱。他奉她为艺术女神，慷慨地资助她办学校，带她住最豪华的酒店，体验最奢侈的生活。他爱她爱得发狂，不止一次向她求婚。邓肯最终却放弃了，她对金钱没多大兴趣，奢侈的生活体验过就好，她并不留恋，只想继续去追求艺术和自由。

邓肯最终还是结过一次婚，嫁给了俄罗斯诗人叶赛宁。这次婚姻只维持了两年就解体了，它的存在无非证明了，她真的不适合结婚。叶赛宁比她小 17 岁，失去了孩子的她把他当成小孩一样宠，可他们天生就格格不入，一个是快乐的舞者，一个是忧郁的诗人，最后的分道扬镳在所难免。

在人们还在追求一生只爱一个人的年代，邓肯公开宣称："我不可能只爱一个男人。让人一辈子只喜欢一个人，就好像让人一辈子只听一个音乐家的作品一样，是不切实际的。"由于她对待性和爱的开放，有人抨击她是高级妓女，实际上她和男人在一起，不是为了他们的钱，也不是贪图他们的名，纯粹是为了享受爱情的欢乐，很多时候，不是男人在照顾她，而是她在照顾男人。

她对生命中的每一段感情都是这样：在一起时全心投入，分开后也毫无怨言。和叶赛宁离婚后，她闻知他的死讯仍伤心不已。和克雷格、派蒂克，她也维持了终生的友谊，她独自承担起抚养儿女的责任，从来没有要求过孩子们的父亲负责，即使是在今天，她的勇气也让人佩服。

◆

邓肯成长在一个有爱的家庭里，母亲温柔包容，兄弟姐妹间相亲相爱，这让她在做了母亲之后，也将全部的爱倾注给了孩子。她不止一次提到，和孩子们相比，连舞蹈艺术都要退居其后。

命运却夺走了她最珍爱的孩子，她的一双儿女在车祸中双双殒命。事发当天，保姆曾提醒她，今天天气不好，孩子们最好留在家里，可她没有听，等到失去孩子后才陷入无穷的悔恨之中。后来为了重新拥有孩子，她又生下了第三胎，结果孩子一出世就夭折了。

这对于一个母亲来说是致命的打击，即使坚强如邓肯也不例外。她一度深深绝望，待在家里蓬头垢面，对着孩子们的遗物流泪。有人同情她，也有人说这是上天对她的惩罚，惩罚她太过伤风败俗。邓肯毕竟是邓肯，她绝不相信什么惩罚之类的鬼话，反而坚信自己并没有做错，只是生而不幸。

最后还是舞蹈拯救了她。舞蹈学校的孩子们对她说：“我们也是你的孩子，我们需要你！”开办一所面向大众的舞蹈学校是她一直以来的心愿，学校的所有费用都来源于她的演出，为此她投入了几乎全部的金钱和精力，她要求孩子们观察和感受自然界，指导他们根据音符和节奏舞动。她的舞蹈学校从柏林、巴黎一直开到了莫斯科，有时因经济支撑不下去而倒闭，但只要她一挣到钱就会投入其中。她培养了一大批富有天分的舞蹈家，其中还有一位中国学生，她叫裕容龄，是位清朝贵族小姐，曾跟随邓肯在巴黎学舞，归国后频繁入宫为慈禧太后表演舞蹈，因舞艺精湛而被赐郡主的封号。

邓肯不仅是一名舞蹈家，更是一名理论家。博学多才的她善于提炼观念，并借着演出的机会到处推广她对于自由舞的看法，她至少精通英、俄、法、德、希腊五种语言，足迹遍布欧、美、非洲的二十多个国家，每到一个地方巡演，她都会大谈特谈自己的舞蹈理念，不放过任何机会。这让人想起，在她还不到 10 岁的时候，就已经显露出的推销潜力，这种天赋让她的影响力远远超过了同时代的其他舞蹈家。

邓肯和学生们

最先接受她的舞蹈和观念的是欧洲人，美国人民一开始对她的自由舞并不感冒，觉得这种舞蹈没什么技术含量。当时在美国，裸露脚踝表演被认为是罪恶的，还是罗斯福的一纸诏书废除了这项禁令，在诏书里，这位美国总统公然宣告："在我看来，她就像一个天真无邪的孩子，跳着舞穿过沐浴在晨曦中的花园，去采摘自己想象中的美丽花朵。"得到了特许权的邓肯赤足登台，整个美国为之欣喜若狂，他们称赞邓肯的舞蹈是美国之舞，因为在她的舞蹈里他们看到了自由奔放的美国精神。

邓肯就这样红遍了欧美，普通人喜欢这位出身平民的舞后，艺术家们更是为她疯狂，画家为她绘画，诗人为她写诗，音乐家为她作曲，雕刻家为她塑像，她成了艺术家们的缪斯，又转而从他们的艺术门类中吸取养分。

在尽情享受了生命的喜悦与辛酸之后，邓肯逝于 1927 年。有一天，她和友人一同乘车上街，围在脖子上的长纱巾被卷入了车轮之中，虽然汽车立即停住，但她的颈骨已经被纱巾绞断。她当即身亡，年仅 49 岁。

也许又会有人把这看成是命运对她的惩罚，我想邓肯如果在天有灵，一定会轻蔑地笑着说："什么鬼惩罚，我才不信！"

她在有生之年，已经完成了此生最重要的使命——将自由舞推广到全世界。

村上春树有一部小说叫《神的孩子全跳舞》，邓肯若在世，肯定会同意他的说法，她毕生的心愿，就是让人们享受舞蹈、爱上舞蹈。

我们都是神的孩子，我们都应该尽情舞蹈，在阳光之下，在大海之畔，在大自然的怀抱里，自由自在地舞蹈。哪怕体重超过 125 磅，哪怕明天就是世界末日。

舞动起来吧，要知道，每一个不曾起舞的日子，都是对生命的辜负。

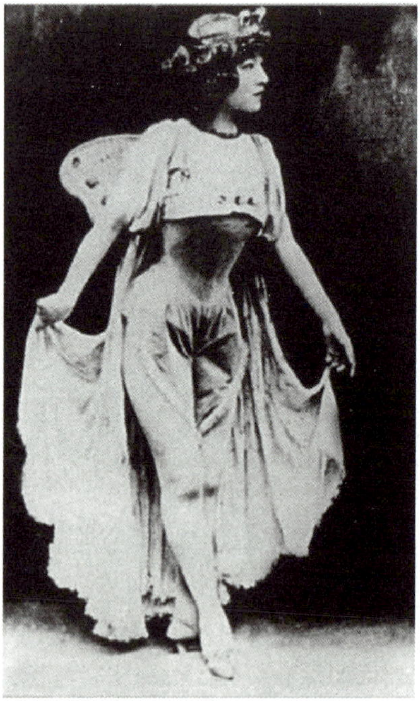

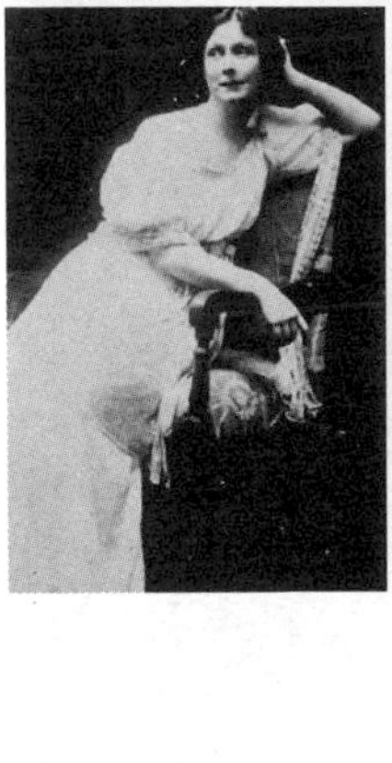
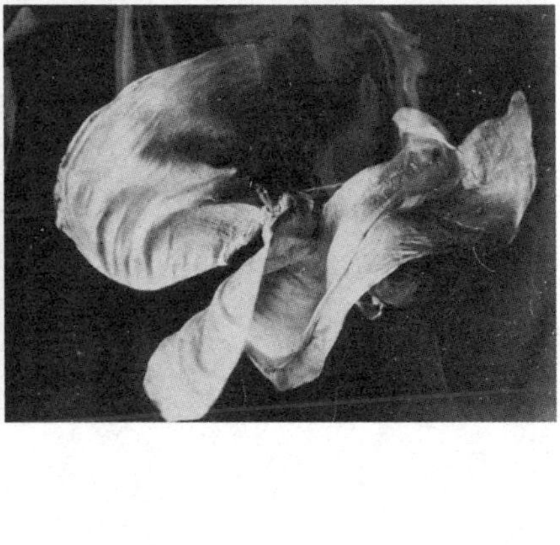

FOR YOU

《我的一生》

推荐语：每一个有志于投身艺术的人都应该看看这本书。这本书讲述的不仅是一个舞蹈家不懈追求艺术理想并得以实现的故事，更是一个人如何成为他自己的故事。邓肯的经历，总让人想到电影《三傻大闹宝莱坞》中的名言：你追求卓越，成功就会自然而至。

她其实并无太大的功利心，只是一心想跳自己的舞，就这样一直跳到了世界的舞台中央。

内容简介：邓肯生于美国旧金山。少年时期学过一些舞蹈，由于生活贫穷，加入奥古斯丁·达利的舞蹈团，在美国各地演出。

1900年与家人赴欧洲发展，大获成功。受古希腊影响，创立了一种动作自然、形式自由的舞蹈。著有《邓肯论舞蹈艺术》和自传《我的一生》。邓肯是新兴舞蹈艺术——现代舞的创始人之一。她的自传直率地记述了自己在颠沛流离的生活经历中，始终不渝地追求新的舞蹈理想的一生，反映了她对哲学、文学、音乐、雕刻等多方面的爱好。该书对于了解和研究邓肯的艺术道路，以及早期现代舞的产生，具有一定的价值。

伊莎多拉·邓肯
ISADORA DUNCAN

- 伊莎多拉·邓肯（1878 年 5 月 26 日—1927 年 9 月 14 日）

- 美国舞蹈家，现代舞的创始人，是世界上第一位披头赤脚在舞台上表演的艺术家。创立了一种基于古希腊艺术的自由舞蹈而首先在欧洲扬名。其后在德、俄、美等国开设舞蹈学校，成为现代舞的创始人。主要作品有根据《马赛曲》、贝多芬的《第七交响曲》、门德尔松的《春之歌》和柴可夫斯基的《斯拉夫进行曲》改编的舞蹈。著有《邓肯自传》《我的一生》（1927）和《邓肯论舞蹈艺术》。

参考书目

01. 帕蒂·史密斯《只是孩子》，广西师范大学出版社，2012 年 10 月。

02. 乔治·桑《我毕生的故事：乔治桑自传》，江苏文艺出版社，2014 年 8 月。

03. 弗吉尼亚·伍尔夫《伍尔夫读书随笔》，文汇出版社，2006 年 4 月。

04. 弗吉尼亚·伍尔夫《一间自己的屋子》，上海人民出版社，2008 年 1 月。

05. 哈里斯《伍尔夫传》，时代文艺出版社，2016 年 5 月。

06. 华莉丝·迪里《沙漠之花》，漓江出版社，2012 年 9 月。

07. 马拉拉·优素福扎伊，克里斯蒂娜·拉姆《我是马拉拉》，四川人民出版社，2014 年 10 月。

08. 谢丽尔·桑德伯格《向前一步》，中信出版社，2013 年 6 月。

09. 谢丽尔·桑德伯格《另一种选择》，中信出版集团，2017 年 8 月。

10. 近藤麻理惠《怦然心动的人生整理魔法》，译林出版社，2012 年 5 月。

11. 近藤麻理惠《怦然心动的人生整理魔法 2》，译林出版社，2014 年 3 月。

12. 玛格丽特·杜拉斯《情人》，上海译文出版社，2009 年 8 月。

13. 米榭勒·芒梭《女友杜拉斯》，作家出版社，2007 年 1 月。

14. 扬·安德烈亚《情人杜拉斯》，作家出版社，2007 年 1 月。

15. 埃德蒙·夏尔·鲁《香奈儿传》，长江文艺出版社，2017 年 9 月。

16. 西蒙娜·德·波伏娃《第二性》，中国书籍出版社，2004 年 4 月。

17. 克洛德·弗朗西斯，弗朗德·贡蒂埃《波伏娃：激荡的一生》，广西师范大学出版社，2009 年 7 月。

18. 安娜·里维埃，布鲁诺·戈迪雄《卡米耶·克洛代尔书信》，华东师范大学出版社，2010 年 11 月。

19. 夏洛蒂·勃朗特《简·爱》，上海译文出版社，2006 年 8 月。

20. 艾米莉·勃朗特《呼啸山庄》，上海译文出版社，2006 年 3 月。

21. 安妮·勃朗特《艾格妮丝·格雷》，上海译文出版社，2013 年 4 月。

22. 莱恩《勃朗特三姐妹》，天津人民出版社，1992 年。

23. 唐纳德·斯伯特《奥黛丽·赫本》，中国友谊出版公司，2014 年 6 月。

24. 海登·赫雷拉《弗里达：传奇女画家的一生》，新星出版社，2016 年 3 月。

25. 兰迪·塔拉博雷利《拯救玛丽莲·梦露》，中国友谊出版公司，2012 年 3 月。

26. 简·奥斯汀《傲慢与偏见》，天津人民出版社，2016 年 7 月。

27. 詹姆斯·爱德华·奥斯汀－利《简·奥斯汀传：嫁给文字的女人》，
江西教育出版社，2014 年 12 月。

28. 海莲·汉芙《查令十字街 84 号》，译林出版社，2016 年 4 月。

29. J.K.罗琳《哈利波特与魔法石》，人民文学出版社，2000 年 9 月。

30. J.K.罗琳《哈利波特与死亡圣器》，人民文学出版社，2007 年 10 月。

31. 茨维塔耶娃《茨维塔耶娃文集：回忆录》，东方出版社，2003 年 1 月。

32. 茨维塔耶娃《茨维塔耶娃文集：诗歌》，东方出版社，2003 年 1 月。

33. 亨利·特罗亚《永远的叛逆者：茨维塔耶娃的一生》，花城出版社，2014 年 8 月。

34. 艾米莉·狄金森《艾米莉·狄金森诗歌与书信选集》，译林出版社，2010 年 3 月。

35. 苏珊·桑塔格《反对阐释》，上海译文出版社，2003 年 12 月。

36. 苏珊·桑塔格《疾病的隐喻》，上海译文出版社，2003 年 12 月。

37. 苏珊·桑塔格《苏珊·桑塔格谈话录》，译林出版社，2015 年 5 月。

38. 伊莎多拉·邓肯《邓肯自传》，吉林出版集团有限责任公司，2012 年 1 月。

图书在版编目（CIP）数据

女子力图鉴：潇洒无畏过一生 / 慕容素衣著. --
南京：江苏凤凰文艺出版社, 2019.7
ISBN 978-7-5594-3495-1

Ⅰ. ①女… Ⅱ. ①慕… Ⅲ. ①女性 – 名人 – 生平事迹
– 世界 Ⅳ. ①K818.5

中国版本图书馆CIP数据核字（2019）第059150号

女子力图鉴：潇洒无畏过一生

慕容素衣 著

责任编辑 唐 婧
装帧设计 叁 囍
责任印制 郝 旺
出版发行 江苏凤凰文艺出版社
南京市中央路 165 号，邮编：210009
网 址 http://www.jswenyi.com
印 刷 北京盛通印刷股份有限公司
开 本 890 × 1240 毫米 1/32
印 张 11
字 数 200 千字
版 次 2019 年 7 月第 1 版 2019 年 7 月第 1 次印刷
书 号 ISBN 978-7-5594-3495-1
定 价 59.80 元